Das Buch

Wie dick ist ein 50-mal gefaltetes Papier? Ist diese Aufgabe am besten visuell zu lösen? Oder verbal? Oder gar mit Hilfe mehrerer Ansätze? Die meisten Menschen werden sich für diejenige »Problemlösungssprache« entscheiden, in der sie gut sind und sich wohl fühlen; doch die ist nicht unbedingt die am besten geeignete.
James Adams identifiziert die Schlüsselblockaden – emotionale, kulturelle, intellektuelle, umgebungsbedingte –, die uns davon abhalten, zur Lösung eines Problems das gesamte Potenzial unseres Gehirns zu nutzen. Er zeigt, wie wir diese Blockaden überwinden und dadurch unsere kreativen Fähigkeiten erweitern können. Mit vielen Beispielen und Übungen.

Der Autor

James Adams, ursprünglich Ingenieur, ist emeritierter Professor an der Stanford University, an der er u.a. Design und Kreativität lehrte. Er hält nach wie vor Vorlesungen in Stanford, ist Berater einer Vielzahl von Unternehmen und veranstaltet weltweit Seminare und Workshops zum Thema Kreativität.

James Adams

Think!

Einfach genial denken lernen!

Aus dem Englischen
von Nikolaus Bertheau

Ullstein

Besuchen Sie uns im Internet:
www.ullstein-taschenbuch.de

Umwelthinweis:
Dieses Buch wurde auf chlor- und säurefreiem Papier gedruckt.

Ungekürzte Ausgabe im Ullstein Taschenbuch
1. Auflage Juli 2005

Umschlaggestaltung:Büro Hamburg
Titelabbildung: © J. Westrich/Zefa
Satz: Schaber Satz- und Datentechnik, Wels
Druck und Bindearbeiten: Ebner & Spiegel, Ulm
Printed in Germany
ISBN-13: 978-3-548-36757-6
ISBN-10: 3-548-36757-7

Inhalt

Vorwort zur deutschen Ausgabe

Die wenigsten Menschen haben ein ausgeprägtes Faible für Probleme. Entsprechend verbreitet ist die Neigung, sich mit der erstbesten Lösung zufrieden zu geben. Wer so verfährt, läuft jedoch Gefahr, entweder zu scheitern oder neue Probleme zu erzeugen, die größer sind als die ursprünglichen. Die bessere Strategie besteht darin, aus einer Vielzahl von Ideen und Konzepten die attraktivste Variante auszuwählen. Dieses Buch will Ihnen zeigen, wie Sie Ihre Fähigkeit, Ideen zu erzeugen und Probleme zu lösen, trainieren können.

Aufgrund meiner Tätigkeit als Lehrer und Berater in den Bereichen Ingenieurwesen und Management komme ich in erster Linie mit analytisch, quantitativ, verbal und logisch denkenden Menschen zusammen. Das sind sicherlich Eigenschaften, die jedem Problemlöser gut anstehen, was jedoch auch für die Fähigkeit zum konzeptionellen Denken gilt, das ein etwas breiteres Denkinstrumentarium erfordert. Im Rahmen meines beruflichen Wirkens bin ich stets bemüht, dieses Instrumentarium besser zu definieren und den Menschen zu helfen, ihre diesbezüglichen Fähigkeiten auszubauen. Das vorliegende Buch möge dies bezeugen. Nachdem ich mich anfangs auf den Ingenieurbereich beschränkt hatte, haben mich meine Erfahrungen mit Menschen aus anderen Gebieten überzeugt, dass die Thematik dieses Buches für fast alle Lebensbereiche von Relevanz ist.

Sie werden auf den folgenden Seiten kaum Hinweise finden, wie Sie Ihre verbalen oder analytischen Fähigkeiten verbessern können, wiewohl beides wirkungsvolle Problemlösungsinstrumente sind. Das Buch konzentriert sich vielmehr auf jene Aspekte des Denkens, die die Basis unserer konzeptionellen Fähigkeiten bilden und die meines Erachtens in der Ausbildung vieler Menschen zu kurz kommen. Wenngleich wir uns in der Hauptsache mit der Ideenfindung beschäftigen werden, spielen diese Aspekte ebenso in anderen Bereichen des Problemlösungsprozesses eine Rolle. Eine wesentliche Betonung des Buches liegt auf der Kreativität, da ein guter Ideenfinder immer kreativ sein muss. Die mentalen Eigenschaften, die der Kreativität zugrunde zu liegen scheinen, bewähren sich jedoch nicht nur bei der Ideenfindung, sondern helfen uns auch, Probleme zu erkennen und zu definieren und die daraus entwickelten Lösungen umzusetzen.

Kreativität ist jedem Menschen angeboren. Diverse angeborene oder anerzogene Denkblockaden hindern uns jedoch daran, von ihr in vollem Umfang Gebrauch zu machen. Diese Denkblockaden ähneln sich von Mensch zu Mensch; wir können sie aufspüren und mit etwas Geschick beeinflussen. Indem wir uns mit ihnen vertraut machen und lernen, wie wir sie überwinden können, schärfen wir unser Bewusstsein für die eigenen Problemlösungsmethoden. Wir lernen, eingefahrene Denkschablonen infrage zu stellen und zu verändern. Die Wahrnehmung der eigenen Denkblockaden weckt unseren kreativen Ehrgeiz in dem Maße, wie uns diese Blockaden nicht mit unserem Selbstbild vereinbar zu sein scheinen. (Wie? Stereotypes Denken? Ich doch nicht!) Schon für sich allein sind diese Denkblockaden ein faszinierendes Phänomen. Sie sind Hindernis und Hilfe zugleich. Sie beeinträchtigen unsere Fähigkeit, Probleme originell und effektiv zu lösen. Ohne sie jedoch wären wir weniger stabil und berechenbar und wäre unser Alltagsleben mit mehr Mühen verbunden. Unser Gehirn müsste mehr Daten verarbeiten, und unser Verhalten wäre für die Umwelt schwerer verdaulich.

Wie unser Denken funktioniert, ist noch bei weitem nicht vollständig erforscht. Sie werden in diesem Buch deshalb Ausführungen finden, die auf unbewiesenen Theorien, Mutmaßungen und nichtwissenschaftlichen Betrachtungen basieren. Niemand hindert Sie daran, anderer Meinung zu sein, denn das Buch beabsichtigt nicht, Sie mit den letzten Erkenntnissen aus der psychologischen Theorie vertraut zu machen. Vielmehr verfolgt es das Ziel, Sie auf Ihre eigenen Gewohnheiten im Bereich der Ideenfindung aufmerksam zu machen und Ihnen Tipps zu geben, wie Sie diese effektiver gestalten können. Es handelt sich folglich um ein Buch zum »Mitdenken«, denn man kann schlecht über das Denken reden, ohne gleichzeitig seine eigene Denkweise zu beobachten. Zudem hoffe ich, dass das Buch Sie anregen wird, sich tiefer auf das Spiel des Denkens einzulassen und auf diese Weise Ihre Ideenfindungsfähigkeiten zu verbessern.

Was Sie in der Hand halten, ist die vierte Ausgabe eines Buches, das schon seit 25 Jahren existiert und auch ohne große Werbetrommel stets seine Leserschaft fand. Es wurde mehrmals aktualisiert und überarbeitet, um mit unseren wachsenden Kenntnissen in Sachen Kreativität Schritt zu halten. Gern schriebe ich die Langlebigkeit des Buches meinem Talent als Autor zu; die Ehre gebührt aber wohl eher dem Thema und den vielen Menschen, die mich bei meiner langjährigen Beschäftigung mit ihm begleitet haben. Eine erste Einführung in die Methoden des Denkens erhielt ich seinerzeit von John E. Arnold, einem Pionier auf dem Feld der Pädagogik und einem meiner persönlichen Helden. Ebenfalls großen Einfluss hatte Professor Bob McKim, ein Kollege und Freund. Eigentlich hätte es nahe gelegen, dieses Buch gemeinsam mit ihm zu verfassen. Aber Bob hatte gerade ein eigenes vorzügliches Buch beendet und war, was das Schreiben betraf, fürs Erste bedient. Dennoch scheinen seine Ideen und Gedanken an vielen Stellen dieses Buches durch. Mein besonderer Dank gebührt übrigens der Brooks/Cole Publishing Company für die Erlaubnis, aus Robert McKims Buch »Experiences in Visual Thinking« zu zitieren.

Meine Gedanken zu diesem Thema wurden natürlich in vielfältiger Weise von anderen Menschen geprägt, deren Bücher ich las oder denen ich in meiner Ingenieurs-, Lehr- und Beratertätigkeit in Seminaren, Workshops und unzähligen Projekten begegnet bin. Bücher entstehen nicht im luftleeren Raum. Eine

Liste aller Menschen, die zur Entstehung dieses Buches beigetragen haben, würde ein weiteres Buch füllen. Mein spezieller Dank gilt denen, die mein Manuskript gelesen und kommentiert und seine diversen Ausgaben vorbereitet haben. Erwähnen möchte ich Cynthia Fry Gunn, die die Erstausgabe besorgte und aus der handschriftlichen Urfassung eine lesbare Prosa destillierte, sowie Nick Philipson, Marco Pavia, Marisa Kutner und die vielen anderen Mitarbeiter von Perseus, die mitgeholfen haben, dass diese vierte Ausgabe erscheinen konnte. Mein ganz besonderer Dank geht wie immer an Marian, meine geliebte Frau, die meine Arbeit stets mit kritischem und aufmerksamem Blick begleitet, mir Mut macht und mich bisweilen zur Disziplin ruft.

JAMES L. ADAMS
Stanford, Kalifornien, Herbst 2003

Einleitung 1

Unsere Lernfähigkeit ist wirklich beeindruckend, nicht nur in Wissensdingen, sondern ebenso in puncto Funktionalität. Die Informationsmenge, die das Gehirn speichern kann, ist phänomenal. Nicht minder spektakulär ist seine Fähigkeit, die Bewegungen des Jongleurs, des Kunstfliegers oder des Musikers zu steuern. Einige unserer Funktionen, wie Blutzirkulation und Temperaturempfinden, sind trotz ihrer enorm hohen Komplexität automatischer Natur, insofern als sie keinen bewussten Lernprozess voraussetzen. Andere, wie Laufen oder Singen, lassen sich leicht und quasi von selbst erlernen, erfordern jedoch eine erhebliche bewusste Anstrengung, wenn eine gewisse Meisterschaft angestrebt wird. Noch andere, wie Tennis, Gerberei, Spalierzucht, Schachspiel, Paragliding und Lesen, müssen durch bewusste Anstrengung erworben werden.

Wie steht es mit dem Denken? Sicherlich gehört es zu den wichtigsten Funktionen. Findet es automatisch statt? Wird es bewusst erlernt? Die bewährte Methode zur Verbesserung unserer Fähigkeiten besteht darin, sich ständig der eigenen Leistung bewusst zu sein und sie steigern zu wollen – in der Regel mit Blick auf ein Ideal oder einen Standard, das beziehungsweise den wir für erstrebenswert halten. Der ambitionierte Golfspieler macht sich zuerst mit den Grundlagen dieses Sports vertraut und trainiert anschließend regelmäßig, während er seine Leistung und seine Form mit einem Ideal vergleicht, Bücher und Zeitungsartikel zur Technik des Golfspiels liest und fortgeschrittenen Golfern beim Spiel zusieht.

Sollte der Denker sich ebenso verhalten? Sollten wir so viel als möglich über das Denken lernen und anschließend trainieren

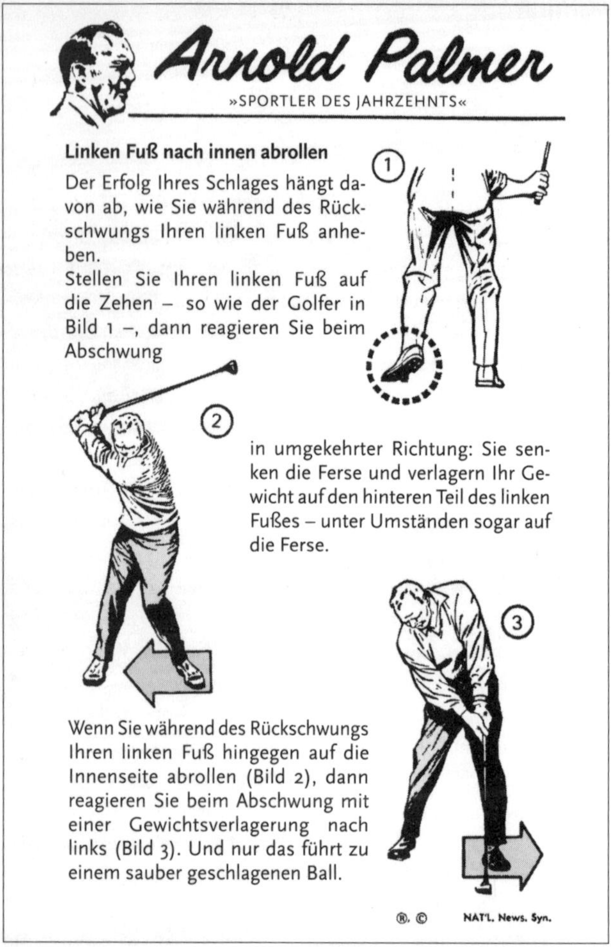

Arnold Palmer

»SPORTLER DES JAHRZEHNTS«

Linken Fuß nach innen abrollen

Der Erfolg Ihres Schlages hängt davon ab, wie Sie während des Rückschwungs Ihren linken Fuß anheben.
Stellen Sie Ihren linken Fuß auf die Zehen – so wie der Golfer in Bild 1 –, dann reagieren Sie beim Abschwung

in umgekehrter Richtung: Sie senken die Ferse und verlagern Ihr Gewicht auf den hinteren Teil des linken Fußes – unter Umständen sogar auf die Ferse.

Wenn Sie während des Rückschwungs Ihren linken Fuß hingegen auf die Innenseite abrollen (Bild 2), dann reagieren Sie beim Abschwung mit einer Gewichtsverlagerung nach links (Bild 3). Und nur das führt zu einem sauber geschlagenen Ball.

®, © NAT'L. News. Syn.

und unser Ergebnis beobachten? Sollten wir unser Denken mit demjenigen geübterer Denker vergleichen? Schauen Sie sich die oben abgebildete antiquarische Kuriosität an, die zu einer Serie mit guten Ratschlägen für Golfer gehörte. Auch wenn Tiger

Woods meines Wissens nichts Vergleichbares veröffentlicht hat, so ist doch die Welt voll von Ratgebern, wie wir Sport treiben, kochen, gärtnern, Häuser bauen, Rohrleitungen reparieren, unsere Bauchmuskeln trainieren und Photoshop verwenden können.

Haben Sie jemals eine vergleichbare Abhandlung über das Denken in Händen gehalten? Wir alle sind Denker. Die meisten von uns sind sich jedoch der eigenen Denkprozesse erstaunlich wenig bewusst. Wenn wir von der Verbesserung unserer Kopfleistung sprechen, denken wir in der Regel an den Erwerb von Informationen oder Wissen oder an die Art von Gedanken, die wir haben sollten, aber nicht an die Funktionsweise unseres Kopfes. Wir verbringen wenig Zeit damit, unser Denken zu beobachten und es mit einem fortgeschrittenen Ideal zu vergleichen.

Denkleistung

Dafür gibt es natürlich Gründe. Die Denkleistung lässt sich viel schwieriger beobachten als beispielsweise die Leistungsfähigkeit eines Golfers. Das Denken ist zudem eine viel komplexere Funktion als Golf. Wenn Sie analog zur Golfkolumne etwas über das Denken schreiben wollten, nach welchen Kriterien würden Sie den »Denker des Jahrzehnts« auswählen, und wie könnten Sie aus dem komplexen Prozess des Denkens ein so einfaches Element wie die Regel vom linken Fuß extrahieren? Aber all diesen Problemen zum Trotz tut der Problemlöser gut daran, mehr Zeit in die Beobachtung des Denkprozesses und dessen Verbesserung zu investieren.

Wir wissen heute sehr viel mehr über das Denken, die Kreativität und das Lösen von Problemen als zu der Zeit, als die erste Ausgabe dieses Buches erschien. Wir haben Fotos und Fernsehbilder von PET-(Positive Emission Tomography-)Scans gesehen, die die Aktivitätsregionen des Gehirns aufzeigen, während es sich mit verschiedenen Problemen befasst. Wir sind mit der

Veränderung der Gehirnleistung durch Drogen – sowohl legalen (Prozac) als auch verpönten (Crack) – vertraut. Es existieren Unmengen an Literatur und Software zum Thema Problemlösung und Kreativität, und unzählige Berater und »Experten« in Sachen Kreativität und Innovation bevölkern Podien und Seminarräume. Die kognitiven Wissenschaften haben die Geheimnisse der Informationsverarbeitung im Gehirn und im zentralen Nervensystem gelüftet. Aber trotz allem, was wir durch die »kognitive Revolution« gelernt haben mögen, denken wir in der Mehrzahl immer noch in der traditionellen und gewohnten Weise.

Nach wie vor ist unser Denken von konzeptionellen Blockaden bestimmt. Ein Großteil dieses Denkens findet automatisch statt. Ich verwende das Wort »unbewusst«, um damit das Denken zu beschreiben, das unserer Aufmerksamkeit entgeht. Viele, die sich mit der Erforschung des Gehirns befassen – insbesondere in den kognitiven Wissenschaften –, mögen das Wort nicht, vielleicht, weil es impliziert, dass im Gehirn Dinge vor sich gehen, die sich nicht verstehen lassen. Aber als Ingenieur, der ich bin, werde ich das Wort trotzdem verwenden. Ich will an ein paar Beispielen verdeutlichen, was ich meine. Lassen Sie mich jedoch zuvor einen Augenblick abschweifen und einige allgemeine Bemerkungen zu diesem Buch machen. Es enthält diverse Beispiele und Übungen. Der Inhalt des Buches wird sehr viel verständlicher sein und Ihr Denken stärker beeinflussen, wenn Sie sich mit diesen Problemstellungen tatsächlich auseinander setzen. Ich habe festgestellt, dass die meisten dieser Übungen unterhaltsamer und lehrreicher sind, wenn man sie zu mehreren absolviert. Es ist stets interessant zu beobachten, wie sich die Denkweisen der Menschen unterscheiden. Testen Sie die Übungen an Ihren Freunden und Ihrem Partner, wo immer sich dazu eine geeignete Gelegenheit bietet – ob diese das Buch lesen oder nicht. Sie benötigen ausschließlich Papier und Bleistift. Es ist erstaunlich einfach, etwas über das Denken zu lesen und es intellektuell zu absorbieren, ohne dass die eigenen Denkprozesse davon berührt werden. Dieses Buch ist ein bisschen wie ein Buch über das Joggen. Sie werden kaum davon profitieren, solange Sie nicht ein wenig laufen.

Jetzt also zu den Beispielen. Die folgende Quizfrage stammt ursprünglich von Carl Duncker und findet sich in dem Buch »Der göttliche Funke« von Arthur Koestler. Widmen Sie sich ihr eine Weile. Lesen Sie erst weiter, wenn Sie die Antwort gefunden haben oder es leid sind, über sie nachzugrübeln.

QUIZFRAGE

»Eines Morgens genau zu Sonnenaufgang machte sich ein buddhistischer Mönch auf den Weg, um auf einen hohen Berg zu steigen. Ein schmaler Pfad, gerade einmal ein oder zwei Fuß breit, wand sich spiralförmig um den Berg bis zu einem glitzernden Tempel an seiner Spitze. Der Mönch ging mit wechselndem Schritttempo und legte gelegentlich Pausen ein, um vom mitgeführten Trockenobst zu essen. Er erreichte den Tempel kurz vor Sonnenuntergang. Nach mehreren Tagen des Fastens und der Meditation begab er sich auf den Rückweg entlang derselben Route, wobei er wieder bei Sonnenaufgang startete und den Weg in wechselndem Tempo und mit vielen Pausen zurücklegte. Seine Durchschnittsgeschwindigkeit war beim Abstieg natürlich größer als beim Aufstieg. Zeigen Sie, dass es *einen* Punkt auf dem Pfad gibt, an dem sich der Mönch auf beiden Wanderungen zu genau derselben Tageszeit befand.«

Haben Sie die Lösung? Und was für unsere Zwecke noch wichtiger ist: Wissen Sie noch, über *welchen Denkprozess* Sie dahin gelangt sind? War Ihr Denken verbal? Visuell? Mathematisch? Haben Sie bewusst versucht, unterschiedliche Strategien oder Lösungsansätze zu verfolgen? Wahrscheinlich ist, dass Sie mehrere Methoden der Problembearbeitung ausprobierten, dass jedoch Ihr Kopf automatisch von einer zur anderen umschaltete. Während Sie sich mit dem Problem beschäftigten, achteten Sie vermutlich kaum auf die verwendeten mentalen Prozesse. Sie spielten ein Spiel (wie Tennis), ohne sich besonders bewusst zu machen, was Sie taten oder welche Techniken Ihnen helfen könnten, Ihr Spiel zu verbessern (wie beispielsweise Ihren Schläger schneller zurückzuziehen).

Eine einfache Methode, die Quizfrage zu lösen, besteht darin, sich den Aufstieg mit dem Abstieg überlagert zu denken. Stellen Sie sich, wenn Sie mögen, zwei Mönche vor, von denen bei Sonnenaufgang der eine am unteren und der andere am oberen Ende des Weges steht. Lassen Sie den unteren Mönch aufwärts und den oberen Mönch abwärts gehen. Dann sollte offensichtlich sein, dass sie sich zu einem bestimmten Zeitpunkt an einer bestimmten Stelle des Weges begegnen. Das ist der gesuchte Punkt und die gesuchte Zeit.

Wenn Sie sich für die visuelle Vergegenwärtigung als geeignete Denkmethode für das Problem entschieden haben, konnten Sie es vermutlich lösen. (Ein etwas abstrakterer Ansatz besteht darin, die Positionen der beiden Mönche als Funktion der Zeit in zwei Graphen darzustellen. Die zwei Linien werden sich notwendigerweise in einem gemeinsamen Punkt schneiden.) Wenn Sie als Methode die Verbalisierung wählten, haben Sie das Problem vermutlich nicht gelöst. Selbst wenn Sie die visuelle Lösung kennen, laufen Sie mit dem verbalen Ansatz Gefahr, das Problem zu verkomplizieren. Wenn Sie einen abstrakten mathematischen Ansatz ohne graphische Visualisierung verwendeten, haben Sie das Problem vermutlich ebenfalls nicht gelöst oder viel mehr Energie verschwendet, als nötig gewesen wäre.

Als ein weiteres Beispiel können Sie versuchen, die folgende Sequenz zu vervollständigen, ohne zuvor weiterzublättern:

A		EF	
	BCD		G

Mit anderen Worten: Wie würden Sie die restlichen Buchstaben des Alphabets über und unter der Linie verteilen, damit die Anordnung einen gewissen Sinn macht?

Solange Sie nicht den Verdacht hegten, dass Ihnen eine Falle gestellt werde oder dass es eine »korrekte« Antwort geben könnte, sind Sie vermutlich relativ rasch zu einem Entschluss gekommen. Genau betrachtet war die vollbrachte Leistung durchaus beachtlich. Sie benötigten Kenntnisse (über Alphabete und Worte), Strategien (von Mustern und allgemeiner Problembehandlung) und die Fähigkeit, Entscheidungen zu treffen. Und dennoch haben Sie möglicherweise nur Sekunden für eine Antwort gebraucht. Unser Kopf versteht es bestens, mit Unsicherheit umzugehen, Muster zu formen und Entscheidungen zu treffen. Außerdem haben Sie sich vermutlich, nachdem Sie eine Lösung gefunden hatten, die Sie zufrieden stellte, vom Problem ab- und dem Text wieder zugewandt. Dieses spezielle Verhalten ist unbewusst (haben Sie wirklich über die Haltbarkeit Ihrer Lösung nachgedacht?) und wird als »Satisficing« (eine Kombination aus *satisfying, befriedigend,* und *to suffice, genügen*) bezeichnet. Es ist kennzeichnend für das menschliche Verhalten. Der Verstand verspürt in der Regel keinen Drang, die Suche nach zusätzlichen Optionen fortzusetzen. Er verzichtet im Interesse einer raschen Entscheidung auf weitere Lösungskonzepte.

In einer seiner frühen Arbeiten charakterisiert Herbert Simon einen »Satisficer« als einen, der nicht länger im Heuhaufen sucht, nachdem er eine Nadel gefunden hat. Ein »Optimizer« hingegen würde das gesamte Heu durchwühlen und nach allen möglichen Nadeln suchen, um anschließend die schärfste auswählen zu können. Offensichtlich lässt uns das Leben nicht ausreichend Zeit, um alle Heuhaufen auseinander zu nehmen, denen wir irgendwann begegnen. Aber – und damit sind wir beim Problemlösungsprozess – unser natürliches Verhalten verleitet uns häufig dazu, uns mit weniger als der schärfsten Nadel zufrieden zu geben.

Ich habe das ABC-Problem viele Male mit Einzelpersonen und Gruppen durchgespielt. Sie finden in kurzer Zeit eine Antwort und geben sich anschließend damit zufrieden. Im Folgenden finden Sie einige der Antworten aufgelistet:

A. *Gruppengröße*

1. A EF HIJ — 1 2 3
   BCD G KL — 3 1 2 etc.
2. A EF KLM — 1 2 3
   BCD GHIJ — 3 4 etc.
3. Zufällig alle oben, alle unten oder auf andere Weise, nur um es hinter sich zu bringen.

B. *Buchstabenform*

1. Buchstaben mit Rundungen unten, Buchstaben ohne Rundungen oben.
2. Buchstaben mit Querbalken oben, Buchstaben ohne Querbalken unten.
3. Buchstaben, die ohne Absetzen des Stiftes geschrieben werden können, stehen unten, alle anderen oben.

C. *Klang*

1. Die oberen Buchstaben sind weich, die unteren hart.
2. Die oberen Buchstaben lauten vokalisch an, die unteren konsonantisch.

D. *Vermischtes*

1. A EF IJK (Die oberen Gruppen
   BCD GH beginnen mit Vokalen.)
2. BCDG nach oben verschieben und alle Buchstaben oben platzieren (oder AEF nach unten verschieben und alle Buchstaben unten platzieren).
3. Manche haben es mir vorgesungen (die Buchstaben entsprechen Musiknoten).
4. Die unteren Buchstaben wirken wärmer (freundlicher).
5. Die oberen Buchstaben lassen sich leichter tippen.
6. Die oberen Buchstaben sind der Anfang westlicher Industrienationen (*Amerika, England, Frankreich*).
7. Die oberen Buchstaben finden sich alle in »*elephant*« (falsch, aber wunderbar).

Was halten Sie von diesen Vorschlägen? Sind sie amüsant? Langweilig? Falsch? Wissen Sie, warum Sie so reagieren? Die Antwort hat vermutlich damit zu tun, dass diese Ideen nicht von Ihnen selbst stammen. Wenn Sie mit Ihrer Lösung zufrieden waren: Sind Sie es jetzt immer noch? Häufig vermindert sich unsere Zufriedenheit mit unserer ursprünglichen Antwort, wenn aus dem Problem ein Wettstreit zu werden scheint. Der Grad unserer Zufriedenheit hängt in gewisser Weise von den Spielregeln ab, und wenn wir anfangen, darüber nachzudenken, ändern sich diese Regeln.

Und wie haben Sie Ihre Antwort(en) gefunden? Denken Sie eine Weile darüber nach. Wie viel von dem Prozess spielte sich bewusst ab? Vermutlich erinnern Sie sich an den einen oder anderen bewussten Denkvorgang. Wie viel war nicht bewusst? Wahrscheinlich haben Sie sich nicht bewusst für eine Problemlösungsstrategie entschieden. Sind Sie auf die Antwort(en) lediglich »zufällig« gestoßen? Ihr Verstand funktionierte nach der vertrauten Mischung aus bewusster und unbewusster Aktivität.

Das Lösen von Problemen ist weitestgehend eine Gewohnheitsfrage. Wir alle sind in unserem Denken in erstaunlichem Ausmaß von unseren Genen und unserer Lebenserfahrung geprägt. Wenn wir Optimisten sind, nehmen wir an, dass uns unsere Gewohnheiten im Leben helfen. Für das Leben, wie wir es kennen, sind sie sogar unentbehrlich. Was unsere physischen Gewohnheiten betrifft, sind unsere bewussten Fähigkeiten einfach nicht schnell genug, um unseren Körper zu steuern, wenn wir Tennis spielen, ein Klavierkonzert aufführen, gehen, essen oder unsere Schuhe schnüren. Zu unserem Glück verfügen wir über das Kleinhirn, das komplexe Bewegungskombinationen lernen und bei Bedarf abspielen kann. Diese Gewohnheiten, die in der Regel kaum Ansprüche an unser Bewusstsein stellen, erlauben uns, unser komplexes physisches Leben zu bewältigen.

Auch intellektuelle Probleme lösen wir mithilfe von Gewohnheiten viel schneller, als uns dies möglich wäre, wenn wir ausschließlich auf unser Bewusstsein angewiesen wären. Wir blicken auf 12 × 12, und schon erscheint 144. Wir lesen geschriebene Zeilen und hören sie, als würden sie gesprochen. Wir betrachten eine Bilanzaufstellung und wissen intuitiv, wie die Geschäfte des Unternehmens laufen. Wir bewerten eine Struktur und können sagen, ob sie wohl durchdacht ist. Wir werfen einen Blick auf einen Patienten und wissen, dass ihm etwas fehlt. Weil wir Wissen und Verfahrensweisen gespeichert haben, die wir bei Bedarf abrufen können. Diese einmal erworbenen Strukturen minimieren zudem unser intellektuelles Risiko, weil sie in der Regel bereits in der Vergangenheit getestet wurden und sich bewährt haben. Und sie erlauben uns, wiederholte Tätigkeiten mit mehr Präzision auszuführen. Wir verdanken es also Gewohnheiten, dass wir uns schnell, akkurat und sicher bewegen können. Ohne Gewohnheiten könnten wir mentale Aufgaben unmöglich bewältigen.

Gewohnheiten geben uns außerdem Stabilität. Es würde Sie wenig beeindrucken, wenn Sie mich jeden Tag sähen und ich jedes Mal einen ganz anderen Problemlösungsansatz verfolgen würde. Ich würde als unberechenbar, wenn nicht gar als »verrückt« gelten. In gewissem Sinn zeichnet es einen schizophrenen Menschen aus, dass er uns ständig mit wechselnden Problemlösungsgewohnheiten konfrontiert. Ebenso wenig können Gruppen oder große Organisationen ohne Gewohnheiten Charakter oder Eigenart entwickeln. Unternehmen legen Wert auf ihre »Unternehmenskultur«, die auf Gewohnheiten beruht. Nützliche Eigenschaften wie technisches Know-how, Marketingstrategien und die Fähigkeit, wirtschaftliche Durststrecken zu überleben, erfordern Gewohnheiten. Und wie wir später sehen werden, beschäftigt auch die Denkpsychologen die Frage, wie wir die vielen einzelnen Informationen verarbeiten sollen. Die Besorgnis ist nicht unbegründet, denn wir haben sozusagen einen Ein-Watt-Verstand in einer Megawatt-Welt. Wir können nicht alle Daten verarbeiten, die uns in roher Form zugänglich sind. Unser Verstand ist deshalb auf Strukturen, Modelle und Stereotypen angewiesen. Aus diesen setzen sich unsere Gewohnheiten zusammen. Ohne Gewohnheiten könnten wir nicht die Informationen verarbeiten, die wir zum Leben benötigen.

Aber die Medaille hat nicht nur eine gute Seite. Gewohnheiten stehen häufig im Widerspruch zur Kreativität, denn Kreativität impliziert Abweichung von gehabten Vorgehensweisen. Gewohnheiten machen häufig kreative Ideen zunichte, bevor sie überhaupt zum Vorschein kommen. Gewohnheiten gehen mit konzeptionellen Denkblockaden einher, die sich nicht nur aus den Beschränkungen unseres Gehirns erklären, sondern uns auch durch Sozialisation, Erziehung und berufliche Spezifizierung errichtet werden.

Dieses Buch will Ihnen helfen, Ihr Bewusstsein für die Vorgänge in Ihrem Gehirn (was Sie tun) zu schärfen, und Ihnen einige Techniken (wie Sie Ihren Schläger rascher zurückziehen) an die Hand geben, mit denen Sie Ihre Problemlösungsfähigkeiten verbessern können. Wir werden uns, wie gesagt, auf die *Konzeptualisierung*, den Prozess der Ideenfindung, konzentrieren. Dieser Prozess spielt bei der Problemlösung eine Schlüsselrolle, denn je mehr kreative Konzepte Sie zur Auswahl haben, desto besser können Sie ein Problem lösen. Das trifft auf alle Phasen des Problemlösungsprozesses gleichermaßen zu, ob Sie nun versuchen, sich für eine grobe Richtung zu entscheiden oder eine detaillierte Lösung auszuarbeiten.

Mit der Konzentrierung auf die Ideenfindung will ich nicht sagen, dass die vielen weiteren für die Problemlösung erforderlichen Prozesse wie Beurteilung, Analyse, Problemdefinition oder die Umsetzung der gefundenen Lösung von zweitrangiger Bedeutung wären. Ich will auch nicht Ihre Intelligenz beleidigen, wenn ich darauf hinweise, wie wichtig es ist, einen ausreichenden Vorrat an Ideen zur Auswahl zu haben. Aber meine langjährige Arbeit mit Studenten, Berufstätigen und anderen hat mir gezeigt, dass der Ideenfindung im Rahmen des Problemlösungsprozesses häufig nicht die nötige Aufmerksamkeit zuteil wird. Der Ideenfindungsprozess sollte kreativ sein und als Schwerpunkttätigkeit behandelt werden.

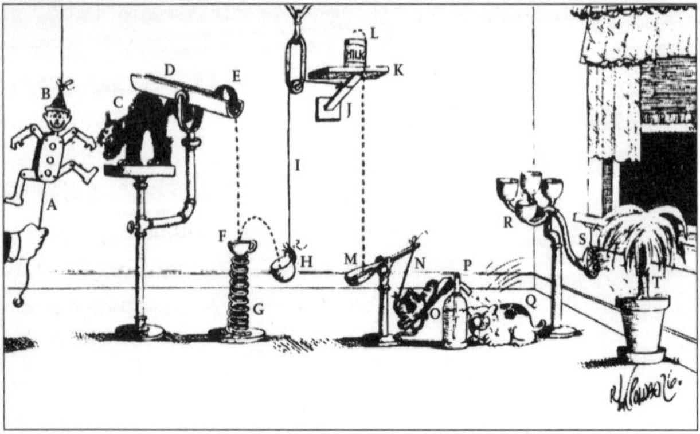

Professor Butt erfindet eine Gießmethode. Schnur (A) bewegt Hampelmann (B), der Katze (C) aufschreckt, die einen Buckel macht, der Rinne (D) anhebt, wodurch Ball (E) in Tasse (F) fällt. Spiralfeder (G) befördert Ball in Tasse (H), die an Schnur (I) zieht, wodurch auf Brett (J) Tablett (K) kippt, Milch (L) in Schöpfkelle (M) rinnt, Schnur (N) gespannt wird, Schuh (O) auf Syphon (P) drückt. Syphon spritzt Wasser auf Streuner (Q), der seit vier Jahren kein Bad mehr hatte und vor Freude drei Salti über Installation (R) schlägt, wodurch Wasser in deren Ausgießer (S) und von dort auf die Palme (T) tropft und tropisches Klima erzeugt, wodurch Sie sich die Reise nach Havanna sparen.

Wie bereits erwähnt, scheint die natürliche Reaktion auf ein Problem darin zu bestehen, sich seiner so schnell wie möglich mittels einer Lösung zu entledigen – wobei wir uns häufig auf die erstbeste Antwort stürzen und nur diese weiter verfolgen, weil wir den erforderlichen zeitlichen und gedanklichen Aufwand scheuen, um einen größeren Vorrat an Alternativen anzulegen. Dieser kurzatmige Problemlösungsansatz hat diverse seltsame Konsequenzen – und nicht selten erzeugt die gefundene Lösung ein weiteres Problem, das einer Lösung bedarf, und so weiter. Im Ingenieurwesen gibt es die »Rube Goldberg«-Variante, wo die Lösung aus einer uneleganten und komplizierten Verkettung von Teillösungen besteht. Ich bin sicher, dass sich so mancher von Ihnen schon einmal an einer Gerätereparatur nach dieser Methode versucht hat.

Lösungen zu Problemen, die nicht existieren

Häufig begegnen wir Lösungen zu Problemen, die in Wirklichkeit gar nicht existieren. Erinnern Sie sich noch an die frühen (und unpopulären) computergenerierten Stimmen in Autos, die den Fahrer über den Zustand des Fahrzeugs informierten? Vermutlich hatte der eine oder andere von Ihnen schon einmal Gelegenheit, über Fernsehspots zu schmunzeln, in denen völlig nutzlose Eigenschaften irgendwelcher Haushaltsgeräte angepriesen werden. Gegenwärtig blicke ich auf einen Küchenmixer, dessen Knöpfe die Bezeichnungen mixen, pürieren, reiben, rühren, entsaften, hacken, mischen und raspeln tragen. Wie wäre es mit einer anderen Anordnung?

Die unten abgebildeten Gegenstände gehören zu einer Aufgabe, die es zu lösen galt, als ich vor langer Zeit am Jet Propulsion Laboratory arbeitete. Es handelt sich um Vorrichtungen, um die Öffnung des Solarsegels eines Raumschiffs abzubremsen. Die

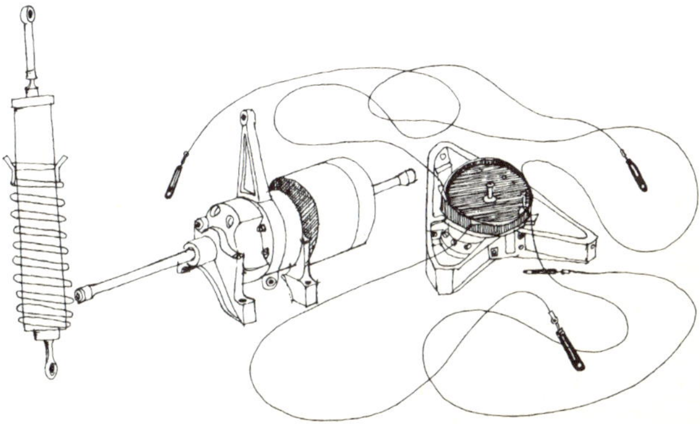

zwei rechten Lösungen wurden von einem höchst kompetenten Team (zu dem ich gehörte) im Zusammenhang mit der Entwicklung von Mariner IV erarbeitet, dem ersten Raumschiff, das zum Mars fliegen sollte. Mariner IV sollte seinen elektrischen Strom von vier Solarsegeln erhalten, die während des Starts zusammengefaltet waren und anschließend entriegelt und mit Federkraft ausgefahren werden sollten. Da im Weltraum keine Luft existiert, die die Öffnungsbewegung der Segel abbremsen konnte, und weil die Teile mit empfindlichen und teuren Solarzellen bestückt waren, verwendete man üblicherweise solche Vorrichtungen, um die Bewegung zu verlangsamen.

Der linke Gegenstand stellt eine Lösungsvariante dar, die bei früheren Mondflügen erfolgreich eingesetzt worden war. Sie hatte jedoch zu viel Masse, und die Konstrukteure der Marssonde trauten ihr nicht, weil sie mit Öl gefüllt war und Gefahr lief, das Gefährt während seiner neunmonatigen Reise mit einer fatalen Schleimschicht zu verunreinigen. Die mittlere Variante war die erste Lösung zu unserem Problem. Sie kam zwar ohne Öl aus, war aber außerordentlich komplex und zudem keine Spur leichter als die früher verwendete Bremsvorrichtung. Ihre Komplexität und die Ergebnisse zahlreicher Tests bewogen uns schließlich dazu, sie wegen unzureichender Verlässlichkeit zu verwerfen.

Der rechte Gegenstand zeigt die zweite Lösung. Hierbei handelte es sich um eine zentrale Vorrichtung, die die Öffnungsgeschwindigkeit aller vier Segel kontrollieren sollte. Zwar enthielt sie Öl, aber das Öl konnte nicht entweichen, und das Gewicht war äußerst gering. Es stellte sich jedoch heraus, dass die Konstruktion in ihrer ursprünglichen Form unzuverlässig war. An diesem Punkt brach blanke Panik im Team aus. Für einen dritten Versuch reichte die Zeit nicht mehr, weil Raumflüge zu Planeten nicht verschoben werden können (der Planet ist bis zur nächsten günstigen Konstellation des Sonnensystems, bis zu welcher in der Regel mehrere Jahre vergehen, nur sehr viel umständlicher zu erreichen). Folglich wurde eine extrem teure

Rund-um-die-Uhr-Anstrengung unternommen, um die Zuverlässigkeit der Bremsvorrichtung zu verbessern, während gleichzeitig ein Testprogramm durchgeführt wurde, um die negativen Effekte diverser denkbarer Funktionseinschränkungen des zentralen Bremsgeräts zu messen, die sich während des Fluges einstellen konnten.

Eine der untersuchten Funktionseinschränkungen bestand im kompletten Ausfall des Bremsgeräts. Zu aller Überraschung waren die Ergebnisse hinnehmbar. Eine Bremsvorrichtung war in Wirklichkeit gar nicht erforderlich. Genauso gut konnte man die Segel sich frei öffnen lassen und die Bewegung am Ende mit Energieabsorbern abfangen. Die abschließende Lösung ist also gerade durch das Fehlen eines vierten Gegenstands auf Seite 25 gekennzeichnet, denn Mariner IV machte sich ohne Verzögerungsvorrichtung auf den Weg – die denkbar eleganteste Lösung für das Problem.

Die Moral der Geschichte liegt auf der Hand. Die Zeitknappheit bei der Entwicklung dieses Projekts und der natürliche Wunsch der Beteiligten, Probleme schnellstmöglich zu lösen, führten dazu, dass alternative Konzepte (wie der Verzicht auf eine Verzögerungsvorrichtung), die die Paniksituation am Ende hätten verhindern können, übersehen wurden.

Beispiele für die Folgen des Ansatzes, sich an die erstbeste Lösung zu klammern, finden sich auch in anderen Bereichen. Besonders dramatisch wird es, wenn eine rasch zusammengeschusterte Lösung mehr Probleme aufwirft, als sie behebt. Vor allem im Umweltbereich haben viele solcher Beispiele für Schlagzeilen gesorgt, und sie sind nicht zuletzt der Grund dafür, dass heute jeder, der an Problemen arbeitet, die in irgendeiner Weise die Umwelt tangieren, einen Wald von Vorschriften berücksichtigen muss. Auch wenn diese Vorschriften der Industrie ein Ärgernis sind, so sind ihre Auswirkungen doch positiv, denn sie zwingen die Beteiligten dazu, vor einer Lösungsimplementierung ausreichend Energie in die Ideenfindung zu stecken. Viele Überlegungen zur Entsorgung atomaren Abfalls wurden und werden vermutlich nur aufgrund öffentlichen Drucks und umweltpolitischer Vorschriften angestellt, und diese Ideenfindung schlägt sich anschließend in der Qualität der Lösungen nieder.

Die Fähigkeit, produktiv und kreativ Ideen zu entwickeln, ist gleichermaßen wichtig beim Streichen des Badezimmers wie bei der Atommüllentsorgung, bei der Planung des Familienurlaubs wie bei der Konstruktion eines Raumschiffs, beim Führen der Haushaltskasse wie beim Umweltschutz. Ich bin überzeugt, dass der zugrunde liegende Ideenfindungsprozess jedes Mal derselbe ist und dass wir es mit denselben Problemen zu tun haben, wenn wir einen gesünderen Speiseplan entwickeln wollen, wie wenn wir nach besseren Ultraschallverfahren zur Herzdiagnose forschen.

Gekonntes Denken (wie gekonntes Tennisspiel) setzt voraus, dass viele Entscheidungen unbewusst getroffen werden. So wenig, wie wir Tennis spielen können, indem wir bewusst entscheiden, wie wir jedes einzelne Körpergelenk bewegen wollen, um einen schwierigen Ball zu erreichen, können wir gut denken, indem wir jede Strategie bewusst auswählen und jeden Gedanken im Kopf ausformulieren. Aber wie das Tennisspiel profitiert auch unser Denken davon, wenn wir uns mit den verschiedenen Strategien so vertraut machen, dass sie irgendwann automatisch ablaufen.

Ich werde im weiteren Verlauf versuchen, Ihr Bewusstsein für den kreativen Prozess, seine möglichen Hürden und die diversen Tricks zu seiner Verbesserung zu schärfen. Obwohl es sich nicht um ein Psychologielehrbuch handelt, werden wir auf einige theoretische Grundlagen der Kreativität zu sprechen kommen. Diese theoretischen Erklärungen sind zwar interessant, aber nicht vollständig. Es gibt also kein bestimmtes Denkmuster, das aus jedem von uns einen erstklassigen Ideenfinder macht. Techniken und Ansätze, die dem einen helfen, erregen bei anderen Widerwillen. Wenn Sie auf Verfahrensweisen oder Übungen stoßen, die Ihnen nicht zusagen, können Sie sie überspringen. Sie werden (wie ich hoffe) alsbald anderen Techniken begegnen, die Sie interessieren.

Eine Frage, die im Zusammenhang mit der Unterweisung in kreativen Techniken immer wieder auftaucht, lautet: »Lässt sich Kreativität vermitteln?« Offensichtlich beantworte ich persönlich diese Frage positiv, denn andernfalls würde ich nicht dieses Buch schreiben. Die Unterweisung mag mehr die Form einer Ermunterung haben, aber nennen Sie es, wie Sie wollen, ich bin überzeugt, dass unsere Bemühungen an der Stanford University die Qualität der von unseren Studenten produzierten Ideen verbessern. Eine andere häufig gestellte Frage lautet: »Wird der kreative Prozess durch den gewollten Versuch, kreativ zu sein, nicht womöglich beeinträchtigt?« Wir werden uns mit dieser Frage im dritten Kapitel eingehender befassen, eine vorläufige Antwort lässt sich jedoch leicht geben. Sollte Leonardo da Vinci dieses Buch lesen, würde er wahrscheinlich nur Zeit verschwenden. Aber die meisten von uns sind keine Leonardos.

Eine der ältesten Theorien zur Kreativität erkennt in ihr einen göttlichen Funken. Im »Ion« sagt Platon über die Dichter:

> »Und aus diesem Grund bemächtigen sich die Götter des Geistes dieser Männer und machen sie zu ihren Dienern, wie sie dies auch mit Wahrsagern und göttlichen Propheten tun, damit wir, die wir sie hören, erkennen mögen, dass nicht sie es sind, die diese unschätzbaren Worte in Trance von sich geben, sondern dass die Götter selbst durch sie zu uns sprechen.«

Die Kreativität der meisten von uns gleicht jedoch eher einer matten Glut als einem göttlichen Funken. Doch je mehr Luft wir ihr zufächeln, desto heller scheint sie.

Denkblockaden

Lassen Sie mich jetzt einige Anmerkungen zum Aufbau dieses Buches machen. Die Kapitel 2 bis 5 beschäftigen sich mit Denkblockaden: *mentalen Mauern, die den Lösungssuchenden daran hindern, ein Problem korrekt zu erfassen oder dessen Lösung zu erkennen.*

Jeder hat welche. Jedoch variieren Zahl und Intensität von Mensch zu Mensch und sind sich die meisten Menschen des Ausmaßes ihrer Denkblockaden nicht bewusst. Diese vier Kapitel behandeln die verschiedenen Arten von Denkblockaden, liefern Beispiele und erörtern ihre Ursachen. Die Blockaden hängen eng miteinander zusammen, wie Sie im Verlauf unserer Betrachtungen erkennen werden. Die verwendete Kategorisierung dient nur den Zwecken dieses Buches und ist nicht als ultimative Morphologie der Denkblockaden zu verstehen. Ich möchte Sie noch einmal bitten, sich auch mit den Übungen und Quizfragen zu beschäftigen. Die einzige Möglichkeit, sich mit Ihren eigenen Denkblockaden vertraut zu machen, besteht darin, sich an Aktivitäten zu versuchen, die durch deren Existenz beeinträchtigt werden.

Kapitel 6 und 7 handeln von den *Techniken*, mit deren Hilfe Sie Denkblockaden überwinden (oder umgehen) können. Kapitel 8 beschäftigt sich mit der Ideenfindung im Gruppenkontext. Kapitel 9 untersucht einige Kreativitätsblockaden auf der Unternehmensebene. Die Literaturhinweise am Ende des Buches enthalten Informationen für diejenigen, die Interesse verspüren, das Thema eingehender zu studieren. Zu Kreativität und Ideenfindung existiert umfangreiches Material, das größtenteils keine besonderen fachterminologischen Kenntnisse voraussetzt. Ich kann Ihnen die Beschäftigung mit diesem Thema nur ans Herz legen, denn es ist nicht nur faszinierend, sondern bietet Ihnen die Möglichkeit, neben dem Wissenserwerb Ihre Ideenfindungs- und Problemlösungsfähigkeiten zu verbessern.

Wahrnehmungsblockaden 2

Wahrnehmungsblockaden sind Hürden, die den Lösungssuchenden daran hindern, entweder das Problem selbst oder die zu dessen Lösung benötigten Informationen klar zu erkennen. Um Ihnen zu helfen, Ihre Wahrnehmungsblockaden zu überwinden, werde ich Ihnen sowohl allgemeine als auch spezielle Beispiele vorstellen.

Stereotypisierung

Wir stoßen ständig auf das Phänomen der Stereotypenbildung. Vertreter von ethnischen Minderheiten, Frauen, Homosexuelle, ältere Menschen, Behinderte und andere haben uns erfolgreich beigebracht, dass gesellschaftliche Stereotypen falsch sind. Dennoch spielen Stereotypen nach wie vor eine große Rolle in unserem Leben. Stellen Sie sich vor, wie es die Wahrnehmung Ihrer Mitmenschen beeinflussen würde, wenn Sie als Mann in Stöckelschuhen herumliefen oder sich als Frau zu Ihrem nächsten Bewerbungsgespräch einen falschen Schnurrbart anklebten. Stereotypisierung und Etikettierung stellen extrem häufige und wirksame Wahrnehmungsblockaden dar. Es ist nun einmal so, dass vorgefasste Meinungen unseren Blick trüben. Und Augenscheinliches, das diesen Vorurteilen widerspricht, mag zwar anfangs mit Interesse oder Amüsement aufgenommen werden, am Ende stößt es jedoch häufig auf Ablehnung, ganz so, wie in unserem Beispiel der Mann in hochhackigen Pumps oder die Frau mit falschem Schnurrbart.

Ein anderes Beispiel für die Macht der Stereotypen: Ich trage Krawatten. Ich selbst habe dafür nicht viel übrig und hatte mir einmal sogar vorgenommen, nie wieder eine zu tragen. Aber dann erkannte ich, wie töricht das war, denn die mit der Krawatte verbundenen Stereotypen sind so stark, dass ich bestimmte berufliche Dinge viel leichter erreichen kann, wenn ich eine trage, weil die Menschen mich dann für wichtiger halten.

Auf Wahrnehmungsstereotypen lässt sich auch die Wirkung diverser optischer Tricks zurückführen, wie zum Beispiel bei den drei Grafiken auf der nächsten Seite.

Wahrnehmungsstereotypen sind nicht grundsätzlich schlecht, denn sie ermöglichen es uns, unvollständige Informationen zu ergänzen. Aber: Kreativität wurde gelegentlich definiert als die Verbindung auf den ersten Blick nicht zusammengehöriger Teile zu einem funktionierenden und nützlichen Ganzen, und stereotype Wahrnehmungen der Teile stehen deren gedanklicher Kombination zu einem neuen Ganzen, in welchem ihnen möglicherweise ganz andere Rollen zukommen, im Weg.

Sobald ein Etikett (Professor, Hausfrau, Farbiger, Stuhl, Schmetterling, Auto, Abführmittel) erst einmal existiert, sind die Menschen weniger geneigt, die tatsächlichen Qualitäten und Eigenschaften des Etikettenträgers wahrzunehmen. Nehmen wir beispielsweise an, ich versuchte mir auszudenken, was ich mit einem Lagerhaus voller Stühle anstellen könnte. Solange ich in ihnen lediglich Stühle sehe, fallen mir vermutlich nur Verwendungen ein wie darauf sitzen oder stehen oder in irgendwelchen Actionfilmen den Schurken damit den Schädel einhauen. Aber wenn ich an die Bestandteile der Stühle (Stoff, Füllung, Beine, Schrauben und so weiter) denke, kommen mir viel mehr Verwendungsmöglichkeiten in den Sinn. Vielleicht sollte ich die Stühle zerlegen und die Sitze an Menschen verkaufen, die Fußballspiele besuchen wollen, aus den Lederrücken Handtaschen fertigen, die Schrauben als Eisenwaren und das Holz an Heimwerker verkaufen. Stereotypen stehen dieser Art zu denken im Weg.

Dummerweise sind Stereotypen integraler Bestandteil unseres Denkens. Viele Informationen, die wir für die Ideenfindung

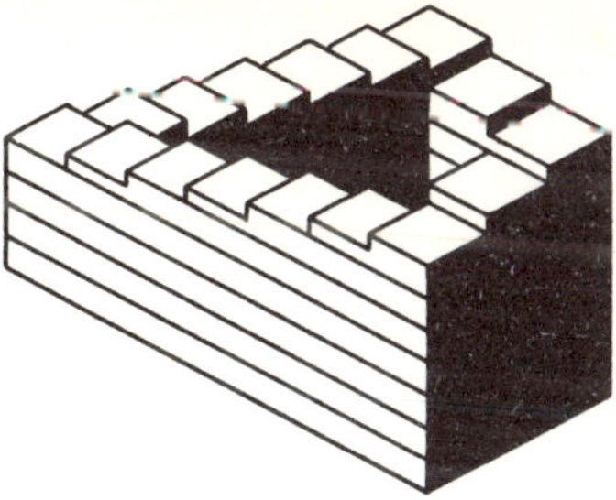

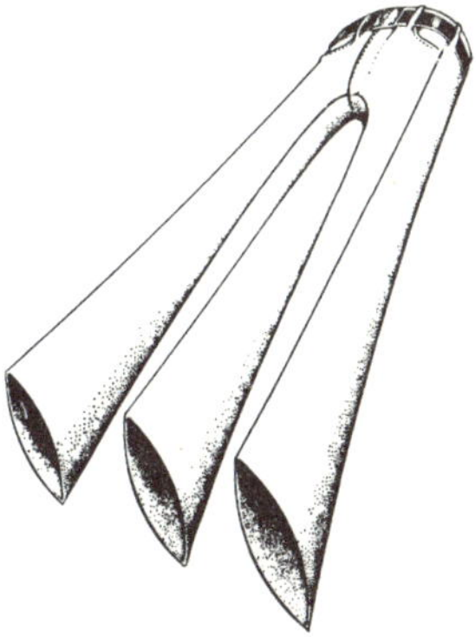

benötigen, werden zuerst im Gedächtnis gespeichert und später abgerufen, anstatt unmittelbar nach Erwerb zur Anwendung zu kommen. Das Gedächtnis kann aber nicht alle von den Sinnen gelieferten Rohdaten speichern. Folglich trifft der Kopf eine Vorauswahl, indem er das herausfiltert, was er für weniger nützlich hält, und den Rest in bestmöglicher Abstimmung mit den bereits gespeicherten Informationen sortiert und kategorisiert. Wenn die Informationen später wieder abgerufen werden, geschieht dies in vereinfachter und vereinheitlichter Form – gewissermaßen als stereotypes Abbild des Originals.

Wenngleich die Funktionsweise des Gedächtnisses bislang nicht vollständig entschlüsselt ist, können wir doch zumindest drei Mechanismen erkennen. Der erste besteht darin, dass eintreffende Informationen für den Bruchteil einer Sekunde in der Form erhalten bleiben, in der sie von den Sinnesorganen geliefert wurden, während ein Mustererkennungsprozess abläuft, der die Informationen auf eine kompaktere, abstraktere Form reduziert.

So erlaubt Ihnen beispielsweise Ihre Mustererkennungsfunktion, in den zahlreichen Formen, die auf der folgenden Seite dargestellt sind, jedes Mal den Buchstaben A zu erkennen (ein offensichtlich nichttrivialer Vorgang).

Nachdem die Informationen auf eine abstraktere Form reduziert wurden, wandern sie ins Kurzzeitgedächtnis (KZG). Das KZG kann nur eine sehr viel begrenztere Informationsmenge aufnehmen, aber es kann diese Informationen länger festhalten (mehrere Sekunden). Dieser Mechanismus kommt beispielsweise zum Tragen, wenn wir eine Telefonnummer diktiert bekommen und anschließend aus dem Gedächtnis wählen. Wenn wir sie nicht sofort verwenden oder sonst etwas damit tun, etwa sie notieren oder im Gedächtnis wiederholen, verschwindet sie.

Wenngleich das KZG für unsere Alltagstätigkeiten ausgesprochen wichtig ist, sind wir doch besonders am Langzeitgedächtnis (LZG) interessiert, das uns erlaubt, Probleme zu lösen, ein Gefühl für die eigene Identität zu entwickeln und vernünftig zu kommunizieren. Nur ein Bruchteil der Informationen, die unsere Sinne passieren und die Filtermechanismen des KZG überstehen, gelangen schließlich ins LZG. *Aufmerksamkeit* ist ein Gradmesser für die Einbeziehung des LZG. Während fast aller komplexen Alltagstätigkeiten (wie beispielsweise der morgendlichen Fahrt zur Arbeit) nimmt das LZG nur einen Bruchteil der von den Sinnen gelieferten Daten auf, während der Rest das KZG durchläuft.

Die Aufmerksamkeit wird von dem Material bestimmt, das bereits im LZG gespeichert ist; das Gedächtnis hat die Tendenz, bereits Vorhandenes zu verstärken. Wenn Sie beispielsweise ein Weinliebhaber sind, werden Sie Ihren bereits vorhandenen Wissensschatz jedes Mal erweitern, wenn Sie Neues über Weine erfahren. Andererseits werden Sie zu einem Thema, das Sie nicht

interessiert, wenig Details speichern. Wenn Sie eine Abneigung gegen Mathematik hegen, werden Sie kaum Informationen behalten, die mit Mathematik zu tun haben. Dieser Umstand sollte Sie daran zweifeln lassen, ob das Material, das Sie aus Ihrem Gedächtnis zurückholen, eine getreue Abbildung von Details beinhaltet, die für Sie unangenehm sind. (Tut es nicht.) Sie sollten auch darauf gefasst sein, dass der Prozess der Stereotypisierung besonders in solchen Bereichen wirksam ist, die Sie bislang als für Sie unwichtig erachtet haben oder über die Sie nur ungern nachdenken.

Daten, die das Langzeitgedächtnis erreichen, müssen sortiert werden, und dieser Vorgang hängt vom Kontext ab. Die folgende Übung kann dies illustrieren:

ÜBUNG

Memorieren Sie die folgenden Worte; lesen Sie sie durch und schließen Sie das Buch. Versuchen Sie sie aus dem Gedächtnis aufzusagen:

sah, der, als, Panik, war, Jim, riss, Heuhaufen, beruhigt, den, kriegte, Stoff, als, die, jedoch, er

Ich nehme an, dass Ihnen diese Übung nicht nur schwer fiel, sondern angesichts ihrer Sinnlosigkeit geradezu widerstrebte. Jetzt werde ich diese Wörter zu einem relativ sinnlosen Satz zusammenfügen, den Sie sich trotz seines eher albernen Inhalts viel leichter werden merken können.

ÜBUNG

Merken Sie sich den folgenden Satz. Lesen Sie ihn durch und schließen Sie das Buch. Sagen Sie ihn anschließend aus dem Gedächtnis auf:

Jim kriegte die Panik, als der Stoff riss, war jedoch beruhigt, als er den Heuhaufen sah.

Obwohl sich Ihr Gehirn schon kooperativer zeigt, ist es noch nicht ganz zufrieden. Es sucht nach einem Sinn oder der Verbindung zu einer logischen Struktur, die bereits im Gedächtnis vorhanden ist. Ich kann Ihnen diese Bedeutung mit einem einfachen Ausdruck liefern – Fallschirmspringen. Sie verfügen über eine Vorstellung vom Fallschirmspringen, die dem Satz einen Sinn verleiht, und wenn Sie ihn jetzt noch einmal lesen, wird er Ihnen einleuchten. Es wird Ihnen auch leichter fallen, sich den Satz über längere Zeit zu merken. Versuchen Sie doch morgen früh, ihn sich wieder ins Gedächtnis zu rufen.

Die Informationen, die Sie bei dieser Übung zuerst erhielten, nützten Ihnen wenig, weil sie aus dem Kontext gerissen waren. Ihr Gehirn zeigte keine große Neigung, sie in das Langzeitgedächtnis zu übertragen, weil sie ihm eher willkürlich und unwichtig erschienen. Aber die »Hinweise« auf den

Kontext, über den Sie bereits verfügten, erleichterten es Ihnen, »das Problem zu lösen« und die Informationen in Ihr LZG zu übertragen.

Kontext spielt bei vielen Mnemotechniken eine zentrale Rolle. Eine der besten ist die so genannte Loci-Methode. Dabei unternehmen Sie zuerst einen vertrauten Spaziergang und merken sich unterwegs eine Anzahl von Szenen. Um sich anschließend eine Liste von Dingen zu merken, überlagern Sie die Szenen des Spaziergangs jeweils mit dem Bild eines der Dinge, die Sie sich merken wollen. Um sie sich wieder zu vergegenwärtigen, genügt es, den Spaziergang im Geist nachzuvollziehen. Probieren Sie es aus. Diese Technik funktioniert überraschend gut, besonders bei Menschen mit ausgeprägten visuellen Fähigkeiten. Es heißt, Cicero habe mittels dieser Methode seine Reden vor dem römischen Senat memoriert.

Wir merken uns Informationen in der Regel in einem Kontext, und dieser Kontext begleitet sie ins Langzeitgedächtnis. Wenn wir sie später zu Problemlösungen heranziehen, melden sich häufig auch andere Informationen und Gefühle aus dem ursprünglichen Kontext wieder zu Wort. Das erschwert den Ideenfindungsprozess, denn wir müssen uns mit diesen Restinformationen irgendwie auseinander setzen. Wenn unsere erste Begegnung mit Orgelmusik anlässlich einer Trauerfeier stattfand, fällt es uns später möglicherweise schwer, sie mit einem fröhlichen Festumzug in Verbindung zu bringen. Orgelmusik hat gewissermaßen eine Stereotypisierung erfahren.

Informationen gehen zudem in strukturierter Form ins Gedächtnis ein. Sie werden gemäß wahrscheinlicher Assoziationen in Kategorien eingeteilt. Denken Sie an das Wort »Speisekarte«. Was fällt Ihnen noch dazu ein? Kellner? Kerzen? Wein? Servietten? Haufenweise Gabeln? Oder Restaurantszenen? Müssen Sie an eine Schildkröte denken? Wie wäre es mit einem Traktor? Schildkröte und Traktor sind unwahrscheinlich, denn sie befinden sich nicht in Ihrer »Restaurant«-Schublade. Die strukturierten Informationen in Ihrem Gedächtnis sind für Sie so wichtig, dass Sie geneigt sind, Informationen zu verwerfen, die sich nicht in das bereits Vorhandene einfügen lassen. Psychologen sprechen von einem unangenehmen inneren Zustand, der so genannten kognitiven Dissonanz, die dadurch entsteht, dass Wissen, Gefühle und Verhalten eines Menschen nicht miteinander harmonieren. Der Betreffende versucht, diese Dissonanz zu minimieren. Eine Möglichkeit besteht darin, sich gegenüber Informationen zu verschließen, die nicht zu den eigenen Stereotypen passen. Denken Sie daran, wenn wir uns im Folgenden speziell mit den Etikettierungen befassen, die wir auf Menschen anwenden.

Wir alle haben stereotype Vorstellungen von anderen Menschen, und nicht selten resultieren daraus gesellschaftliche und zwischenmenschliche Probleme. Ich bin Professor. Die meisten von Ihnen machen sich, ohne mich zu kennen, aufgrund des Etiketts »Professor« sowie der Fähigkeit zur Stereotypisierung ein bestimmtes Bild von mir. Mögen einige der Eigenschaften, die Sie mir zuschreiben, auch zutreffend sein, so hätten Sie doch Schwierigkeiten, allein auf der Basis dieser Information mit mir zusammenzuarbeiten oder -zuleben, habe ich doch daneben noch meine ganz speziellen Eigenschaften. Ich bin Großvater, ein guter Mechaniker und Maschinenbauer, Koch und Zimmermann und mit einer Frau verheiratet, die ich innigst liebe und die als Ausbildungsberaterin einen ständigen Kontakt zur Außenwelt unterhält. Ich fühle mich in ländlicher Umgebung wohler als in der Großstadt und habe zwar beruflich intensive Kontakte mit anderen Menschen, bevorzuge aber ansonsten ein eher spärliches Gesellschaftsleben. Ich habe ein Knie, das mir Beschwerden macht, ein Arbeitszimmer voller Unordnung sowie graues Haar, und ich bewohne ein Haus von 1909 mit braunen Schindeln. Ich bin 1,93 Meter groß, wiege 104 Kilogramm und habe viele Hobbys, wie beispielsweise das Restaurieren alter, schwerer Geräte, Wandern oder ziellos durch abgelegene Landschaften fahren. Wenngleich meine politische Einstellung liberal ist und ich in einer politisch korrekten Gegend wohne, trinke ich immer noch Scotch, esse Rindfleisch und habe meinen Spaß an dreckigen Witzen. Freilich, nebenbei bin ich von Beruf Ingenieur, emeritierter Professor und Unternehmensberater. Nachdem ich Ihnen all diese Attribute genannt habe, sollten Sie in der Lage sein, über Ihre stereotypen Vorstellungen hinauszugehen und ein besseres Gespür für mich als Person zu entwickeln, sodass Ihnen der Umgang mit mir leichter fallen würde. Gleichzeitig habe ich mit all diesen Informationen Ihr stereotypes Bild vom »Professor« bereichert. Jetzt sind Sie an der Reihe. Mit der folgenden Übung können Sie feststellen, wie Sie sich selbst und wie andere Sie sehen.

ÜBUNG

Setzen Sie sich mit jemandem zusammen, den Sie nicht allzu gut kennen. Nun nennt jeder von Ihnen ein Attribut (in wenigen Worten), das ihn selbst beschreibt. Lassen Sie das Gehörte eine halbe Minute lang auf sich wirken und zählen Sie anschließend fünf Minuten lang abwechselnd weitere Merkmale auf. Grübeln Sie nicht zu lange nach. Erliegen Sie nicht der Versuchung, in die (geistreiche und einnehmende) Plauderei auszuweichen, um weniger über sich preisgeben zu müssen. Stellen Sie sich gegenseitig keine Fragen und versuchen Sie nicht, das Gespräch zu lenken. Tauschen Sie lediglich Informationen aus.

Fanden Sie diese Übung geeignet, um rasch Informationen über eine andere Person zu erhalten? Vielen Menschen geht es so. Aber hatten Sie auch Mühe damit? Selbst nach einem vergleichsweise langen und erfüllten Leben gehen den Menschen in der Regel nach wenigen Minuten die Attribute aus, und sie konzentrieren sich mehr darauf, sich welche auszudenken, als der anderen Person zuzuhören. Und fast alle verspüren einen starken Drang zur Plauderei. Ging es Ihnen ebenso?

Im gesellschaftlichen und im beruflichen Umgang pflegen wir uns streng an Stereotypen und Gemeinplätzen zu orientieren, solange es uns nicht ab einem bestimmten Punkt vorteilhaft erscheint, bezüglich unserer Person konkret zu werden. Die obige Übung verletzt gewissermaßen unsere Privatsphäre, denn sie zwingt uns, Informationen zu verdauen, auf die wir nicht gefasst sind. Nach dieser Übung geben die meisten Teilnehmer zu Protokoll, dass sie nun viel mehr über die andere Person wissen, als sie aus dem ursprünglichen Etikett hätten ableiten können. Sie entwickeln ein besseres Gespür für die Bedeutung ihrer eigenen Stereotypen für sich selbst sowie dafür, wie sie sich an diesen Stereotypen festklammern, um sich vor gesellschaftlichen Unsicherheiten zu schützen. Und schließlich zeigt die Übung, dass der Vorrat an Merkmalen der eigenen Person in unserem Gedächtnis eher beschränkt ist. Andernfalls würde uns die Übung sehr viel leichter fallen. Wir stereotypisieren nicht nur andere Menschen und Dinge, sondern auch uns selbst. Die Stereotypisierung stellt offensichtlich eine Denkblockade dar – vielleicht sogar die wichtigste überhaupt.

Schwierigkeiten bei der Isolierung des Problems

Erraten Sie, was die folgende Illustration darstellt?

Ein ähnliches Ratespiel ist das untere Bild. Was sehen Sie?

Ein klassischer VW-Käfer

Sobald Sie in der Abbildung auf der folgenden Seite die Kuh gesehen haben, sollten Sie auch in der Abbildung auf der linken Seite ohne Mühe die Kuh erkennen. Dies ist ein typisches Beispiel für ein visuelles Ratespiel, das vom Betrachter verlangt, inmitten eines scheinbaren Chaos eine Bedeutung zu erkennen.

Die Probleme, die wir lösen wollen, können in ähnlicher Weise entweder durch ungenügende oder durch irreführende Informationen verstellt sein. Eine adäquate Problemerkennung ist von zentraler Wichtigkeit für die Problemlösung. Ein Problem kann erst dann zufrieden stellend gelöst werden, wenn es zuvor in geeigneter Weise erfasst wurde. Eine erfolgreiche medizinische Prognose setzt die Fähigkeit des Arztes voraus, das Problem inmitten der komplexen Fülle verfügbarer realer und imaginärer Informationen einzugrenzen und zu isolieren. Damit Eltern und ihre halbwüchsigen Kinder erfolgreich miteinander kommunizieren können, ist es unabdingbar, die realen aus den vielen scheinbaren Problemen herauszufiltern und zu isolieren.

Problemformulierungen sind häufig bereits mit zahlreichen Antworten durchsetzt. Die Antworten können gut oder schlecht durchdacht, richtig oder falsch sein. Die Aufgabenstellung an einen Architekten, »jene Tür zwischen Küche und Speisezimmer mit einer Klinke zu versehen, damit sie sich besonders leicht öffnen lässt«, impliziert bereits, dass der Durchgang zwischen Küche und Speisezimmer eine Tür erfordert. Vielleicht aber liegt die Lösung auch darin, keine Tür zu verwenden, den Raum insgesamt neu zu definieren oder die Funktionen Essenszubereitung/Essen neu zu konzipieren.

Wenn Ihr Beruf darin besteht, Probleme zu lösen, müssen Sie ständig darauf achten, dass Sie die Probleme richtig erfassen. Der Klient, Patient oder Kunde hat nicht immer eine klare Vorstellung von »seinem« Problem, und der Problemlöser kann manchmal schon dadurch viel bewirken, dass er die Schwierigkeiten mit einfacheren Worten beschreibt und das zugrunde liegende Problem klarer herausarbeitet. Im Ingenieurwesen verbeißen sich die Konstrukteure manchmal derart in die Optimierung eines bestimmten Details, dass sie keinen Blick mehr dafür haben, wie sich die betreffenden Schwierigkeiten anders lösen ließen. Viel Denkarbeit floss in die mechanische Konstruktion diverser Prototypen für Tomatenpflückmaschinen, bis jemandem einfiel, dass das eigentliche Problem nicht die Optimierung der Geräte, sondern die Anfälligkeit der Tomaten für Schäden während des Pflückvorgangs war. Die Antwort auf *dieses* Problem bestand in einer neuen Züchtung mit kräftigerer Schale und leichter erreichbaren Früchten.

Jerry Porras, Professor an der Stanford Graduate School of Business, veröffentlichte vor einigen Jahren ein vorzügliches Büchlein mit dem Titel »Stream Analysis«. Darin behauptet er, dass wir Menschen, insbesondere als Beschäftigte in Unternehmen, die Neigung haben, uns eher auf die Beseitigung von Symptomen als auf die Lösung der eigentlichen Probleme zu konzentrieren. Ich habe es mir zur Angewohnheit gemacht, meine Studenten dieses Buch lesen zu lassen und sie zu bitten, ihren eigenen Problemlösungsansatz zu analysieren. Nach dieser Übung mussten sie notgedrungen der These des Buches zustimmen, bezweifelten jedoch, dass dies auch bei Großunternehmen der Fall sein könnte. Kurz darauf hatte ich die glückliche Gelegenheit, mit Jerry einen Workshop für eines eben jener Großunternehmen zu leiten, in welchem er den Problemanalyseansatz seines Buches vorstellte (mehr darüber in Kapitel 7). Die Ergebnisse waren überwältigend. Die Übung endete mit einigen sehr irritierten Führungskräften, die erkennen mussten, dass sie tatsächlich regelmäßig die Kernprobleme ignorierten. Das überrascht letztlich auch nicht, denn Kernprobleme lassen sich schwer lösen und ihre Lösung führt häufig zu kontroversen Reaktionen. Aber vielleicht nicht immer in der Art, wie wir es uns vorstellen.

Probleme entstehen häufig durch Umstände, die nichts mit der reinen Beseitigung einer Schwierigkeit zu tun haben, und der Problemlöser muss dies berücksichtigen. Nehmen wir an, ich sei ein beratender Ingenieur, der den Auftrag hat, einem führenden Hersteller mechanischer Geräte zur Säuberung verstopfter Abflüsse und Kanalisationen bei der Entwicklung eines verbesserten Produkts zu helfen. Dies könnte mich auf eine überaus elegante Lösung bringen (eine Mixtur aus handelsüblichen Chemikalien), die die Produktreihe des Unternehmens erübrigen und von seinem Kompetenzbereich keinen Gebrauch machen würde. Zwar könnte ich mich dann stolz zu den erfolgreichen Ideenfindern zählen, aber mein Auftraggeber hätte vermutlich keine Freude daran, mich zu bezahlen. Eine korrekte Herausarbeitung des Problems ist natürlich mindestens ebenso wichtig, wenn der Problemsteller zugleich der Problemlöser ist. Schwierigkeiten bei der Isolierung des Problems sind häufig die Folge dessen, dass zu wenig Mühe auf die Problemdefinition verwendet wurde, um möglichst rasch zum »wichtigeren« Teil, der Problemlösung, überzugehen. Eine unzulängliche Problemdefinition ist umso törichter, je wichtiger und umfangreicher das Problem ist. Ein relativ kleiner Zeitaufwand für die sorgfältige Eingrenzung und Definition des Problems kann sich in höchstem Maß auszahlen, wenn es darum geht, mögliche einfache Lösungen zu entdecken, oder darum, zu vermeiden, dass sich nach langer Mühe lediglich herausstellt, dass die Schwierigkeit fortbesteht – möglicherweise gar in gesteigerter Form.

ÜBUNG

Denken Sie an ein Problem, das Ihnen zu schaffen macht. Beschreiben Sie das Problem schriftlich so prägnant wie möglich.

Fallen Ihnen alternative Problemstellungen ein, die die Ursache für die von Ihnen beobachteten Schwierigkeiten sein könnten? Wenn ja, notieren Sie sie und stellen Sie Mutmaßungen bezüglich der unterschiedlichen Lösungsansätze an, die Ihnen in den Sinn kommen.

Zu enge Eingrenzung des Problems

So wie es manchmal schwierig ist, das Problem adäquat zu isolieren, besteht auch die Gefahr, dass wir es zu eng eingrenzen. (Mit anderen Worten, wir sollten es nicht zu sehr beschränken.) Die folgende Denksportaufgabe ist ein Beispiel dafür.

AUFGABE

Verbinden Sie mit höchstens vier geraden Linien und ohne den Stift abzusetzen alle neun Punkte.

Diese Aufgabe ist schwer zu lösen, solange die imaginäre Umgrenzung der neun Punkte nicht überschritten wird. Eine mögliche Lösung sieht folgendermaßen aus:

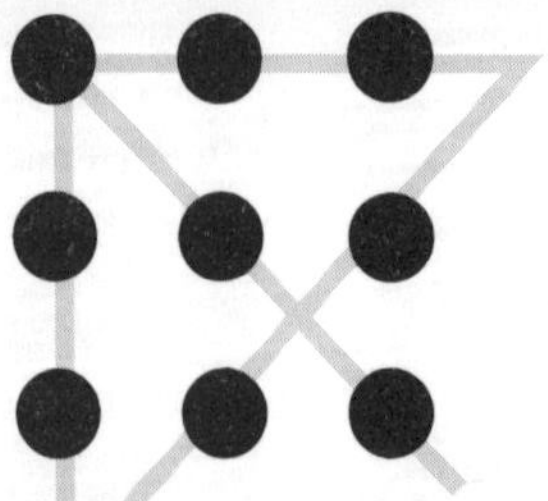

Erstaunlich viele Menschen durchbrechen diese imaginäre Grenze nicht, weil diese Beschränkung häufig unbewusst ihr Denken bestimmt, obwohl sie in der Definition des Problems gar nicht vorgegeben ist. Die allzu engen Grenzen blockieren das Denken des Lösungssuchenden. Die weite Verbreitung dieser Blockade machte diese Aufgabe zu einem Klassiker des Denksports.

Solche Denkblockaden sind subtil und allgegenwärtig, aber ich will noch etwas mehr zu diesem Beispiel erzählen, um zu zeigen, dass ein Bewusstsein für diese Blockaden häufig die Fähigkeit und die Motivation erzeugt, sie zu überwinden. Als ich vor vielen Jahren in Stanford einen Vortrag zum Thema Problemlösungsmethoden hielt, zeigte die Ankündigung ebendiese Aufgabe. Von anonymer Seite wurde mir folgende Lösung zugesandt:

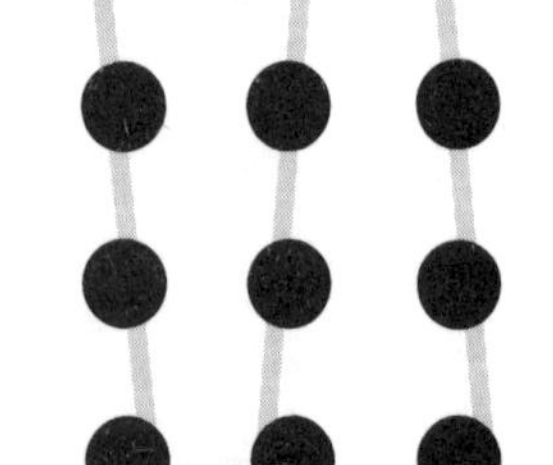

Ich habe dem Einsender offiziell unseren Ideengeniepreis zugedacht und die Person heimlich bewundert, denn ich selbst war natürlich zu blockiert in meinem Denken, um zu erkennen, dass es nicht nötig war, die Linien genau durch die Mitten der Punkte zu ziehen.

Einer meiner ältesten Freunde setzte noch eins drauf, indem er mir später die folgende teuflische Lösung zukommen ließ, bei der sich – nach etwas blockadefreier Faltarbeit – alle Punkte mit einer einzigen Geraden durchkreuzen lassen. Versuchen Sie es selbst: Machen Sie eine Kopie der folgenden Seite und beginnen Sie mit dem Falten!

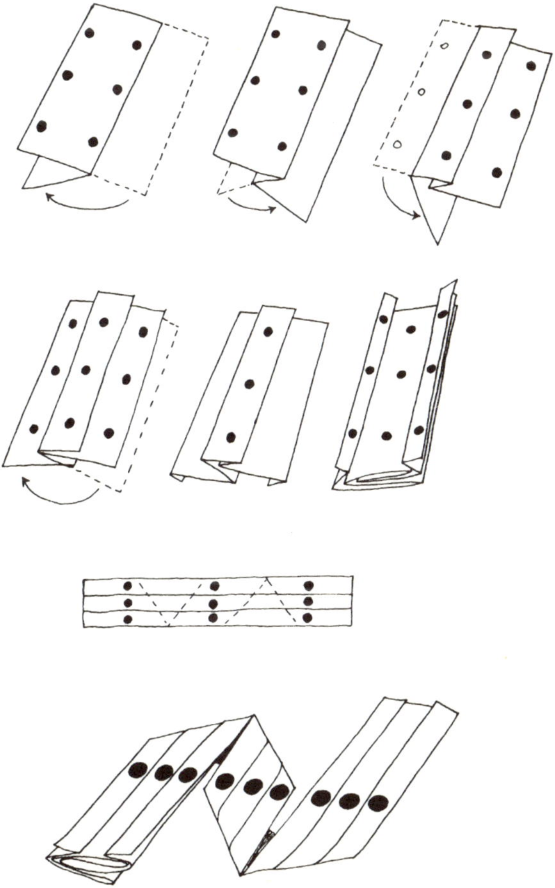

Die teuflische Lösung von Rodney W. Supple

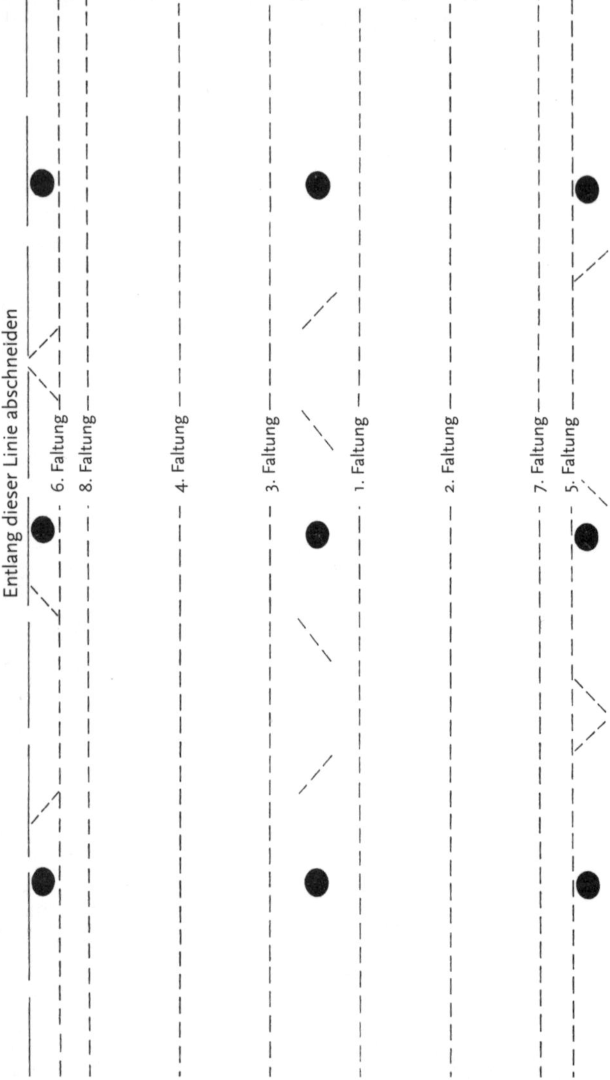

Ich habe viele Lösungen wie die folgende erhalten, die lediglich darin besteht, das ursprüngliche Muster zu zerschneiden und anders wieder zusammenzukleben, sodass anschließend nur noch eine gerade Linie benötigt wird.

Ebenso ist es möglich, die Zeichnung aufzurollen und eine Spirale durch die Punkte zu zeichnen, die Punkte auszuschneiden und die Linie durch sie hindurch zu ziehen oder auf andere Weise aus der Zweidimensionalität auszubrechen.

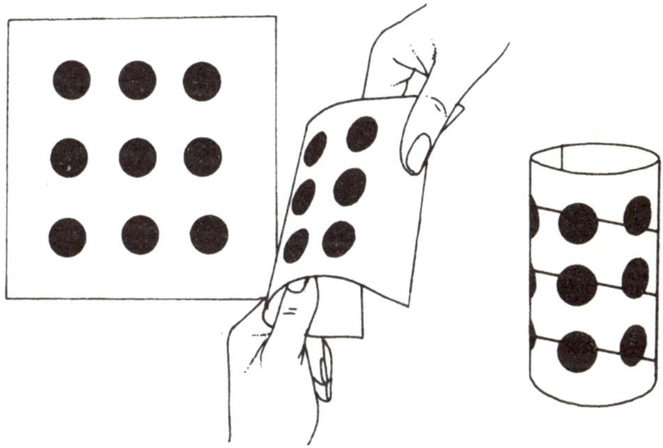

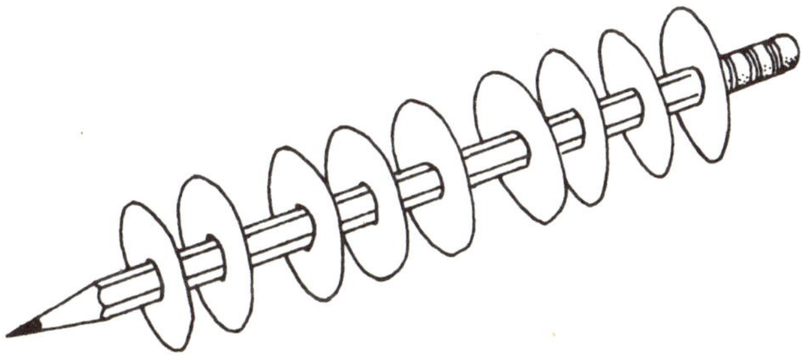

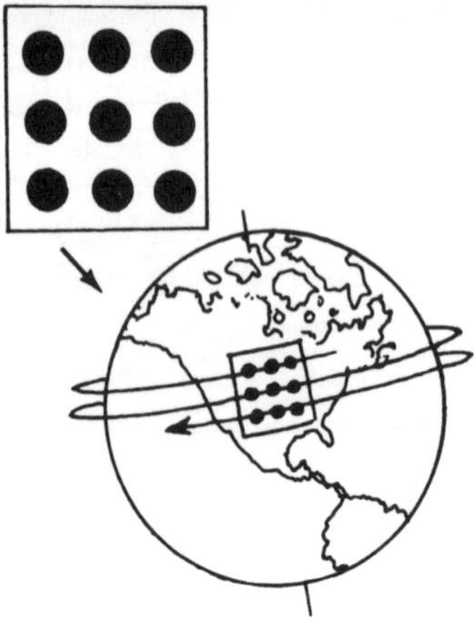

Eine Linie, keine Faltungen.

Legen Sie das Papier auf einen Globus. Umrunden Sie ihn zweimal (plus einige Zentimeter) so, dass Sie sukzessive die drei Punktereihen durchlaufen.

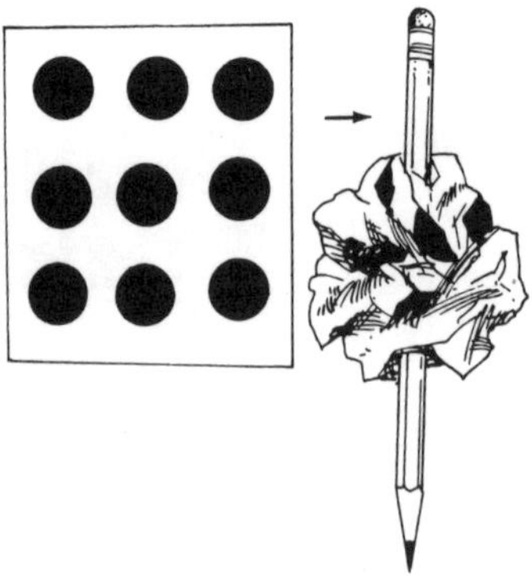

Etwa zwei Linien*, keine Faltungen

* im statistischen Durchschnitt

Malen Sie die Punkte so groß wie möglich. Knüllen Sie das Papier zu einem Ball zusammen. Stechen Sie mit einem Bleistift hindurch. Entfalten Sie das Papier und sehen Sie nach, ob Sie erfolgreich waren. Wenn nicht, versuchen Sie es erneut. Es gibt keine Verlierer: Spielen Sie, bis Sie gewonnen haben.

Immer mehr Lösungen trafen ein. Mein absoluter Favorit ist der Brief auf der nächsten Seite. Mittlerweile habe ich Dutzende von Antworten erhalten, alle höchst clever – und alle deprimierend, weil ich nicht selbst darauf gekommen bin. Becky Buechel (die mir den folgenden Brief schrieb) wurde später einmal meine Studentin – wie klein die Welt doch ist.

Derlei Kreativitätsausbrüche sind faszinierend. Eine Botschaft dieses Buches besagt, dass wir uns selbst Schranken setzen (die imaginäre Grenze um die Punkte) und dass wir uns ihrer lediglich bewusst werden müssen, um den nötigen Eifer zu deren Überwindung zu entwickeln. Das Neun-Punkte-Problem ist ein anschauliches Beispiel für dieses Phänomen. Die Grenzen sind verhandelbar.

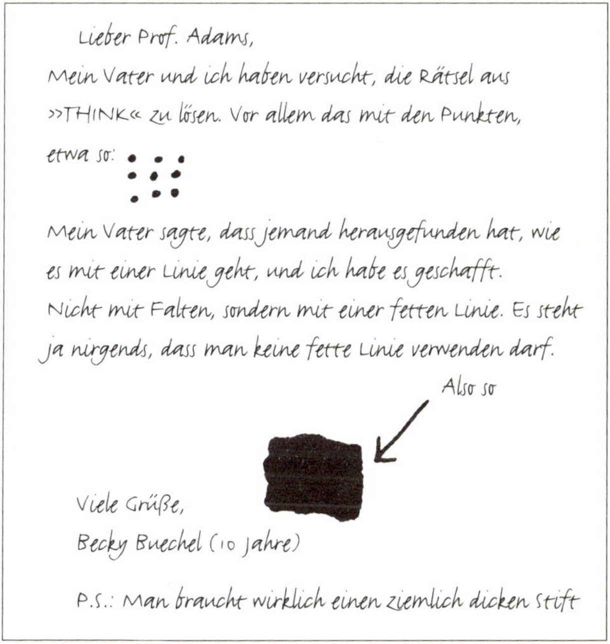
Lieber Prof. Adams,

Mein Vater und ich haben versucht, die Rätsel aus »THINK« zu lösen. Vor allem das mit den Punkten, etwa so:

Mein Vater sagte, dass jemand herausgefunden hat, wie es mit einer Linie geht, und ich habe es geschafft. Nicht mit Falten, sondern mit einer fetten Linie. Es steht ja nirgends, dass man keine fette Linie verwenden darf.

Also so

Viele Grüße,

Becky Buechel (10 Jahre)

P.S.: Man braucht wirklich einen ziemlich dicken Stift

Ebenso wichtig wie die adäquate Isolierung eines Problems ist die richtige Begrenzung. Diese Rahmensetzung hat großen Einfluss auf die Lösung. Im Allgemeinen gilt, dass ein Problem desto mehr Raum für gute Ideen lässt, je breiter es definiert ist.

Der Auftrag, eine bessere Tür zu konstruieren, hat vermutlich eine rechteckige Platte mit Angeln und einer Klinke zum Ergebnis. Ist das die gewünschte Lösung, oder ging es nicht eigentlich darum, besser durch eine Wand zu kommen? Die Aufgabe, einen besseren Durchgang durch eine Wand zu schaffen, befreit uns von der festen Vorstellung von einer rechteckigen Platte, die sich drehen oder schieben lässt. Wird sie Studenten gestellt, erfinden sie alle Arten von Geometrien für Wand und Öffnung, elastische Membranen, Rollläden, Vorhänge und geniale Dreh- und Faltmechanismen. War das wirklich gewollt oder ging es in Wahrheit um eine bessere Methode zur akustischen, visuellen oder klimatischen Abschirmung? Eine Lösung in Form eines laminaren Luftvorhangs, wie er bei Kaufhäusern oft verwendet wird, um warme Luft drinnen und kalte Luft draußen zu halten und gleichzeitig freien Zugang zu ermöglichen, dürfen wir bei einer strengen Aufgabenstellung à la »Entwirf mir eine bessere Tür« nicht erwarten.

Wenn Sie einen Architekten, einen Bauingenieur oder einen Rechtsanwalt engagieren, bezahlen Sie ihn für sein Fachwissen. Es wäre also töricht, den Auftrag so eng zu fassen (»Hier sind Grund- und Aufriss – führen Sie es aus!«), dass Sie nicht von den beruflichen Qualitäten des Betreffenden profitieren können. Dieses Prinzip gilt ebenfalls, wenn Formulierung und Lösung des Problems bei ein und derselben Person liegen. Je enger ein Problem gefasst ist, desto schwerer fällt es, eine phantasievolle Lösung zu finden.

Natürlich besteht auch die Gefahr, ins gegenteilige Extrem zu verfallen und den Rahmen des Problems zu weit zu setzen. Die daraus resultierende Lösung ist dann möglicherweise von so allgemeiner oder elementarer Natur, dass sie keinen Nutzen bietet. Ein Autohersteller auf der Suche nach einer besseren Möglichkeit, Windschutzscheiben sauber zu halten, kann wenig mit einer Lösung anfangen, die in der Abschaffung des Autos besteht. Die richtige Problemdefinition ist deshalb von entscheidender Bedeutung, um ein Maximum an Kreativität seitens des Lösungssuchenden zu mobilisieren und dabei eine verwertbare Antwort zu erhalten. Ich würde aber vermuten, dass in der Praxis Probleme häufiger zu stark als zu schwach eingegrenzt werden. Aufgrund dieses Gefühls und weil es in diesem Buch um Kreativität geht, soll es hier ausdrücklich verboten sein, zu viele einschränkende Annahmen zu machen.

ÜBUNG

Wenn Sie das nächste Mal ein Problem haben, so lösen Sie es. Nehmen Sie sich anschließend eine freie Minute und machen Sie eine Liste mit drei unterschiedlichen Abgrenzungen des Problems und den Antworten, die Ihnen jeweils dazu einfallen.

Angenommen, Sie sind vor kurzem Mutter geworden und nun unschlüssig, ob Sie wieder zu arbeiten anfangen oder Ihre Zeit dem Kind widmen sollten.

Problemlösungen stehen natürlich häufig unter dem Einfluss pragmatischer Überlegungen wie Geld und Unterstützung seitens anderer, aber in diesem Fall wollen wir annehmen, dass Sie sich um Geld nicht zu sorgen brauchen und Ihr Gatte sowie Ihre Freunde Ihnen unter die Arme greifen. Sie könnten Ihr Problem als die »Wahl zwischen der Rolle der berufstätigen Frau beziehungsweise der Mutter« beschreiben und Ihren Job aufgeben, um Ihrem Kind all Ihre Zeit zu widmen. (Ich gehe hier davon aus, dass Sie nicht auf das Kind verzichten werden.) Alternativ könnten Sie das Problem in die Frage fassen: »Wie kann ich weiterhin Befriedigung im Job finden und gleichzeitig ausreichend Zeit für mein Kind erübrigen?« Diese Problemformulierung enthält weniger Beschränkungen und könnte beispielsweise zu einer stärkeren Beteiligung des Vaters an der Betreuung des Kindes oder zu einer anderen beruflichen Tätigkeit führen, die Ihnen die Möglichkeit bietet, Ihre Arbeitszeit flexibel zu gestalten, zu Hause oder Teilzeit zu arbeiten.

Sie könnten Ihr Problem auch so definieren: »Wie kann ich gewährleisten, dass mein Kind die für seine Entwicklung förderlichste Betreuung erhält?« Diese Formulierung macht noch weniger Einschränkungen und könnte implizieren, dass Sie sich mit anderen jungen Müttern zusammentun, um eine gute Tagesbetreuungsstätte einzurichten.

Vielleicht kommen Sie aber zu dem Ergebnis, dass das Problem in erster Linie zwischen natürlicher Mutterrolle und den Erwartungen besteht, dass eine moderne Frau eine in der Außenwelt respektierte berufliche Stellung haben sollte. Das führt unter Umständen zu Gesprächen mit anderen Menschen in der gleichen Situation, mit Meinungsmachern, Therapeuten und Erziehern und zu der Erkenntnis, dass dies ein weit verbreitetes gesellschaftliches Problem ist; daraufhin werden Sie zur militanten Autorin und engagieren sich überregional dafür, Frauen mit Kleinkindern einen Ausweg aus diesem Konflikt aufzuzeigen.

Wenn die Beschränkungen in der Problemdefinition gelockert werden, kommen in der Regel interdisziplinäre Überlegungen ins Spiel: etwa wirtschaftliche, politische und ethische. Wenn Sie Ihr Problem lediglich darin sehen, »den staatlichen Smogrichtlinien zu genügen«, lautet die Antwort womöglich, die bestehenden Maschinen mit zusätzlichen Vorrichtungen auszustatten. Wenn es Ihnen aber vorrangig darum geht, die Luftverschmutzung zu minimieren, könnten Sie vollkommen neue Transportkonzepte in Erwägung ziehen und sich mit schwierigen gesellschaftlichen und technischen Überlegungen auseinander setzen.

Unfähigkeit, das Problem aus verschiedenen Blickwinkeln zu betrachten

Häufig ist es schwierig, ein Problem aus der Sicht aller betroffenen Seiten zu erfassen. Aber die Berücksichtigung diverser Blickrichtungen führt nicht nur zu einer »besseren« Problemlösung, die ein breiteres Interessenspektrum befriedigt, sondern ist auch für den Ideenfindungsprozess sehr hilfreich. Insbesondere bei zwischenmenschlichen Problemen ist die Fähigkeit, sich in die Denkweise der anderen Seite hineinzuversetzen, außerordentlich wichtig, um die Auseinandersetzung in angemessenem Ton zu führen. In vielen Fällen ist eine Lösung erst dann möglich, wenn die Beteiligten ein Gefühl für die Sichtweise des Gegenübers entwickeln. Die meisten Problemlösungen haben Auswirkungen auf andere, deren Interessen folglich berücksichtigt werden sollten. Der Architekt muss seine Entwürfe mit den Augen von Auftraggeber, Ausführenden, Architekturkritikern und anderen betrachten. Wer ein Auto konstruiert, sollte dabei an diejenigen denken, die es einmal herstellen, fahren oder warten müssen. Der Grundstückseigner, der einen Zaun zu errichten gedenkt, muss nicht nur die Gesichtspunkte von Nachbarn, Stadtverwaltung, Besuchern, Müllmännern und Verkehrsteilnehmern berücksichtigen, die möglicherweise nicht mehr um die Ecke sehen können, sondern auch die der nichtmenschlichen Beteiligten wie beispielsweise des Rasens, der im Schatten des Zauns verkümmern könnte, und der Katzen aus der Nachbarschaft, die vielleicht auf dem Zaun sitzen werden, um ihre Kampfes- und Liebesgesänge kundzutun.

ÜBUNG

Denken Sie an ein zwischenmenschliches Problem, mit dem Sie sich zur Zeit herumschlagen. Beschreiben Sie das Problem in prägnanten Worten aus der Sicht aller Beteiligten. Legen Sie, wenn möglich, diese Formulierungen den Betroffenen vor und fragen Sie sie, ob Ihre Interpretation der jeweiligen Sichtweise zutreffend ist.

In seinem Buch »New Think« spricht Edward de Bono von vertikalem und von lateralem Denken. Vertikales Denken setzt bei einer einzigen Idee an, die so lange entwickelt wird, bis eine Lösung gefunden ist. Laterales Denken hingegen erzeugt mehrere alternative Sichtweisen des Problems, bevor es mit der Lösungssuche beginnt. An einer Stelle des Buches erklärt de

Bono vertikales und laterales Denken anhand des Grabens von Erdlöchern:

> »Logik ist das Instrument, um die Löcher tiefer und größer zu graben, sie alles in allem ›besser‹ zu machen. Aber wenn sich ein Loch an der falschen Stelle befindet, hilft keine Verbesserung, um es an die richtige Stelle zu versetzen. So einleuchtend dies auch jedem Grabenden erscheint, es ist immer noch einfacher, an derselben Stelle weiterzugraben, als an anderer Stelle völlig neu anzufangen. Vertikales Denken gräbt gewissermaßen das bestehende Loch tiefer; laterales Denken versucht es an anderer Stelle erneut.«

De Bono leugnet nicht die Vorteile der Vertiefung eines bestehenden Loches, da er zugibt, dass ein »halb gegrabenes Loch eine Richtung vorgibt, die wir weiterverfolgen können. Niemand wird für überragende Fähigkeiten bezahlt, solange sich diese nur in untätigem Herumsitzen manifestieren. Da sich solche Fähigkeiten nicht messen lassen, finden Bezahlung und Beförderung notgedrungen nach Maßgabe sichtbarer Ergebnisse statt. Darum ist es immer noch besser, das falsche Loch (auch wenn dies jeder weiß) bis zu einer eindrucksvollen Tiefe auszugraben, als untätig herumzusitzen und sich nicht für eine andere Stelle entscheiden zu können.« Jedoch betont de Bono, dass viele Löcher bis zu einer unbrauchbaren Tiefe und viele an der falschen Stelle gegraben werden und dass Durchbrüche in der Regel dann geschehen, wenn jemand ein teilweise gegrabenes Loch verlässt, um an anderer Stelle ein neues zu beginnen.

Sättigung

Das Phänomen der Saturation betrifft alle Sinnesorgane. Wenn unser Kopf alle Eingaben speichern und dem bewussten Denken zugänglich machen würde, wäre dieses überfordert. Viele besonders vertraute Eingaben werden nicht so gespeichert, dass sie sich einfach abrufen lassen.

ÜBUNG

Zeichnen Sie die Tasten eines gewöhnlichen Telefons, ohne auf eines zu schauen, und setzen Sie alle Ziffern, Buchstaben und Symbole an ihren richtigen Platz.

Nur wenigen Menschen gelingt diese Aufgabe, obwohl doch alle viel telefonieren. Unser Kopf hält sich nicht mit den Details der Tasten auf, weil er keinen Bedarf dafür hat. Wenn diese Informationen nicht auf dem Telefon vermerkt wären, würden wir sie ohne viel Mühe auswendig lernen, um jederzeit darauf zugreifen zu können.

Als weitere Beispiele der Saturation könnten Sie versuchen, (ohne hinzusehen) die Kühlerhaube Ihres Autos, den Griff Ihres Rasenmähers oder irgendein anderes Objekt zu zeichnen, das Sie häufig sehen, dessen optische Details jedoch für Sie ohne Bedeutung sind. Auch wenn Sie vielleicht denken, dass Sie sie kennen, können Sie sie, ebenso wie im Fall des Telefons, nicht auf Kommando reproduzieren. Das Verflixte an der Saturation ist gerade der Umstand, dass wir häufig denken, über die Daten zu verfügen, und Sie dennoch im Bedarfsfall nicht parat haben.

Visuelle Saturation beispielsweise ist ein Problem an Kunstschulen, weil die Studenten erst lernen müssen, Dinge zu sehen, die zu übersehen sie gewohnt sind. Deshalb erhalten angehende Kunststudenten häufig Aufgaben gestellt wie die, sich vornüber zu beugen und die Welt über Kopf zu betrachten, weil diese umgekehrte Ausrichtung Details sichtbar macht, die wir üblicherweise nicht wahrnehmen (probieren Sie es aus!). In gleicher Weise bemerken Sie, wenn Sie den Blick von einem schönen Sonnenuntergang abwenden und in die andere Richtung schauen, allerlei optische Vorgänge, wie Farben auf den Wolken, gedämpfte Töne auf den Gebäuden, Lichtreflexionen in Fenstern und so fort, die Sie normalerweise nicht sehen.

Eine andere Situation, in der auf das Phänomen der Saturation zu achten ist, besteht dann, wenn Daten nur gelegentlich oder zusammen mit großen Mengen ablenkender Daten eintreffen. Radarinformationen beim Militär oder in der Luftverkehrskontrolle sind dafür ebenso ein Beispiel wie Unregelmäßigkeiten im Betrieb eines Flug- oder Bodenfahrzeugs, die nach einer langen Periode normalen Verhaltens auftreten. Das Leben eines Berufspiloten beispielsweise wird gelegentlich beschrieben als Jahre der Langeweile mit vereinzelten Sekunden des Alarmzustands. Wenn Informationen auftauchen, die in einen solchen Alarmzustand münden, ist es offensichtlich von äußerster Wichtigkeit, dass der Pilot sie frühestmöglich wahrnimmt. Zum Glück für uns Passagiere unternehmen Ingenieure, Psychologen und Konstrukteure große Anstrengungen, um sicherzustellen, dass die Langeweile in ausreichendem Maß unterbrochen wird.

Selektive Verwertung von Sinneseindrücken

Die Sinne sind auf ziemlich direkte Weise miteinander verbunden. Darauf werden wir in Kapitel 6 näher eingehen. Sehen und Hören sowie Geschmacks- und Geruchssinn stehen häufig in engem Zusammenhang. Unser Geschmackssinn ist stark beeinträchtigt, solange wir nichts riechen können. Ebenso wird unser Sehvermögen durch Klänge deutlich verstärkt (siehe etwa den Tonfilm).

Die Vielfalt der Sinneswahrnehmungen (insbesondere das Sehvermögen) spielt für innovative Menschen eine wesentliche Rolle. Zu diesem Thema existiert eine umfangreiche Literatur. In einem Brief an Jacques Hadamard (der sich in dem von Brewster Ghiselin herausgegebenen Band »The Creative Process« findet) sagte Albert Einstein: »Die Wörter oder die Sprache in ihrer geschriebenen oder gesprochenen Form scheinen für meine Denkvorgänge keinerlei Rolle zu spielen. Die psychischen Einheiten, die als die Elemente des Denkens dienen, sind vielmehr bestimmte Zeichen und mehr oder weniger klare Bilder, die sich ›willentlich‹ reproduzieren und kombinieren lassen ... Die zuvor erwähnten Elemente sind in meinem Fall visueller und manchmal muskulärer Art. Konventionelle Wörter oder andere Zeichen müssen in einer zweiten Phase erst mühsam gefunden werden, wenn das erwähnte assoziative Spiel genügend vertraut geworden ist und sich willentlich reproduzieren lässt.« Nikola Tesla, ein außerordentlich produktiver technologischer Pionier (fluoreszierendes Licht, Wechselstromgenerator, »Teslaspule«), besaß offenbar eine unglaubliche Visualisierungsfähigkeit. Wie J. J. O'Neill in seinem Buch »Prodigal Genius. The Life of Nikola Tesla« beschreibt, war Tesla angeblich in der Lage, »ein bis ins letzte Detail getreues Bild einer Maschine vor seinen Augen entstehen zu lassen. Diese Bilder waren aussagekräftiger als jeder Bauplan.« Außerdem behauptete Tesla, seine Geräte im Geist testen zu können, indem er sie wochenlang laufen ließ – um sie anschließend auf Abnutzungserscheinungen hin zu untersuchen.

Ein Problemlöser benötigt alle Hilfe, deren er habhaft werden kann. Er sollte deshalb gewissenhaft darauf achten, dass er keine Sinneseindrücke vernachlässigt. Eine Ingenieurin beispielsweise, die sich mit den akustischen Problemen einer Konzerthalle beschäftigt, sollte über aller theoretischen Analyse nicht vergessen, einen Blick auf die Vielzahl bestehender Konzerthallen zu werfen und deren jeweilige Klangqualität mit den Ohren zu erlauschen. Es muss ihr auch bewusst sein, dass eine Lösung, die unter akustischen Gesichtspunkten erfolgreich ist, womöglich das Auge oder – bei einer extremen Wahl der Materialien – die Nase beleidigt.

Deshalb greifen (Industrie-)Designer gelegentlich zu dem Mittel, sich vorübergehend bestimmten Sinneseindrücken zu verschließen, um sicherzustellen, dass sie die übrigen hinreichend berücksichtigen. Der Designer einer Innenhofbedachung, die dazu gedacht ist, so lange Schatten zu spenden, bis die zu diesem Zweck gepflanzten Bäume groß genug sind, ist gut beraten, wenn er Bäume nicht nur betrachtet, sondern ihnen außerdem zuhört, sie betastet, an ihnen riecht, sie erklettert, sich überhaupt gründlich mit ihnen beschäftigt, bevor er mit seinem Entwurf beginnt. In einer funktionierenden Ehe achten die Partner außer auf das Äußere auf Klang, Geruch, Geschmack und fühlbare Gegenwart des anderen. Probleme zwischen ihnen lassen sich am besten lösen, solange die ganze Bandbreite der Sinneseindrücke Berücksichtigung findet.

Als ich Design an der Stanford University unterrichtete, gehörte es zu meinen schwierigsten Aufgaben, die Studenten dazu zu überreden, von allen verfügbaren Sinneseindrücken Gebrauch zu machen. Meine Studenten waren stark verbal ausgerichtet, dafür visuell vergleichsweise wenig vorgebildet (was nicht zuletzt an den Zulassungskriterien der Hochschule liegt). Sie waren nicht daran gewöhnt, sich beim Lösen von Problemen auf ihren Geschmacks-, Geruchs- oder Tastsinn zu verlassen. Grundsätzlich könnte man sagen, dass sie mit Problemen vertraut waren, die sich (ihrer Ansicht nach) verbal oder mathematisch lösen ließen. Sie waren nicht gewohnt, eine Gefühlssprache in ihrem Denken zu verwenden. Dieses Thema werden wir in Kapitel 6 eingehender behandeln, weshalb wir es an dieser Stelle hiermit bewenden lassen wollen. Nur so viel: Nicht vollen Gebrauch von sämtlichen Sinneseindrücken zu machen, stellt eine in der Problemlösung recht verbreitete Denkblockade dar.

Emotionale Blockaden 3

Dieses Kapitel beginnen wir mit einem Spiel. Es erfordert möglichst viele Teilnehmer – versuchen Sie es also am besten auf einer Party. Soweit ich weiß, wurde es von Bob McKim erfunden, und es heißt »Bauernhof«.

ÜBUNG

Teilen Sie jedem Teilnehmer ein Tier zu. Beginnt der Nachname mit: ist er/sie folgendes Tier:

A–E = Schaf
F–K = Schwein
L–R = Kuh
S–Z = Truthahn

Jetzt bitten Sie jeden Teilnehmer, sich einen Partner zu suchen (nach Möglichkeit jemanden, den er nicht allzu gut kennt) und ihm in die Augen zu schauen. Dann zählen Sie bis drei, woraufhin jeder so laut er kann den Klang des Tieres nachahmt, das er darstellt. Mal sehen, wie laut Ihr Bauernhof ist.

Die Teilnehmer dieses Spiels werden an sich eine weit verbreitete emotionale Blockade in der Ideenfindung beobachten – die Angst, sich lächerlich zu machen. Wenn Sie noch nicht an dem Spiel teilgenommen haben und wissen wollen, wie man sich dabei fühlt, brauchen Sie sich nur an eine bevölkerte Straßenecke zu stellen und laut den Ruf eines der Tiere von sich zu geben.

Der Prozess der Ideenfindung birgt Risiken, wie wir im nächsten Kapitel sehen werden, und neue Ideen lassen sich schwer bewerten. Wenn Sie eine neue Idee formulieren oder versuchen, andere von ihrem Wert zu überzeugen, passiert es schnell, dass Sie sich wie ein Esel vorkommen, denn Sie tun etwas, das Ihre Unzulänglichkeiten offen legen könnte. Um diesem Gefühl aus dem Weg zu gehen, vermeiden die Menschen es häufig, Ideen zu finden, geschweige denn sie laut kundzutun.

Das Mysterium der Emotionen

Auch wenn Emotionen beim Lösen von Problemen eine wichtige Rolle spielen, wie sie überhaupt ein wichtiger Bestandteil des Menschseins sind, haben viele von uns Schwierigkeiten, offen mit ihnen umzugehen. Das liegt zum Teil an der geheimnisvollen Natur ihrer Mechanismen. Wenn wir Dinge, die sich in uns abspielen, nicht verstehen, sind wir geneigt, sie zu ignorieren. Mit gewissen Aspekten des Sehens etwa sind wir durchaus vertraut. Das Auge weist eine nahe liegende Parallele zur Kamera auf (oder umgekehrt); beide haben eine Linse, eine Blende und eine Schicht lichtempfindlichen Materials (die Retina), die das Bild einfängt. Der optische Nerv, der diese Informationen an das Gehirn weiterleitet und unterwegs wohl auch etwas verarbeitet, ist uns schon weniger bekannt, aber wir stellen ihn uns wie ein Bündel Kabel vor. Die Verarbeitung der visuellen Daten im Gehirn jedoch ist so weit von unserer Intuition entfernt, dass wir lieber nicht darüber nachdenken. Die Forscher haben einige Zusammenhänge zwischen bestimmten Neuronen und Bildkomponenten entdeckt, aber sie verfügen bislang über kein Modell, das den Umwandlungsprozess der elektrischen Signale des Auges in unser visuelles Realitätsbild schlüssig erklären würde. Die meisten Menschen ziehen es deshalb vor, sich so etwas wie einen Homunkulus, einen kleinen Menschen, vorzustellen, der irgendwo im Schädel sitzt und das von der Retina eingefangene Bild wie auf einem Fernsehschirm verfolgt. Da wir insgeheim wissen, dass er nicht existiert, vermeiden wir, genauer über den Mechanismus nachzudenken.

Im Fall der Emotionen haben wir nicht einmal die befriedigende Analogie zur Kamera. Wir riechen den Ozean und freuen uns. Wir wachen niedergeschlagen auf. Wir haben Scheu, vor einer großen Runde zu sprechen. Wir können unseren Vorgesetzten nicht leiden. Was spielt sich da ab? Wer sich für Prozesse interessiert, tut sich mit den im vorigen Kapitel behandelten Wahrnehmungsblockaden sicher leichter als mit emotionalen Blockaden.

Das Problem beruht zum Teil auf der Komplexität der beteiligten Mechanismen. Es gibt ein höchst populäres Buch mit dem Titel »Emotionale Intelligenz«. Es stammt aus der Feder Daniel Golemans, des einstigen Herausgebers von *Psychology Today* und späteren Leiters der Cognitive-Science-Sparte bei der *New York Times*. Goleman resümiert Forschungen, die verschiedene Emotionseigenschaften zu erklären versuchen, und argumentiert zugunsten einer stärkeren Berücksichtigung der Emotionen als wichtigem Faktor des persönlichen Erfolgs. Er zählt folgende Emotionen auf: Ärger, Traurigkeit, Angst, Freude, Liebe, Überraschung, Abscheu und Beschämung. Aber dann fügt er jeweils noch Synonyme hinzu. So finden wir unter Ärger: Wut, Empörung, Ressentiment, Zorn, Verzweiflung, Entrüstung, Verdruss, Sarkasmus, Animosität, Überdruss, Irritation, Feindseligkeit, Hass und Gewalt.

Meine Studenten präsentieren häufig Listen von Emotionen, die sich deutlich von der von Goleman unterscheiden, und sie vertreten unterschiedliche Ansichten hinsichtlich der Bedeutung komplementärer beschreibender Wörter. Offensichtlich lässt die Komplexität der Emotionen kein einfaches Modell zu – zumindest keines, das auf Wörtern unserer Alltagssprache basiert. Wir können unseren Geschmackssinn beschreiben, indem wir sagen, dass er zwischen süß, sauer, bitter und salzig unterscheiden kann. (Das ist im Übrigen alles, was der Geschmackssinn erkennen kann. Den Rest unserer Freude am Essen verdanken wir dem Geruchssinn.) Wir haben aber nichts ähnlich Präzises für die Emotionen.

Ich habe meine Studenten Golemans Buch lesen lassen, weil es beschreibt, was Wissenschaftler über die Mechanismen der

Emotionen herausgefunden haben und warum diese beim Lösen von Problemen eine so herausragende Rolle spielen. Als ich zur Schule ging, brachte man uns bei, dass der Cortex die Sinnessignale analysiert und die entsprechenden Reaktionen auslöst. Wenn wir beispielsweise des Nachts von einem seltsamen Geräusch geweckt werden, analysiert unser kognitiver Apparat die möglichen Ursachen. Wenn er dabei zu dem Schluss kommt, dass es sich um einen ungebetenen Gast handelt, löst er eine Schreckreaktion aus. Dem gegenwärtigen Forschungsstand zufolge erreichen die Sinnessignale sowohl Cortex als auch Amygdala und Hippocampus. Diese beiden Untersysteme des Gehirns beherbergen einen elementaren Gedächtnisschatz an Sinnessignalen, die auf Gefahren hinweisen. Wir werden deshalb bereits in Alarm versetzt, bevor der Cortex die Daten analysieren kann. Der Hypothalamus löst die entsprechenden Reaktionen aus; die Herzfrequenz nimmt zu, der Blutdruck steigt, die Blutzirkulation verlagert sich von den Eingeweiden auf die wichtigsten Muskeln, und der Atem wird langsamer. Der cinguläre Cortex konditioniert die großen Muskeln, unterdrückt unnötige Bewegungen und lässt unser Gesicht einen ängstlichen Ausdruck annehmen. Der Locus coeruleus schüttet Norepinephrin aus, das unsere Aufmerksamkeit schärft und unser Wissen und unsere Erinnerungen gewichtet. All dies geschieht automatisch. Später, wenn der Cortex seine Schlussfolgerung zieht, kann er all diese Vorbereitungen wieder abblasen, wenn sich herausstellt, dass das Geräusch von einer Katze stammt. Oder er kann die Reaktionen verstärken. Wichtig in unserem Zusammenhang ist jedoch die Feststellung, dass die Emotionen den Anfang bilden und nicht lediglich Folgeerscheinungen sind. Das erklärt beispielsweise, warum der erste Eindruck von anderen Menschen häufig so nachhaltig ist, auch wenn spätere Erlebnisse uns zeigen, dass wir uns geirrt haben. Und es erklärt, warum Emotionen eine so wichtige Rolle bei der Ideenfindung spielen.

Unglücklicherweise blendet die wissenschaftliche Forschung die Emotionen wegen dieser Komplexität weitestgehend aus.

Ihre strengen Regeln verlangen, dass Experimente wiederholbar und Ergebnisse messbar sein müssen. Die akademische Psychologie der ersten Hälfte des 20. Jahrhunderts war von Vertretern des Behaviorismus (Pavlov, Skinner) geprägt, die im Verhalten nichts anderes als die Reaktion auf gewisse Stimuli sahen. Sie wussten mit den Emotionen nicht so recht umzugehen. Ihre Experimente führten sie vorwiegend an Ratten, Tauben, Katzen und Hunden durch. Wenn man eine Ratte durch ein Labyrinth laufen lässt, etwas mit ihr anstellt und sie anschließend noch einmal durch dasselbe Labyrinth schickt, kann man die Veränderungen ihres Verhaltens quantitativ messen und sich mehr oder weniger auf die Wiederholbarkeit des Experiments verlassen. Aber inwieweit eignen sich Menschen als Versuchsobjekte? Wie können wir verhindern, dass unsere Versuchskandidaten irgendwann genug davon haben, durch Labyrinthe zu laufen, und nach Hause gehen? Stellen Sie sich vor, wie komplex sich der Versuch gestalten würde, die Gefühle verliebter Teenager oder der Mitglieder einer psychologischen Fakultät experimentell zu erforschen. Wo bleibt die Wiederholbarkeit? Wo die Quantifizierbarkeit? Die in der heutigen Forschung tonangebenden kognitiven Psychologen haben bislang die eingehendere Beschäftigung mit Emotionen gemieden. Neben der Komplexität bietet dieser Umstand möglicherweise eine Erklärung dafür, warum unsere Modelle und unser Wissen von den Mechanismen noch immer so lückenhaft sind.

Wegen ihrer »Diffusität« werden psychologische Theorien, die einen direkteren Umgang mit den Emotionen nahe legen, von den zeitgenössischen Psychologen eher stiefmütterlich behandelt. Beispielsweise wird den Theorien Freuds und seiner Nachfolger sowie denen der humanistischen Psychologen (Rogers, Maslow und andere) trotz ihrer Präsenz in unserer Kultur und ihrer Bedeutung für die therapeutische Praxis von der maßgeblichen kognitiven und behavioristischen Psychologie wenig Beachtung geschenkt. Dennoch lohnt es sich, an dieser Stelle auf sie hinzuweisen, denn sie betonen die Bedeutung der Gefühle und spielen eine herausragende Rolle in vielen Kreativitätstheorien.

Freud

Die freudsche Theorie basiert wesentlich auf Konflikten zwischen dem *Es* (dem instinktbestimmten, tierhaften Teil unserer Person), dem *Ich* (dem sozialen und bewusstseinsbestimmten Teil) und dem *Über-Ich* (dem sittlichen Teil unserer Person, der verbietet und untersagt). Die treibende Kraft stellt im freudschen Modell das Es dar, das im Unbewussten residiert und danach strebt, unsere Bedürfnisse zu befriedigen. Die dem Unbewussten entspringenden Ideen werden laut Freud einer Prüfung durch Ich und Über-Ich unterzogen, wobei Ersteres sie zurückweisen kann, wenn sie realistisch betrachtet undurchführbar sind, und Letzteres, wenn wir solche Ideen grundsätzlich gar nicht erst hätten haben dürfen. Im Fall ihrer Zurückweisung werden die Ideen entweder vollkommen unterdrückt, oder sie machen sich aufgrund ungelöster Konflikte in einem neurotischen Verhalten bemerkbar. Werden sie hingegen akzeptiert, erhalten sie Einlass in unser bewusstes Denken. (Dies kann mit Ängsten verbunden sein, denn indem sich Ich und Über-Ich mit einer Idee identifizieren, machen sie sich verletzbar für den Fall einer späteren Zurückweisung.) Wenn Ich und Über-Ich allzu selektiv sind, erreichen nur vergleichsweise wenige kreative Ideen unser Bewusstsein. Wenn sie nicht selektiv genug sind, kommt es zu einer Flut hochgradig innovativer, aber impraktikabler Ideen.

Freuds Theorie wurde mittlerweile von seinen Nachfolgern weiterentwickelt. Lawrence S. Kubie bezieht sich in seinem Modell vom kreativen Denken auf das freudsche Konzept des *Vorbewussten*. Er verlagert die unterbewussten Teile des kreativen Denk- und Problemlösungsprozesses in dieses Vorbewusste und beschränkt die Zuständigkeit des Unbewussten auf ungelöste Konflikte und unterdrückte Impulse. Diesem Modell zufolge werden die vorbewussten mentalen Prozesse sowohl durch bewusste als auch durch unbewusste Prozesse behindert. So schreibt Kubie in »Neurotic Distortion of the Creative Process«:

> »Vorbewusste Prozesse werden von beiden Seiten attackiert. Auf der einen Seite werden sie von unbewussten, realitätsfern ausgerichteten Trieben, bestehend aus steifen Kompromissformationen ohne jedes Kreativpotenzial, zu starren und grotesken Symbolen deformiert und gestutzt. Auf der anderen Seite werden sie von bewussten Zweckvorstellungen getrieben und von bewusster kritischer Rückschau kontrolliert und korrigiert.«

Wie Freud verwendet auch Kubie ein Denkmodell, dem zufolge das kreative Denken durch das bewusste Ich und das Über-Ich behindert wird und Kreativität zumindest teilweise unterhalb der bewussten Ebene stattfindet. Jedoch spielen Neurosen in Kubies Modell eine viel unheilvollere Rolle als bei Freud.

Die humanistischen Psychologen

Obgleich die humanistischen Psychologen anerkennen, dass Kreativität eine Reaktion auf elementare innere Bedürfnisse des Menschen darstellt, verwenden sie eine etwas breitere Bedürfnishierarchie als die Freudianer. Ihrer Überzeugung nach sind die Menschen kreativ, um zu wachsen und sich selbst zu verwirklichen sowie um Konflikte zu lösen und die Sehnsüchte des Es zu befriedigen. Ihre Bestrebungen sind eher nach oben und nach außen gerichtet. In dem von Harold Anderson herausgegebenen Buch »Creativity and its Cultivation« erklärt Carl Rogers in einem Beitrag:

> »Die wesentliche Quelle der Kreativität scheint dieselbe Neigung zu sein, die wir in der Psychotherapie so eindrücklich als heilende Kraft erleben – das Bestreben des Menschen, sich selbst zu verwirklichen und seine Möglichkeiten auszuleben. Damit meine ich den in allem

> organischen und menschlichen Leben sich offenbarenden Richtungstrend – den Drang, sich zu erweitern, sich auszudehnen, sich zu entwickeln und zu reifen –, die Tendenz, alle Kapazitäten des Organismus zum Ausdruck zu bringen und zu verwirklichen, auf dass diese Verwirklichung den Organismus oder das eigene Selbst wertvoller macht. Diese Tendenz liegt möglicherweise unter vielen Schichten psychologischer Selbstverteidigung begraben; sie kann sich hinter komplizierten, zwecks Leugnung ihrer Existenz errichteten Fassaden verbergen. Es ist jedoch meine feste, auf Erfahrung gegründete Überzeugung, dass sie in jedem Individuum existiert und nur auf die geeigneten Umstände wartet, um hervorzutreten und sich zu entfalten.«

Die humanistischen Psychologen sind der Ansicht, dass der kreative Mensch emotional gesund und sowohl für das Bedürfnis als auch die Fähigkeit des Unbewussten, kreative Ideen zu produzieren, empfänglich ist. Wie Freuds kreativer Mensch verfügt er über ein starkes Ich und ein realistisches Über-Ich, die ihm eine fruchtbare Ideenfindung und eine relative Freiheit von störenden Neurosen garantieren.

Wir können aus den Theorien der Freudianer und der Humanisten mehrere interessante und plausible Schlussfolgerungen ziehen:

1. Menschen sind aus innerem Antrieb kreativ, sei es zwecks Konfliktlösung, Selbstverwirklichung oder beidem. Sie können natürlich auch aus anderen Gründen wie beispielsweise Geld kreativ sein.
2. Wenigstens teilweise findet diese Kreativität in einem unterhalb der bewussten Ebene angesiedelten Teil unserer Gehirnaktivität statt.
3. Obgleich Kreativität und Neurosen möglicherweise derselben Quelle entspringen, funktioniert Kreativität in Abwesenheit von Neurosen in der Regel besser.
4. Das bewusste Denken, unser Ich, ist ein Kontrollventil für die Kreativität.
5. Kreativität kann Ängste hervorrufen.

Was können wir aus anderen Bereichen der Psychologie für die Kreativität ableiten? Unser Umgang mit den im vorangegangenen Kapitel beschriebenen Wahrnehmungsblockaden kann von den Erkenntnissen der kognitiven Psychologen profitieren. Ein verbessertes Wissen um die Funktionsweisen des Gehirns kann unsere Fähigkeit fördern, in neuartiger Weise von ihm Gebrauch zu machen. Die Behavioristen können uns etwas über die Wirkung von Belohnung und Bestrafung berichten, und die Sozialpsychologen erinnern uns an die große Bedeutung von Freunden, Kollegen und öffentlicher Meinung für unser Handeln. Wir werden diese Punkte in den Kapiteln 8 und 9 eingehender behandeln. Neurobiologen und Pharmakologen entdecken zunehmend, welch wichtige Rolle der physiologische Zustand des Gehirns spielt, und sie entwickeln Methoden, mit denen sich das Verhalten des Gehirns chemisch beeinflussen lässt (eine bislang höchst kontrovers beurteilte Art der Kreativitätsbeeinflussung).

Wenden wir uns jetzt einigen konkreten Beispielen emotionaler Blockaden zu, um ihre Ursachen und Merkmale klarer herauszustellen. Diese Blockaden können unsere Fähigkeit beeinträchtigen, Ideen zu erzeugen und flexibel zu verändern, und uns daran hindern, andere von unseren Ideen zu überzeugen. Beispiele für solche Blockaden sind:

1. die Angst, Fehler zu machen, zu scheitern oder Risiken einzugehen;
2. Intoleranz gegenüber Unklarheit; ein übermächtiges Bedürfnis nach Sicherheit und Ordnung; »keine Lust auf Chaos«;
3. die Tendenz, Ideen zu beurteilen statt sie zu erzeugen;
4. die Unfähigkeit, loszulassen, Ideen reifen zu lassen und sie zu »überschlafen«;
5. zu wenig Interesse (das Problem lässt uns kalt) oder zu viel Eifer (wir stehen unter erhöhtem Erfolgsdruck);
6. die Unfähigkeit, zwischen Realität und Phantasie zu unterscheiden.

Die Angst vor Risiken

Die Angst, einen Fehler zu machen, zu scheitern oder Risiken einzugehen, ist vermutlich die am weitesten verbreitete emotionale Blockade. Die meisten von uns wachsen damit auf, dass »richtige« Antworten belohnt und falsche bestraft werden. Wenn wir Fehler machen, lässt man uns spüren, dass wir die Erwartungen anderer (zumeist geschätzter Menschen) enttäuscht haben. In ähnlicher Weise werden wir auf eine sichere Lebensweise getrimmt (der Spatz in der Hand ist besser als die Taube auf dem Dach, ein gesparter Groschen ist ein verdienter Groschen) und darauf, Risiken nach Möglichkeit zu vermeiden. Aber indem wir eine kreative Idee erzeugen und zu verkaufen versuchen, riskieren wir, einen Fehler zu begehen, erfolglos zu bleiben, uns lächerlich zu machen, Geld zu verlieren, Verletzungen einzustecken und so fort.

Diese Art von Angst ist in gewissem Ausmaß realistisch. Neue Dinge bedrohen in der Regel den Status quo, weshalb sie mit dem entsprechenden Druck auf den Urheber quittiert werden. Die mit Innovationen verbundenen Risiken können in echte Härten münden. Es liegt mir fern zu verlangen, dass die Kosten der Kreativität nicht realistisch eingeschätzt werden sollten. Ich selbst beispielsweise verwende viel Zeit darauf, meinen Studenten zu erklären, dass nicht selten mindestens acht Jahre, eine gute Portion physische und emotionale Demütigung und häufig ein Verzicht auf Dinge wie Eheleben oder Essen die Voraussetzung dafür sind, um irgendwann mit kommerziell verwertbaren Ideen Geld verdienen zu können. Aber was ich meinen Studenten ebenfalls zu erklären versuche, ist der Umstand, dass die Ideenfindung nicht selten durch Ängste beeinträchtigt wird, die nicht auf einer realistischen Einschätzung ihrer Konsequenzen basieren. Eine etwas »gewagte« Idee als Antwort auf eine Seminaraufgabe hat sicherlich nicht den Verlust von Leben, Eheglück oder auch nur Geld zur Folge. Die einzig denkbare Schwierigkeit bestünde darin, dass ich als der Lehrer etwas dagegen hätte (aber mir gefallen solche Antworten von Studenten besonders). Hier geht es vielmehr um eine generelle Angst davor, Chancen wahrzunehmen.

Solche Blockaden lassen sich beispielsweise dadurch überwinden, dass man die möglichen negativen Konsequenzen einer Idee realistisch bestimmt. Beispielsweise könnten Sie fragen: »Was sind meine schlimmsten Erwartungen?« Wenn Sie eine Idee für ein besseres Fahrradschloss haben und erwägen, Ihre bisherige Arbeit an den Nagel zu hängen und auf der Basis des Schlosses und einer noch näher zu bestimmenden zusätzlichen Produktlinie Ihr eigenes Unternehmen aufzuziehen, sind die Risiken beträchtlich (es sei denn, Sie verfügen über große Summen Geldes und wichtige Wirtschaftskontakte). Wenn Sie eine neue Methode des Fliegens erfinden (beispielsweise Flügel aus mit Wachs verbundenen Federn), mögen die Risiken einer Perfektionierung des Produkts ebenfalls nicht unerheblich sein. Wenn Sie sich jedoch eine neue Art ausdenken, Ihren Tagesablauf zu planen, Ihr Badezimmer zu streichen oder sich mit Ihren Mitbewohnern zu vertragen, dann sind die Risiken erheblich geringer.

Meine Erfahrung besagt, dass die Menschen die wahrscheinlichen Konsequenzen kreativen Handelns häufig nicht realistisch beurteilen. Entweder ignorieren sie schlichtweg jegliche Konsequenzen, oder ihre generelle Angst vor dem Scheitern verleitet sie dazu, jedem »Fehler«, mag er in den Augen zukünftiger Historiker noch so unbedeutend sein, eine übermäßige Bedeutung zuzumessen. Häufig lassen sich jedoch die möglichen negativen Konsequenzen der Bekanntgabe einer kreativen Idee leicht überstehen. Wenn Sie eine Idee haben, die mit Risiken verbunden zu sein scheint, lohnt es sicherlich, eine kurze Prüfung der möglichen Konsequenzen vorzunehmen. In diese Untersuchung sollten Sie auch die Möglichkeit »katastrophaler Folgen« (alles geht schief) einbeziehen und sich das Resultat vergegenwärtigen. Hierbei wird Ihnen klar werden, ob Sie das Risiko eingehen wollen oder nicht.

ÜBUNG

Verfassen Sie, wenn Sie das nächste Mal unentschlossen sind, ob Sie mit einer »kreativen« Idee herausrücken sollen oder nicht, einen kurzen (zweiseitigen) Bericht über Ihre »schlimmsten Befürchtungen«. Schildern Sie so detailliert wie möglich, was mit Ihnen geschähe, sollte *alles schief gehen*. Indem Sie die Einzelheiten explizit formulieren und sich ihnen stellen, setzen Sie Ihre analytischen Fähigkeiten an die Stelle Ihrer Versagensängste – sicherlich ein vorteilhafter Tausch.

Keine Lust auf Chaos

Die Angst davor, Fehler zu machen, wurzelt natürlich in der Unsicherheit, die die meisten Menschen in der einen oder anderen Form verspüren. Solche Unsicherheiten sind auch für die folgende emotionale Blockade – Intoleranz gegenüber Unklarheit, übertriebenes Ordnungsbedürfnis, »keine Lust auf Chaos« – verantwortlich. Sie enthält ebenfalls rationale Elemente. Ich will nicht behaupten, dass Sie, um kreativ zu sein, jede Ordnung meiden und in einem totalen Chaos leben sollten. Ich spreche eher von einer übertriebenen Ordnungsliebe in allen Dingen. Die Lösung eines komplexen Problems ist ein chaotischer Vorgang. Strenge und logische Techniken sind zwar häufig notwendig, aber nicht hinreichend. In der Regel gilt es, Massen von irreführenden und widersprüchlichen Daten, nebelhaften und schwer zu verifizierenden Konzepten, Meinungen, Werten und anderen unhandlichen Quantitäten zu verdauen. In gewisser Hinsicht bedeutet Problemlösung, *Ordnung in ein Chaos zu bringen*. Ein gewisses Maß an Ordnungsbedürfnis ist deshalb durchaus notwendig. Andererseits ist die Fähigkeit, Chaos zu tolerieren, unverzichtbar.

Wir alle kennen zwanghaft veranlagte Menschen, die ständig darauf bestehen, dass alle Dinge an ihrem angestammten Platz sind, und die sich aufregen, sobald die Ordnung ihres physischen

Umfelds gestört ist. Wenn sich diese Eigenschaft auf die mentalen Prozesse eines Menschen überträgt, ist er in seiner Fähigkeit, bestimmte Arten von Problemen zu meistern, ernsthaft gehandikapt. Ein möglicher Grund für das extreme Bedürfnis, im physischen Umfeld Ordnung zu schaffen, mag das Streben nach Effizienz sein. Ein anderer ist die ästhetische Befriedigung angesichts präziser physischer Verhältnisse. Jedoch kann auch Unsicherheit ein Grund dafür sein. Solange Ihre Unterwäsche, korrekt gefaltet und gestapelt ist, haben Sie die zuverlässige Kontrolle über Ihre Unterwäsche, und es gibt eine unkontrollierte Sache weniger, die Sie bedrohen könnte. Mir ist es im Prinzip egal, wie Sie Ihre Unterwäsche aufbewahren, aber wenn auch Ihre Gedanken korrekt gefaltet und gestapelt sind, sind Ihre Fähigkeiten als Problemlöser vermutlich ziemlich beschränkt. Sie werden Schwierigkeiten haben, vollkommen ungleichartige Gedanken zusammenzubringen, weil Ihr Kopf nicht zulässt, dass solche Gedanken lang genug nebeneinander existieren, bis eine Kombination gefunden ist.

Ideen beurteilen statt sie zu erzeugen

Die nächste emotionale Blockade, die Neigung, lieber Ideen zu beurteilen, als selbst welche zu erzeugen, ist ebenfalls ein »sicherer« Weg. Urteilsfähigkeit, Kritik, Hartnäckigkeit und Realitätssinn sind natürlich wichtige Qualitäten bei der Problemlösung. Aber wenn sie allzu früh oder schematisch angewandt werden, führen sie zu einer starken Beeinträchtigung der Ideenfindung. Im Problemlösungsprozess repräsentieren Analyse, Beurteilung und Synthese drei unterschiedliche Denkweisen. In der *Analyse* existiert in der Regel genau eine richtige Antwort. Ich bin Ingenieur: Wenn Sie mich bezahlen, damit ich Ihnen erzähle, wie kräftig der Träger für ein Terrassendach sein muss, erwarten Sie von mir *die* Antwort. Zum Glück weiß ich solche Dinge mathematisch zu analysieren und Ihnen die richtige Antwort zu geben. Beurteilung spielt im Zusammenhang mit Problemen in der Regel dann eine Rolle, wenn verschiedene Antworten vorliegen, unter denen eine Wahl getroffen werden muss. Eine Gerichtsentscheidung ist ein gutes Beispiel. Ebenso die Frage, ob Präsident Clinton das Gesetz gebrochen hat. Die Entscheidungen werden von Leuten getroffen, die ein feines Gespür für Schuld oder Unschuld haben, und die Situation ist hinreichend komplex, sodass abweichende Meinungen möglich sind. Die *Synthese* beschreibt umso mehr eine Situation mit vielen Antworten. Ein Planungsproblem (für eine bessere Methode, Eiscreme zu servieren) hat unendlich viele Antworten, und stringente Wege, um schließlich zu einer Entscheidung zu gelangen, gibt es kaum.

Wenn Sie im Lauf des Problemlösungsprozesses zu früh analysieren oder beurteilen, werden Sie viele Ideen verwerfen. Das ist aus zwei Gründen von Nachteil. Erstens sind neu geborene Ideen zerbrechlich und unvollkommen – sie brauchen Zeit, um zu reifen und die nötigen Details zu entwickeln, die ihnen Überzeugungskraft verleihen. Zweitens führen Ideen, wie wir sehen werden, zu weiteren Ideen. Viele Techniken der Ideenfindung, wie beispielsweise Brainstorming, beziehen ihre Wirksamkeit daraus, dass »abwegige« Ideen lang genug aufrechterhalten werden, um reifen und realistischere Ideen gebären zu können. Es ist manchmal schwierig, solche Ideen am Leben zu halten, weil sich die Menschen in der Regel nicht gern dem Verdacht aussetzen, mit impraktikablen Ideen zu liebäugeln. Wer die Ideenfindung jedoch ernst nimmt, sollte nicht voreilig urteilen.

Die Beurteilung von Ideen ist leider ein weit verbreiteter und angesehener Zeitvertreib. In den Zeitungen wird ihr mehr Raum gegeben (Kolumnen, politische Analyse, Leitartikel und so fort) als der Ideenerzeugung. Auch an den Universitäten ist ein großer Teil des Lehrstoffs der Beurteilung und nicht der Kreativität gewidmet. Man kann beobachten, dass gerade Leute, die alle Ideen, denen sie begegnen, mit negativer Kritik überschütten, für ihren praktischen Verstand und ihren Scharfsinn gelobt werden. Der Verriss sämtlicher Ideen anderer Leute ist in Wirklichkeit ein billiger Versuch, die eigene geistige Überlegenheit zu demonstrieren.

Wenn Sie ein professioneller Ideenfinder sind, wird Ihre Kritik in aller Regel freundlicher ausfallen. Gelernte Konstrukteure zeigen sich häufig empfänglicher für die Ideen unserer Studenten als die anderen Fakultätsmitglieder. Professionelle Problemlöser wissen um die Schwierigkeiten des Ideenfindungsprozesses und respektieren Ideen, auch wenn sie mit Schwachstellen behaftet sind. Wenn Sie ein passionierter Ideenbeurteiler sind, sollten Sie sich klar machen, dass Sie damit vermutlich so manche Idee aus Ihrem eigenen Kopf verbannen, bevor sie reifen und Früchte tragen kann. Sie riskieren wenig (solange sie nicht Ideen verwerfen, von denen Sie profitieren könnten) und schmeicheln möglicherweise Ihrem Ego mit Ihrer Fähigkeit, die Ideen anderer zu beurteilen, aber Sie verzichten gleichzeitig auf einen Teil Ihres eigenen kreativen Potenzials.

Mangelnde Fähigkeit oder Bereitschaft, Ideen reifen zu lassen

Ob Sie an die Existenz von so etwas wie unbewusstem Denken glauben oder nicht, Sie werden vermutlich der allgemeinen Ansicht beipflichten, dass sich Lösungen häufig unerwartet und in überraschenden Augenblicken einstellen, nachdem Sie sich bereits eingehend mit einem Problem beschäftigt haben. Ein vielen Menschen schmerzlich bekanntes Phänomen ist die verspätete Antwort auf ein wichtiges Problem. Wir denken tage- oder wochenlang über ein Problem nach, setzen einen Schlussstrich darunter und wenden uns anderen Tätigkeiten zu. Dann, in einem scheinbar zufälligen Moment, »stoßen« wir plötzlich auf eine bessere Antwort. Da das ursprüngliche Problem vermutlich an eine mittlerweile abgelaufene Frist geknüpft war, dient diese »bessere« Antwort lediglich dazu, uns Verdruss ob der Tatsache zu bereiten, dass wir nicht eher darauf kamen. Diese bessere Antwort scheint das Ergebnis eines »Inkubationsprozesses« zu sein, der in unserem Inneren stattgefunden hat. Ich habe an mir selbst beobachtet, dass dieser Inkubationsprozess verlässlich funktioniert. Ich vertraue darauf, indem ich intensiv über ein Problem nachdenke (mein Unbewusstes auflade), um es dann für eine gewisse Zeit zu vergessen. Bis ich es wieder hervorhole, haben sich in der Regel neue Antworten eingestellt.

Viele »Inkubationssymptome« sind allgemeiner Natur. Unter Studenten existiert die weit verbreitete Vorstellung, kurz vor Abgabeterminen erreichten sie ein Leistungshoch. Wenn sie sich rechtzeitig und ausführlich genug mit den Lerninhalten beschäftigen, kann tatsächlich so etwas wie eine Inkubation stattfinden, mit der Folge, dass zu einem späteren Zeitpunkt eine bessere Lösung auftaucht. Häufig haben wir den Eindruck, dass der Inkubationsprozess die richtige Antwort gerade zum richtigen Augenblick liefert. Studenten erzählen oft, dass ihnen die zündende Idee an dem Morgen einfiel, an dem sie sie benötigten, nachdem sie zuvor tagelang vergeblich darüber gebrütet hatten.

Sie sollten sich für die Bearbeitung von Problemen Zeit lassen. Inkubation ist ein wertvoller Bestandteil des Problemlösungsprozesses. Es ist ein Zeichen schlechter Planung, wenn Sie bei wichtigen Problemen keine Inkubationszeit einkalkulieren. Ebenso unerlässlich ist es, dass Sie die Freiheit haben, mitten im Lösungsprozess eine Pause einzulegen und loszulassen. Wenn Sie gelöst sind, handeln Sie weniger zwanghaft und fanatisch und ist Ihr Kopf eher in der Lage, scheinbar abwegige Gedankenkombinationen durchzuspielen. Wenn Sie niemals locker sind, wehren Sie sich in der Regel innerlich gegen unernsthafte Tätigkeiten, und Sie tun sich schwerer mit der Art von Denken, die für einen fruchtbaren und flexiblen Ideenfindungsprozess erforderlich ist.

Zu wenig Interesse oder übertriebener Eifer

Mangelndes Interesse und übertriebener Eifer sind gegensätzliche Übel. Wir können nicht unser Bestes geben, solange wir nicht motiviert sind. Professionelle Problemlöser lernen, sich teils von Geld, teils von zukünftigen Aufgaben, die im Erfolgsfall winken, motivieren zu lassen. Ein Interesse muss zumindest streckenweise vorhanden sein, andernfalls verschafft uns der Lösungsprozess keine Befriedigung. Andererseits kann ein übertriebenes Erfolgsstreben, insbesondere wenn Zeit eine Rolle spielt, den kreativen Prozess beeinträchtigen. Wer die einfache und elegante Lösung findet, auch wenn er dazu länger braucht, ist am Ende häufig der Gewinner. Und wer zu wenig Zeit in die Ideenfindung investiert und sich mit der erstbesten Lösung zufrieden gibt, dem sind inkonsistente Leistungen so gut wie garantiert.

Realität und Phantasie

Auf das Fehlen der Vorstellungskraft, der Kontrolle des Einfallsreichtums und der Fähigkeit, zwischen Realität und Phantasie zu unterscheiden, werden wir ausführlicher in Kapitel 6 eingehen. Die Phantasie versucht, knapp gesagt, Objekte und Ereignisse zu erzeugen. Ein kreativer Mensch muss in der Lage sein, seine imaginativen Kräfte zu steuern, und er muss unbeschränkten Zugang zu ihnen haben. Nur wenn alle Sinne repräsentiert sind (nicht nur das Sehen, sondern auch das Hören, Schmecken, Riechen und Tasten), kann die Phantasie das leisten, wozu sie fähig ist. Zum einen können viele Probleme nur mit allen Sinnen in Angriff genommen werden, und zum anderen ist unsere Vorstellungskraft weit effektiver, wenn sie auf alle Sinne zurückgreifen kann. Wenn Sie beispielsweise nur verbal denken, steht Ihnen lediglich ein sehr eingeschränkter Vorstellungsbereich zur Verfügung, um Probleme zu lösen, die mit Formen und Figuren zu tun haben. Wenn Sie zudem auf die visuelle Sprache zurückgreifen, wird Ihnen Ihre Vorstellungskraft bereits einen nützlicheren Dienst erweisen, wenn auch nicht in dem Maße, wie wenn Sie außerdem die übrigen Sinne einbeziehen. Sie können sich ein Baseballstadion viel lebhafter vorstellen, wenn Sie sich auch den Geruch des Grases, den Geschmack von Erdnüssen und Bier, das Gefühl der Stühle und des Sonnenscheins und den Lärm der Menge vergegenwärtigen können.

Der kreative Mensch zeichnet sich dadurch aus, dass er nicht nur in der Lage ist, lebensnahe, vollständige Bilder vor sein inneres Auge zu zaubern, sondern diese auch zu steuern. Kreativität erfordert die Fähigkeit, Erfahrungsinhalte zu *manipulieren* und frei zu *kombinieren*. Mangelnde Befähigung zur Manipulation von Erlebnissen stellt ein wesentliches Handikap für den Ideenfinder dar. So sollten Sie, wenn Sie maximal von Ihrer Vorstellungskraft profitieren wollen, keine Schwierigkeiten haben, sich vorzustellen, wie im Park nebenan ein Vulkan ausbricht oder ein Flugzeug landet, oder wie das Areal zusammenschrumpft, während sich gleichzeitig der Rasen purpurrot färbt. Kapitel 6 enthält einige Übungen, anhand deren Sie Ihre Fähigkeit zur Steuerung Ihrer Vorstellungskraft testen können, sowie etliche Vorschläge, wie Sie Ihre »mentalen Muskeln« in diesem Bereich stärken.

Der kreative Mensch benötigt die Fähigkeit, frei und lebhaft zu phantasieren und zwischen Realität und Phantasie zu unterscheiden. Wenn Phantasien zu realistisch werden, lassen sie sich unter Umständen schwerer steuern. Wenn Sie die folgende Übung nicht ohne ein akutes physisches Unbehagen absolvieren können, haben Sie möglicherweise Schwierigkeiten, zwischen Realität und Phantasie zu unterscheiden. Die Übung stammt aus dem vor etlichen Jahren von Richard de Mille verfassten Buch »Put Your Mother on the Ceiling« (New York 1955/1957). Verweilen Sie bei jeder Szene (getrennt durch Schrägstriche), bis Ihre Vorstellung sie vollständig nachgebildet hat. Dieses Spiel trägt den Namen *Atmung*.

»Beginnen Sie damit, dass Sie vor sich einen Goldfisch visualisieren. Lassen Sie den Fisch herumschwimmen. / Lassen Sie den Fisch in Ihren Mund schwimmen. / Atmen Sie tief ein und lassen Sie den Fisch in Ihre Lungen, Ihre Brust gelangen. / Lassen Sie den Fisch dort herumschwimmen. / Atmen Sie aus und lassen Sie den Fisch wieder hinaus in den Raum schwimmen. /

Atmen Sie jetzt viele kleine Goldfische ein. / Lassen Sie sie in Ihrer Brust herumschwimmen. / Atmen Sie sie alle wieder aus. /

Wir wollen sehen, was Sie alles in Ihre Brust ein- und wieder ausatmen können. / Atmen Sie viele Rosenblätter ein. / Atmen Sie sie wieder aus. / Atmen Sie viel Wasser ein. / Lassen Sie es in Ihrer Brust plätschern. / Atmen Sie es wieder aus. / Atmen Sie viele trockene Blätter ein. / Lassen Sie sie in Ihrer Brust rascheln. / Atmen Sie sie wieder aus. / Atmen Sie viele Regentropfen ein. / Lassen Sie sie in Ihrer Brust prasseln. / Atmen Sie sie wieder aus. / Atmen Sie viel Sand ein. / Lassen Sie ihn in Ihrer Brust herumwirbeln. / Atmen Sie ihn wieder aus. / Atmen Sie viele kleine Feuerwerkskörper ein. / Lassen Sie sie in Ihrer Brust knallen. / Atmen Sie den Rauch und die verbliebenen Überreste wieder aus. / Atmen Sie viele kleine Löwen ein. / Lassen Sie sie in Ihrer Brust brüllen. / Atmen Sie sie wieder aus. /

Atmen Sie etwas Feuer ein. / Lassen Sie es in Ihrer Brust brennen und knistern. / Atmen Sie es wieder aus. / Atmen Sie einige Holzscheite ein. / Zünden Sie sie in Ihrer Brust an. / Lassen Sie sie zischend abbrennen. / Atmen Sie den Rauch und auch die Asche aus. /

Visualisieren Sie vor sich einen großen Baum. / Blasen Sie Feuer auf den Baum und brennen Sie ihn nieder. / Denken Sie sich ein altes Schloss. / Blasen Sie Feuer auf das Schloss und lassen Sie es in sich zusammenstürzen. / Visualisieren Sie einen Ozean. / Blasen Sie Feuer auf den Ozean und trocknen Sie ihn aus. /

Was möchten Sie als Nächstes einatmen? / Tun Sie es. / Und jetzt? / Tun Sie es. / Was möchten Sie abbrennen, indem Sie Feuer darauf blasen? / Tun Sie es. /

Seien Sie ein Fisch. / Denken Sie sich im Ozean. / Atmen Sie das Wasser des Ozeans ein und aus. / Wie gefällt Ihnen das? / Seien Sie ein Vogel. / Denken Sie sich hoch in der Luft. / Wie gefällt Ihnen das? / Seien Sie ein Kamel. / Denken Sie sich in der Wüste. / Atmen Sie den heißen Wüstenwind ein und aus. / Wie fühlt es sich an? / Seien Sie eine altmodische Dampflokomotive. / Blasen Sie Dampf und Rauch über alles. / Wie ist das? / Seien Sie ein Stein. / Atmen Sie nicht. / Wie gefällt Ihnen das? / Seien Sie ein Junge (Mädchen). / Atmen Sie die Luft dieses Raums ein und aus. / Wie gefällt Ihnen das?«

Es wäre sicherlich ungemütlich, Sand einzuatmen. Ob Sie sich das Gefühl, Sand einzuatmen, vorstellen können, hängt in gewissem Grad von Ihrer Fähigkeit zum Phantasieren ab. Sich so etwas vorzustellen ist völlig gefahrlos, und jeder gefühlte Schmerz ist eingebildet und nicht real. Wenn Sie aber Phantasie und Realität miteinander vermischen, werden Sie Schwierigkeiten haben, sich solche Dinge vorzustellen. Die Phantasie ist deshalb so mächtig, weil sie über die Realität hinausgehen kann. Aber dazu muss sie von den Beschränkungen befreit werden, die für *reale* Handlungen und Ereignisse gelten.

»Flow« und Angst

Mihaly Czikszentmihalyi, Psychologieprofessor an der University of Chicago, hat eine große Zahl kreativer Menschen befragt und herausgefunden, dass sie sich in ihren kreativsten Momenten in einem Zustand befinden, den er als *Flow* bezeichnet. In einem solchen Zustand tauchen wir vollständig in unsere Tätigkeit ein. Die meisten von uns haben Zeiten erfahren, sei es bei der Arbeit oder in der Freizeit, in denen der kreative Schaffensprozess so bestimmend wird, dass er unsere Ängste, Befürchtungen und Sorgen in den Hintergrund drängt. Dieser Flow-Zustand ist sicherlich etwas Erstrebenswertes, da er nicht nur eine erfüllende Erfahrung darstellt, sondern auch zu der Vorstellung passt, dass negative Gefühle unsere Kreativität beeinträchtigen, indem sie uns in die Richtung des Erprobten, Gültigen und Traditionellen treiben. Aber was ist mit den vielen berühmten kreativen Leuten, die doch offenbar kein qualvolles Leben hatten, und wie können wir diesen wundervollen Zustand des Flows erreichen?

Wie viele Menschen habe ich all die Bücher gelesen und die Filme gesehen über Van Gogh, Mozart, Oscar Wilde, Anne Sexton und andere höchst kreative Menschen, die ein traumatisches und möglicherweise unglückliches Leben führten. Aber persönlich kenne ich niemanden aus dieser Kategorie. Das mag daran liegen, dass mein Leben vergleichsweise unspektakulär verläuft. Dazu kommt, dass ich meine Freunde nicht unbedingt unter Menschen mit chronischer Lebenskrise rekrutiere und mein berufliches Leben in Institutionen verbracht habe, die, wie ihnen nicht zu verdenken ist, ebenfalls keinen besonderen Bedarf an derlei Menschen haben. Wenn das Porträt Mozarts in dem Film »Amadeus« zutreffend war, hätte er als Stanford-Musikprofessor sicherlich Schwierigkeiten gehabt. Und die verbreitete Vorstellung von van Gogh würde die Kunstabteilung wohl etwas überfordern.

Ich bin überzeugt, dass Menschen am Rand der Normalität höchst kreativ sein können und gewesen sind. Eine vor nicht allzu langer Zeit veröffentlichte Studie kommt zu dem Schluss, dass herausragende Maler in der Regel am äußeren Ende der psychologischen Skala anzutreffen sind. Eine andere vertritt die Hypothese, dass manisch-depressiv veranlagte Maler anders visualisieren als ihre Kollegen. Es gibt zu viele Geschichten über exzentrische bis psychopathische Genies, um nicht daran zu glauben. Unter meinen Freunden, Kollegen und Bekannten jedoch gibt es zahlreiche Menschen, die auf den verschiedensten Gebieten, nicht zuletzt der Kunst, höchst erfolgreich sind und sogar Nobel-, MacArthur- und Fielding-Preise, Oscars, Tonys, Präsidentenmedaillen sowie Mitgliedschaften und ehrenhafte Auszeichnungen in den diversesten Gelehrtenclubs und Honoratiorengesellschaften erworben haben. Ich muss annehmen, dass sie kreativ sind. Sie sind, wie man es erwarten würde, außergewöhnlich klug, neugierig, kultiviert und mitunter vom Glück verwöhnt. Aber bei alledem sind Sie irritierend normal und keineswegs übermäßig vom Leben geplagt. Sie unterbrechen dann und wann ihren Flow, um sich um ihre Kinder zu kümmern, die Waschbären zu vertreiben, die den Garten verwüsten, fernzusehen und sich zu fragen, was Sie als Nächstes mit ihrem Leben anfangen wollen.

Aufgrund der Richtung, die mein Leben genommen hat, war Kreativität für mich immer mit Tätigkeiten verknüpft, die eher Jahre als Tage oder Stunden brauchten, bis sie Früchte trugen. Technische Projekte lassen sich nicht in einer Woche verwirklichen. Ich muss einen Kurs einige Male geben, bis ich weiß, wie gut/kreativ er ist. Wenn ich alle Verzögerungen einrechne, brauche ich Jahre, um ein Buch zu schreiben. Meine Freunde mit ihren Nobelpreisen und dergleichen haben Jahre mit Studium und Forschungsalltag zugebracht. Solche Zeitmaßstäbe setzen eine hinreichend stabile Persönlichkeit voraus. Sie sagen auch etwas darüber aus, wie man jenen Flow erreicht.

Während einer kreativen Tätigkeit stellen sich ab und an Zeiten des Flow ein. Wie können wir diese Zeiten vermehren? Später werden wir über Motivation sprechen, aber die Kurzantwort lautet, dass wir umso kreativer sind und umso mehr Zeit im Flow-Zustand verbringen, je mehr wir die Dinge lieben, die wir tun. Das ist natürlich keine vollkommen befriedigende Antwort. Ich selbst beispielsweise gerate am ehesten dann in einen Flow-Zustand (und bin am kreativsten), wenn ich Dinge mit den Händen mache. Leider scheinen mich solche Tätigkeiten nicht dem näher zu bringen, was ich sonst noch im Leben anstrebe. Ich werde offenbar von Verwaltungspolitik und Windmühlenflügeln angezogen. Darum habe ich viel Zeit in Jobs zugebracht, die mit organisatorischer Verantwortung – und eher mit Scherereien als mit Flow – einhergingen. Aber es gibt auch in diesen Tätigkeiten immer wieder Zeiten, in denen »alles wie am Schnürchen läuft« und der Flow-Zustand niemals fern ist. Und wenn man Erfolg hat, ist der Lohn natürlich groß.

Kulturelle und umgebungsbedingte Blockaden 4

Wir gehören vielen verschiedenen Kulturen an, nicht nur nationalen, sondern auch solchen, die spezifisch sind für bestimmte Regionen, religiöse Überzeugungen, Altersgruppen, ethnische Zugehörigkeiten, Werte und so fort. Die Schwierigkeiten, die diese Gruppen im gegenseitigen Verstehen haben, verursachen Probleme, die von religiösen oder ethnischen Kriegen über wirtschaftliche Fehlinvestitionen bis zu unbefriedigenden Reiseerlebnissen reichen. Eine mangelnde Sensibilität für kulturelle Faktoren beeinträchtigt die Kreativität. Das richtige Gespür hingegen kann überraschende Erfolge in der Lösung von Problemen bewirken. Beispiele für kulturelle Blockaden, wie sie in den USA existieren, sind:

- Tabus;
- Phantasie und Reflexion sind Zeitverschwendung, Ausdruck von Faulheit oder gar Abnormalität;
- Spielen ist nur etwas für Kinder;
- Problemelösen ist ein ernstes Geschäft, bei dem Humor fehl am Platz ist;
- Vernunft, Logik, Zahlen, Nützlichkeit, Praktikabilität sind *gut*; Gefühle, Intuition, qualitative Urteile und Spaß sind *schlecht*;
- jedes Problem lässt sich mittels wissenschaftlichen Denkens und viel Geld lösen;
- jeder sollte sein wie ich;
- Cyber ist gut;
- Tradition ist besser als Wandel.

Außerdem leiden wir an Denkblockaden, die auf das Umfeld zurückzuführen sind, in dem wir Probleme lösen. Dazu gehören:

- Ablenkungen – Telefon, ständige Besuchbarkeit;
- Mangel an Kooperation und Vertrauen unter Kollegen;
- autokratische Vorgesetzte, die nur ihre eigenen Ideen gelten lassen und die Beiträge anderer nicht honorieren;
- mangelnde Unterstützung bei der Verwirklichung von Ideen.

Lassen Sie uns zuerst über kulturelle Blockaden sprechen. Dazu beschäftigen wir uns mit einem Problem, das die Botschaft klarer machen wird.

ÜBUNG

Stellen Sie sich vor, in den Zementfußboden eines ansonsten leeren Raumes ist ein Stahlrohr eingegossen, wie rechts dargestellt. Der Innendurchmesser ist 1,5 Millimeter größer als der Durchmesser des Tischtennisballes (38 Millimeter), der auf dem Grund des Rohrstücks ruht. Sie befinden sich zu sechst in dem Raum und haben folgende Dinge bei sich:

30 Meter Wäscheleine,
einen Klauenhammer,
einen Meißel,
eine Packung Müsli,
eine Feile,
einen Kleiderbügel aus Draht,
einen Universalschraubenschlüssel,
eine Glühbirne.

Zählen Sie so viele Möglichkeiten auf, wie Ihnen in fünf Minuten einfallen, um den Ball aus dem Rohr zu holen, ohne Ball, Rohr oder Fußboden zu beschädigen.

J. P. Guilford, ein Pionier in Sachen Kreativitätsstudium, sprach viel vom Fluss und der Flexibilität des Denkens. *Fluss* meint die Zahl der Ideen, die jemand in einer bestimmten Zeit produziert. Wenn Sie das fließende Denken beherrschen, dann haben Sie

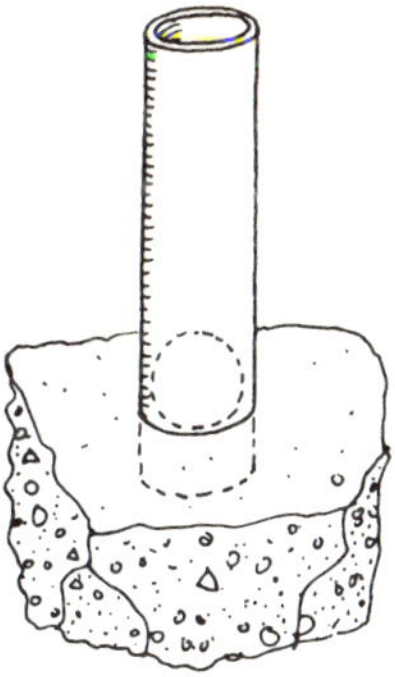

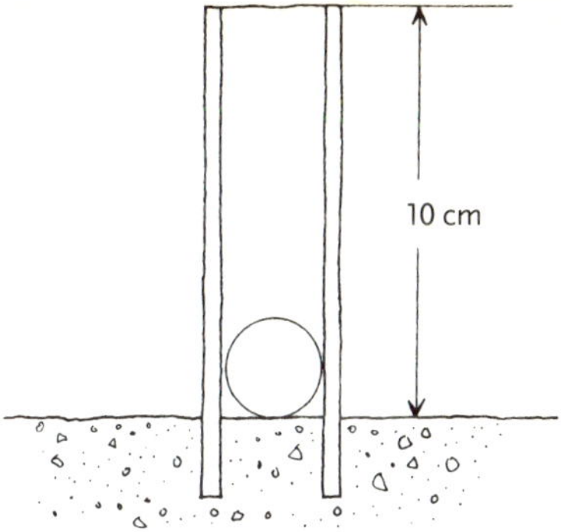

eine lange Liste von Methoden zusammengestellt, wie Sie den Ball aus dem Rohr bekommen. Quantität ist jedoch nur das halbe Spiel. *Flexibilität* bezieht sich auf die Vielfalt der erzeugten Ideen. Als flexibler Denker sollten Sie auf eine Vielzahl unterschiedlichster Methoden gekommen sein. Wenn Sie daran gedacht haben, den Drahtbügel mit der Feile aufzusägen, die Enden flach zu klopfen und daraus eine große Zange zu machen, um den Ball herauszuheben, haben Sie zwar eine Lösung für das Problem gefunden, jedoch eine eher gewöhnliche. Wenn Sie sich überlegt haben, den Hammerstiel mit dem Universalschraubenschlüssel zu zertrümmern und die Splitter für denselben Zweck zu nutzen, haben Sie etwas mehr Gedankenflexibilität bewiesen, denn normalerweise würde man ein Werkzeug nicht als Quelle für Splitter mit einem bestimmten Verwendungszweck betrachten. Wenn Sie auch für die Müslipackung Verwendung hatten, sind sie ein noch flexiblerer Denker.

Haben Sie daran gedacht, jeden Anwesenden in das Rohr pinkeln zu lassen? Wenn nicht – warum nicht? Die Antwort liegt vermutlich in einer kulturellen Blockade begründet, in diesem Fall einem *Tabu*, denn Pinkeln ist in unseren Breiten eher eine Aktivität für die Toilette.

Ich habe diese Übung mit vielen Gruppen ausprobiert, und die Reaktion hängt nicht nur von unserer Kultur, sondern ebenso von der jeweiligen Gruppenzusammensetzung und den speziellen Umständen der Situation ab. Eine gemischte Gruppe, die sich in eleganter Atmosphäre zum ersten Mal trifft, wird selten den Vorschlag machen, in das Rohr zu pinkeln. Auch wenn Einzelnen in der Gruppe eine solche Lösungsidee in den Sinn kommen mag, werden sie davon mit Sicherheit nichts verlauten lassen. Leute, die zusammen arbeiten, insbesondere wenn sie alle männlichen Geschlechts sind und eine Arbeitsschicht hinter sich haben, werden unmittelbar in heiteres Glucksen ausbrechen, sobald ihnen diese oder ähnliche Lösungen einfallen. Die Bedeutung dieser Antwort liegt nicht darin, dass Pinkeln unbedingt die beste (wenn auch sicherlich eine gute) Lösung für das Problem darstellt, sondern dass Tabus ganze Lösungsfamilien dem bereiten Griff des Problemlösers entziehen können. Tabus sind folglich unter die Denkblockaden zu rechnen. Dies soll keine Tirade gegen Tabus sein. Tabus sind in der Regel gegen Handlungen gerichtet, die bestimmte Mitglieder einer Gesellschaft verletzen würden. Sie spielen deshalb eine positive kulturelle Rolle. Aber es ist die ausgeführte Handlung, die verletzt. Eine Handlung, die nicht in der Wirklichkeit, sondern nur in der Vorstellung geschieht, richtet keinen Schaden an. Solange sich der Problemlösungsprozess nur in Ihrem Denken abspielt, brauchen Sie auf Tabus keine Rücksicht zu nehmen.

Wenn Sie an einem Beispiel für die Macht von Tabus interessiert sind, könnten Sie versuchen, ein Exemplar des Buches »Das Badezimmer« von Alexander Kira (Düsseldorf 1987) vom Cornell Architectural Department aufzutreiben. Darin finden Sie eine kritische Analyse des westlichen Badezimmers, mitsamt der Schlussfolgerung, dass seine Gestaltung sehr zu wünschen übrig lässt. Es überrascht nicht wirklich, wenn wir lesen, dass Badewannen sowohl extrem gefährlich als auch unbequem sind und dass Toiletten weder gut geeignet sind, den männlichen Urinstrahl aufzufangen, noch eine bequeme Position ermöglichen, um sich zu erleichtern. Aber der Umfang des zusammengetragenen Materials lässt den Leser staunen, warum wir so eisern an unseren traditionellen Modellen festhalten. Die Antwort lautet natürlich, dass Badezimmer- und Toilettenverrichtungen in unserer Kultur kein tabufreies Thema sind. Wir tätigen sie im Verborgenen und wollen nicht viel darüber sprechen. Urinale sind offensichtlich sinnvoll, aber wir wollen keine so sichtbare Revolution in unseren Badezimmern veranstalten. Bidets sind nützlich, aber sie fehlen in den meisten Badezimmern. Auch wenn das Motiv teilweise darin bestehen mag, Raumfläche und Installationsaufwand zu sparen, so bin ich doch überzeugt, dass sich hier die Scheu unserer Gesellschaft manifestiert, offen mit der Notwendigkeit umzugehen, Genitalien mit Wasser zusammenzubringen.

Lassen Sie uns über einige weitere kulturelle Denkblockaden sprechen. Den ersten beiden Blockaden, »Phantasie und Reflexion sind Zeitverschwendung und Ausdruck von Faulheit oder Abnormalität« und »Spielen ist Kindern vorbehalten«, stehen diverse Erfahrungswerte entgegen, die zeigen, dass Phantasie, Reflexion und mentale Verspieltheit wesentliche Voraussetzungen für eine erfolgreiche Ideenfindung sind. Es handelt sich um Eigenschaften, über die Kinder offenbar verfügen, die ihnen aber in unserer Kultur im Lauf ihres weiteren Lebens bis zu einem gewissen Grad abtrainiert werden. Ein vierjähriges Kind, das sich mit einem imaginären Freund unterhält und mit ihm seine Erfahrungen teilt, gilt als aufgeweckt. Ein 30-Jähriger mit einem ähnlichen imaginären Freund ist wieder etwas anderes. »Tagträumerei« oder »Spintisiererei« gelten als Eigenschaften unproduktiver Menschen.

Wie zuvor erwähnt, besteht zwischen umgebungsbedingten und kulturellen Blockaden ein gewisser Zusammenhang. Menschen können in einem unterstützenden Umfeld sehr viel besser phantasieren. Häufig tragen wir unseren Studenten auf, im

Rahmen einer Gestaltungsaufgabe zu phantasieren, und dann gelingt es ihnen vergleichsweise gut. Sie entwickeln jedoch schnell ein Schuldgefühl, wenn sie ihre Zeit mit Phantasiespielereien verbringen, die nicht direkt mit einem gestellten Problem zu tun haben und deshalb häufig als Ablenkung empfunden werden. Aber wenn Sie versuchen, ein Problem zu lösen, das mit sich zankenden Kindern zu tun hat, lohnt es da nicht die Zeit und die Mühe, sich in der Phantasie eine Situation vorzustellen, in der die Kinder nicht streiten, um diese Situation untersuchen und daraus Schlüsse ziehen zu können? Wenn Sie ein neues Freizeitfahrzeug entwickeln, sollten Sie da Ihre Phantasie nicht spielen lassen, wie es wäre, das Gefährt zu benutzen?

Viele Psychologen sind zu dem Schluss gekommen, dass Kinder kreativer sind als Erwachsene. Eine Erklärung dafür lautet, dass Erwachsene sich der praktischen Beschränkungen viel bewusster sind. Eine andere Erklärung, die mir einleuchtet, ist, dass unsere Kultur den Menschen Verspieltheit, Phantasie und Reflexion abtrainiert, indem sie mehr Betonung auf den Wert einer kanalisierten geistigen Aktivität legt. Wir verbringen mehr Zeit damit, eine bessere Welt unmittelbar aus dem herzuleiten, was wir bereits haben, als uns eine bessere Welt frei vorzustellen und sie uns anzuschauen. Beide Ansätze sind gleichermaßen wichtig.

Humor im Problemlösungsprozess

Eine weitere kulturelle Blockade besteht darin, dass »das Lösen von Problemen ein ernstes Geschäft ist, bei dem Humor nichts zu suchen hat«. Arthur Koestler, der bedeutende Autor, schrieb unter anderem über das Thema der Ideenfindung. In einem Essay mit dem Titel »The Three Domains of Creativity« identifizierte er die »Domänen« *künstlerische Originalität* (von ihm als »Ah!«-Reaktion bezeichnet), *wissenschaftliche Entdeckung*

(»Aha!«-Reaktion) und *humorvolle Inspiration* (»Haha!«-Reaktion). Er definierte den kreativen Akt als *die Kombination zuvor nicht aufeinander bezogener Strukturen in einer Weise, die im Endresultat mehr liefere, als hineingesteckt wurde.* Humorvolle Inspiration erklärte er beispielsweise als das Resultat einer »Interaktion zweier sich gegenseitig ausschließender assoziativer Kontexte«. Wie beim kreativen künstlerischen oder wissenschaftlichen Handeln müssen zwei Ideen zusammengebracht werden, die üblicherweise nicht kombiniert werden. Das ist eines der Grundelemente kreativen Denkens. Im speziellen Fall des Humors bringt uns die Interaktion laut Koestler dazu, »die Situation in zwei in sich konsistenten, in der üblichen Betrachtungsweise inkompatiblen Bezugssystemen wahrzunehmen«. Der Anekdotenerzähler beginnt in der Regel mit einer logischen Ereignisfolge. Die Pointe durchbricht diese Folge dann mit einer vollkommen unerwarteten Querverbindung. Die im ersten Erzählstrang aufgebaute Spannung entpuppt sich als falsche Fährte, deren Aufdeckung das erlösende Lachen des Publikums provoziert. Denken Sie an Ihren Lieblingswitz. Ist Koestlers Erklärung der humorvollen Inspiration zutreffend?

Interessant ist für uns hierbei, dass eine ähnliche Reaktion (Lachen) auch durch eine originelle Idee hervorgerufen werden kann. Eine Idee kann dem logischen Problemlösungsverfahren, den bekannten Präzedenzfällen oder der gewöhnlichen Intuition dermaßen zuwiderlaufen, dass sie unwillkürlich zum Lachen anregt. Jede Antwort auf ein Problem wirkt spannungslösend. Eine verblüffend einleuchtende Lösung für ein Problem wird deshalb unter Umständen von Gekicher und Gejohle begrüßt, seitens des Publikums und des Urhebers.

So manche kreative Gruppe, in der ich gearbeitet habe, war äußerst lustig. Dasselbe gilt für viele kreative Menschen, die ich kenne. Humor ist in den vielfältigsten Formen präsent, und das ist wichtig, weil er nicht nur Quelle neuer und origineller Ideen ist, sondern auch das Risikoempfinden verringert. Die im vorigen Kapitel erörterten emotionalen Blockaden wie beispielsweise die Angst vor einem Misserfolg machen sich in einer humorvollen Atmosphäre weniger stark bemerkbar. Würden Sie eine radikal neue Idee lieber einer gut gelaunten Gruppe erläutern oder einer, die kalt und ganz und gar analytisch denkt? Ich will damit nicht behaupten, dass die kreative Tätigkeit immer nur Spaß macht, denn häufig besteht sie aus frustgeladener und mühsamer Detailarbeit. Aber Humor ist ein wesentlicher Bestandteil jedes gesunden Ideenfindungsprozesses.

Vernunft und Intuition

Die fünfte kulturelle Denkblockade auf unserer Liste lautet: »Vernunft, Logik, Zahlen, Nützlichkeit und Praktikabilität sind *gut*; Gefühle, Intuition, qualitatives Urteil und Spaß sind *schlecht*.« Vernunft, Logik, Zahlen, Nützlichkeit und Praktikabilität *sind* gut; ebenso jedoch Gefühle, Intuition, qualitatives Urteil und Spaß – besonders wenn es um Ideenfindung geht. Diese Blockade gegenüber Emotionen, Gefühl und Spaß resultiert aus unserem puritanischen Erbe und unserer technologiebasierten Kultur. Sie begegnet mir besonders häufig, da ich mit zahlreichen Konstrukteuren und Managern in Situationen zusammenarbeite, in denen es um emotionale Inhalte geht.

Diese Blockade ist besonders interessant, weil sie von gesellschaftlichen Veränderungen betroffen ist, die sich seit der Erstausgabe dieses Buches vollzogen haben. Vor den heute so berühmten späten 60ern war es üblich, den Geschlechtern unterschiedliche mentale Aktivitäten und Qualitäten zuzuschreiben. Die weibliche Seite galt als einfühlsam, emotional, kunstverständig und intuitiv, die männliche als hart im Nehmen, physisch orientiert, pragmatisch, logisch und beruflich produktiv. Heute wissen wir, dass die Ausrichtung an diesen Schablonen für beide Geschlechter eine Einschränkung ihrer Möglichkeiten bedeutet. Wer an Kreativität interessiert war, wusste dies schon damals. Abraham Maslow beschrieb seine Erkenntnisse zu dieser Blockade in seinem Essay »Emotional Blocks to Creativity« (in: Parnes und Harding [Hg.], »A Source Book for Creative Thinking«):

> »Ein Phänomen, das ich nicht erwähnt habe, das mich jedoch letztens bei meiner Arbeit mit kreativen (und ebenso nichtkreativen) Männern beschäftigte, ist die unbeschreibliche Furcht vor allem, was die Betreffenden selbst als ›feminin‹ oder ›weiblich‹ bezeichnen würden, ein Synonym gewissermaßen für ›homosexuell‹. Wer mit typischen Männlichkeitsidealen groß geworden ist, setzt ›feminin‹ praktisch mit allem gleich, was kreativ ist. Imagination, Phantasie, Farbe, Poesie, Musik, Zärtlichkeit, Sehnsucht und Romantik werden als Gefahr für das eigene Männlichkeitsideal abgewehrt. Alles, was als ›schwach‹ gilt, wird im gewöhnlichen männlichen Erwachsenenalltag unterdrückt. Und dabei fallen viele Dinge unter die Rubrik ›schwach‹, die bei genauerer Betrachtung dort nicht hingehören.«

Das Gegenstück zu dieser Blockade existiert freilich ebenso. Viele Frauen wurden kulturell darauf konditioniert, sich von scheinbar typisch männlichen Eigenschaften (Vernunft, Logik, Zahlenorientierung, Nützlichkeitsdenken) zu distanzieren. Und Anfang der 70er Jahre, als die Erstfassung dieses Buches entstand, war es in den USA Mode, viele typisch männliche Probleme der technologischen Prägung der Gesellschaft anzulasten. Wer sich gegen die technologische Dominanz aussprach, tat dies in der Überzeugung, dass Gefühle, Intuition und qualitatives Urteil gut und Vernunft, Logik, Zahlen, Nützlichkeitsdenken und Funktionalität zweitrangig waren.

In den späten 60ern, einer Zeit, die gelegentlich als die der sexuellen Revolution bezeichnet wird, begann man, die Geschlechterrollen zu hinterfragen. Zu Beginn der 70er waren die intellektuellen Stereotypen bereits stark abgeschwächt. Frauen suchten und fanden Rollen, die Zähigkeit, quantitatives Denken und körperliche Ausdauer erforderten, und Männer erkannten, dass sie von mehr Einfühlungsvermögen und intuitivem Denken profitieren konnten. Seit dieser Zeit hat es ein ständiges Experimentieren und Oszillieren zwischen »traditionellen« und

»modernen« Rollen gegeben. Heute wird das Bild von der »zähen« Frau und dem »einfühlsamen« Mann wieder etwas revidiert. Viele einflussreiche Personen, Gruppen und Religionsgemeinschaften sind bestrebt, das Verhältnis zwischen den Geschlechtern wieder auf eine traditionellere Grundlage zu stellen, während sich viele fragen, wie sich Kindererziehung und gleichzeitige Berufstätigkeit beider Eltern unter einen Hut bringen lassen.

In Bezug auf die Kreativität ist die Botschaft einfach. Eine effektive Ideenfindung setzt beim Lösungssuchenden die Fähigkeit voraus, alle diese Eigenschaften in sich zu vereinen – Gebrauch von Vernunft und Logik ebenso wie von Intuition und Gefühl. Wer materielle Dinge entwirft, muss über ästhetisches Gespür verfügen, wenn die Welt davon profitieren soll, gleich welchen Geschlechts er ist. Er muss auch ein vorurteilsfreies Verhältnis zu den technologischen Möglichkeiten haben, ob er nun einen künstlerischen oder einen technischen Hintergrund mitbringt. Der Geschäftsmann benötigt Intuition und der Gesellschaftswissenschaftler Mathematik. Männer müssen einfühlsam und Frauen zäh sein.

Linke und rechte Gehirnhälfte

In der Literatur zum Thema Ideenfindung ist häufig von linker und rechter Gehirnhälfte und den damit assoziierten Denkweisen die Rede. Eine besonders gute Beschreibung findet sich in Jerome Bruners Buch »On Knowing: Essays for the Left Hand«. Die (von der linken Gehirnhälfte gesteuerte) rechte Hand wird traditionell mit Gesetzmäßigkeit, Ordnung, Vernunft, Logik und Mathematik in Verbindung gebracht – die (von der rechten Gehirnhälfte gesteuerte) linke Hand mit Schönheit, Einfühlsamkeit, Spiel, Gefühl, Offenheit, Subjektivität und Phantasie. Die rechte Hand steht demzufolge symbolisch für Werkzeuge, Disziplin und Leistung – die linke für Vorstellungskraft, Intuition und unterbewusstes Denken. Mit Bruners Worten:

»... die eine ist die handelnde, die andere die träumende. Die rechte Hand steht für Ordnung und Gesetzestreue, das Recht. Ihre Schönheiten sind die der Geometrie und der logischen Schlussfolgerung ... Die linke Hand bezeichnen wir als ›linkisch‹ ... Die Franzosen sagen von einem unehelichen Nachkommen, er sei à main gauche, und obwohl sich das Herz mehr oder weniger im Zentrum der Brusthöhle befindet, horchen wir nach ihm auf der linken Seite. Gefühl, Intuition, uneheliche Geburt. Und ist nicht der Griff der linken Hand nach der Erkenntnis der Ursprung der Kunst?«

Diese hergebrachte symbolische Assoziation der beiden Hände mit zwei unterschiedlichen Denkweisen stimmt tatsächlich mit unserem modernen Verständnis von den Gehirnfunktionen überein. Die linke Gehirnhälfte umfasst die Zentren für die Sprach- und die Gehörsteuerung und die Durchführung analytischer Aktivitäten wie beispielsweise das Lösen einer algebraischen Aufgabe. Die rechte Gehirnhälfte steuert räumliche Wahrnehmung, Ideensynthese sowie Kunst- und Musikverständnis. Nicht diese Übereinstimmung ist hier die Hauptbotschaft, sondern dass der Ideenfinder in der Lage sein muss, beide Denkkategorien zu verwenden. In seinem berühmten Buch über die Existenz zweier Kulturen, »Two Cultures and the Scientific Revolution«, unterscheidet C. P. Snow zwischen Wissenschaftlern und Humanisten. Aber wenn man Menschen so klar trennen *kann*, dann beweist es nur, dass diese Menschen ihr kreatives Potenzial nicht optimal nutzen. Der Wissenschaftler, der bestrebt ist, bahnbrechende Erkenntnisse zu gewinnen, kann sich nicht damit begnügen, seine bisherige Arbeit zu extrapolieren, sondern er muss auch auf Intuition zurückgreifen. Der Humanist wiederum, der die Gesetze der Logik missachtet, wird wenig Erfolg dabei haben, die Gesellschaft in der von ihm gewünschten Richtung zu beeinflussen.

Die Überbetonung einer der beiden Denkweisen auf Kosten der anderen stellt eine kulturelle Blockade dar. Im Geschäftsklima unserer Kultur liegt die Betonung auf »rechtshändigem«

Denken. Es ist leichter, finanzielle Unterstützung für rechtshändiges als für linkshändiges Denken zu bekommen. Die Mehrheit der Väter sieht ihre Söhne lieber als Juristen, Ärzte oder Wissenschaftler denn als Maler, Dichter oder Musiker. Solange die Kultur nicht bereit ist, die gleichwertige Bedeutung beider Denkweisen für beide Geschlechter anzuerkennen, werden viele ihrer Vertreter weiterhin an dieser Denkblockade leiden.

ÜBUNG

Versetzen Sie sich in eine »linkshändige« Denkverfassung. Verzichten Sie auf Logik, Ordnung, Mathematik und Wissenschaft. Denken Sie über Ihre Gefühle, über Schönheit, Traurigkeit und die Impulse nach, die Sie von Ihren Sinnen empfangen. Vermutlich gelingt Ihnen das besser, wenn Sie sich in einer geeigneten Umgebung aufhalten (unter einem Baum im Frühling, allein in Ihrem bequemsten Sessel). Wechseln Sie dann in eine »rechtshändige« Denkweise und sinnen Sie über einen detaillierten Plan nach, wie Sie aus einer Ihrer »linkshändigen« Ideen Geld machen können. Sind Sie Beidhänder? Sind Sie in der Lage, von einer Denkweise in die andere zu wechseln oder sich im Idealfall beiden zugleich zu widmen? Oder liegt Ihnen die eine Denkweise mehr als die andere?

Die Blockade »Jedes Problem lässt sich mit wissenschaftlichem Denken und ausreichend Geld lösen« hat ebenfalls mit der Überbetonung des »rechtshändigen« Denkens zu tun. Das Interessante an ihr ist, dass sie teilweise das Ergebnis eines verbreiteten Missverständnisses hinsichtlich der wissenschaftlichen Praxis ist. Wissenschaft basiert sowohl auf logisch kontrollierten (»rechtshändigen«) Prozessen als auch auf (häufig etwas »linkshändigen«) Erkenntnisschüben. Maslow spricht in seinem Essay »Emotional Blocks to Creativity« über primäre Kreativität, die er als eine Kreativität beschreibt, die »aus dem Unbewussten kommt und als Quelle für die Entdeckung neuer Ideen dient, die von dem bislang Dagewesenen abweichen«. Das ist die Kraft, ohne die die Wissenschaft keine Durchbrüche erzielen könnte. Ferner spricht er von einer sekundären Kreativität, die er folgendermaßen erklärt:

> »Mittlerweile würde ich von zwei Arten von Wissenschaft und zwei Arten von Technologie sprechen. Wissenschaft lässt sich, wenn Sie so wollen, als eine Methode definieren, wie unkreative Menschen Dinge erzeugen und entdecken können, indem sie mit vielen anderen Menschen zusammenarbeiten, indem sie sich auf die Schultern derer stellen, die vor ihnen kamen, indem sie behutsam und vorsichtig sind und so fort. Das nenne ich sekundäre Kreativität und sekundäre Wissenschaft.«

Primäre und sekundäre Kreativität

Der gegenwärtige rasante Fortschritt in Genetik und Biochemie (infolge umfangreicher sekundärer Kreativität) basiert auf der Entdeckung von RNA und DNA und deren Funktionen und Strukturen (primäre Kreativität). Eine gute Abhandlung darüber bietet »Die Doppelhelix« von James P. Watson. Dieses eindrucksvolle Buch beschreibt Wissenschaft in einer Weise, die dermaßen im Widerspruch zur Wissenschaftsvorstellung vieler Menschen steht, dass es bei seinem Erscheinen starke Kontroversen auslöste. Es stellt die Entdeckung der DNA-Struktur als einen sehr menschlichen und sehr »linkshändigen« Prozess dar. Watson und Miterfinder Francis Crick machten ausgiebig Gebrauch von Inspiration, Iteration und Visualisierung. Wenngleich sie hervorragende Biochemiker waren, hatten sie kein bestehendes Modell, von dem sie eine Struktur hätten logisch ableiten können, weshalb sie weitestgehend auf linkshändiges Denken angewiesen waren. Das US-amerikanische Raumfahrtprojekt der 60er Jahre war äußerst beeindruckend und demonstrierte die Macht der Wissenschaft – sowie der wissenschaftsbasierten Technologie. Es beruhte jedoch zu großen Teilen auf primärer Kreativität und linkshändigem Denken. Selbst so elementare »wissenschaftliche« Entscheidungen wie die zwischen den Optionen, das erste Mondraumschiff entweder mit Instrumenten zur Messung physikalischer Größen oder mit Fernsehkameras auszustatten, wurden nach »linkshändiger« Manier getroffen, weil es für eine logische Entscheidung keinerlei Basis gab. Die Konstruktion des ersten Raumschiffs erforderte ein hohes Maß an »Kunst« (gestützt freilich auf umfangreiche Analysen, Detailkonstruktionen und stark verfeinerte Herstellungs- und Entwicklungsmethoden), weil es keinerlei Vorläufermodell gab, das die Konstrukteure hätten logisch auswerten können.

»Wissenschaftliches Denken«, richtig definiert, ist ein wirksames Instrument zur Lösung von Problemen, insbesondere wenn es mit der nötigen finanziellen Ausstattung und in der erforderlichen Größenordnung betrieben wird; jedoch ist »rechtshändige« Wissenschaft nur so lange effektiv, wie ein solides Grundverständnis der Materie bereits existiert. Rechtshändige Wissenschaft und Geld können nur Probleme lösen, die ganz und gar im (relativ kleinen) Bereich verstandener Phänomene liegen. Probleme mit sozialem oder emotionalem Inhalt und hoher Komplexität, wie beispielsweise die Verbrechensrate in den Großstädten, erfordern sehr viel mehr als rechtshändige Wissenschaft oder sekundäre Kreativität.

Leider sind linkshändiges Denken und primäre Kreativität umständlicher zu erklären, schwerer vorauszusagen und weniger konsistent als rechtshändiges Denken und sekundäre Kreativität. Entsprechend bereitet es mehr Mühe, mit geeigneten Projektbeschreibungen um Unterstützung für solche Aktivitäten zu werben. Es fällt mir leichter, die Finanzierung einer Anwendungsentwicklung auf der Basis neu entdeckter wissenschaftlicher Phänomene sicherzustellen (selbst wenn der potenzielle Nutzen der Anwendung möglicherweise gering ist), als Unterstützung für die Suche nach einer bahnbrechenden Erkenntnis zu bekommen. Im ersteren Fall verfügen Sponsoren und Projektbeteiligte über eine vergleichsweise genaue Vorstellung von den erforderlichen Schritten, der Größenordnung der benötigten

Mittel, dem Zeitplan und der Wahrscheinlichkeit eines brauchbaren Resultats. Im letzteren Fall existieren keine derartigen Sicherheiten. Die Sponsoren müssen mich auf der Basis schwer quantifizierbarer Kriterien wie beispielsweise meiner bisherigen Leistung, meiner Motivation und meinem Wissensstand beurteilen. Die Entscheidung wird zu einem risikobehafteten Spiel. Die der Wissenschaft gewährte Unterstützung konzentriert sich deshalb vorrangig auf »rechtshändiges« Denken, denn die meisten Stellen, die über die Vergabe von Geldmitteln zu entscheiden haben, müssen sich irgendwem gegenüber rechtfertigen, was zur Folge hat, dass ihre Entscheidungen eher konservativ ausfallen.

Der »unbestimmte« Charakter von primärer Kreativität und linkshändigem Denken macht auch den Vertretern der Humanwissenschaften und anderer »weicher« Disziplinen zu schaffen. Viele von ihnen haben versucht, quantitativer und rigoroser zu werden, um von unserer kulturellen Vorzugsbehandlung des rechtshändigen Denkens zu profitieren. Ob ein solcher Schritt wirklich Vorteile bringt, sei dahingestellt. Obwohl ich in den »harten« Wissenschaften zu Hause bin, habe ich viel Sympathie für die Klagen der Human- und Sozialwissenschaften hinsichtlich der mangelnden finanziellen Unterstützung, die sie von unserer Gesellschaft erhalten. Im Rahmen meiner Ausbildung (als ich bereits Ingenieur war) besuchte ich eine Zeit lang eine Kunstschule. Ein Kunstlehrer, den ich kannte, sagte mir gelegentlich, ich hätte einen hervorragenden Hintergrund für einen Maler. Er meinte dies aus ökonomischen Erwägungen heraus. Er war überzeugt, dass viele Maler zu Beginn ihrer Karriere gehandikapt waren durch die Notwendigkeit, gering bezahlte und zeitintensive Jobs anzunehmen, um ihre Familien zu ernähren. Er stellte sich vor, dass ich als Ingenieur mit einer Teilzeitbeschäftigung auskäme und folglich genügend Zeit und Energie für die Malerei zur Verfügung hätte. Eine seltsame Feststellung, die möglicherweise sogar zutraf. Ich finde leichter Unterstützung für meinen Lebensstil als manche meiner Freunde, deren Wunsch es ist, zu schreiben oder zu malen. Die Human- und die Sozialwissenschaften sind für eine entwickelte Gesellschaft wie die unsere von extremer Bedeutung. Diese Bedeutung wird gegenwärtig von einer massiven kulturellen Denkblockade verdeckt.

Jeder sollte sein wie ich

Menschen haben die unterschiedlichsten Wertesysteme und Sehnsüchte. Und sie suchen häufig die Nähe von anderen Menschen mit ähnlichen Werten und Sehnsüchten. In dieser Hinsicht ist der Mensch ein Herdentier, und große Ansammlungen von Menschen, wie beispielsweise Nationen, bestehen aus einer Vielzahl von »Herden« mit unterschiedlichen Standpunkten – Liberale und Konservative, Katholiken und Protestanten, Reiche und Arme, Adlige und Bürgerliche. Diese Gruppen werden häufig aufgrund ihrer Opposition zu anderen Gruppen noch extremer. Deshalb gibt es die »extreme Rechte«, die »radikale Linke«, die »neochristliche Bewegung« und jene, die Gott für tot erklären, sowie diverse Gruppen, die so frustriert sind, dass sie zu terroristischen Methoden greifen.

Die Unfähigkeit, die Sichtweisen anderer nachzuvollziehen, resultiert nicht nur aus einem vorschnellen Urteil, sondern auch aus spontaner Opposition. Als Akademiker werde ich als Liberaler eingestuft, und da ich technologiebasierte Unternehmen berate, spreche ich häufig mit Leuten, die äußerst konservative Ansichten vertreten. Vielleicht werde ich allmählich paranoid, aber mir scheint gelegentlich, dass meine technischen Vorstellungen häufig deshalb mit Misstrauen aufgenommen werden, weil man in mir lediglich den stereotypen Professor sieht. Ich weiß, dass viele Professoren wenig auf die Meinung von Leuten aus der Industrie geben, denen die akademische Welt fremd ist. Kreativität kann mitunter durchaus aus den Spannungen zwischen den Werten und Sehnsüchten verschiedener Gruppen entstehen, aber dazu sind Offenheit und gegenseitige Akzeptanz unerlässlich. Wer überzeugt ist, dass alle Menschen, die Waffen besitzen, im Unrecht sind, Abtreibung ein Verbrechen ist, die Regierungen abgeschafft gehören oder der freie Markt die Lösung für sämtliche sozialen Probleme darstellt, wird vermutlich wenig Kreatives zur Lösung von Problemen in Zusammenhang mit fahrlässigem Schusswaffengebrauch, ungewollten Schwangerschaften, nationalen Strukturen oder dem öffentlichen Wohl beisteuern. Wer ein Faible für die Informationstechnologie hat und überzeugt ist, dass die manuelle Arbeit einst der Vergangenheit angehören wird, hat möglicherweise Schwierigkeiten, sich mit Menschen zu verständigen, die kein besonderes Interesse an Informationen haben. Die Überzeugung, man verfüge über die richtige Antwort auf komplizierte Probleme, mit denen sich zuvor bereits zahllose kluge und motivierte Fachkräfte beschäftigt haben (Gesundheitswesen, internationale Beziehungen, Wirtschaft), stellt eine normale Reaktion dar, die den Betreffenden jedoch in seiner Kreativität einschränkt, indem sie ihn den Sichtweisen anderer Menschen gegenüber verschließt.

Cyber ist gut

Ein interessantes Beispiel bietet der Kreis derer, die sich nach einer Welt sehnen, in der alle Menschen elektronisch so verknüpft sind, dass sie nicht nur kommunizieren können, sondern auch Zugang zu großen Informationsmengen und Computerressourcen haben. Das ist die so genannte Cyberwelt. Nur leider ist es nicht jedermanns Wunsch, mit jedem beliebigen Menschen verbunden zu sein und seine Stunden damit zu verbringen, Informationen zu verdauen und Daten zu manipulieren. Die Fans digitaler Geräte sind häufig überzeugt, dass dies nur ein Übergangszustand sei und die Cyberwelt am Ende allen gefallen werde. Das mag auf den Unterhaltungsbereich zutreffen, aber aufs Ganze gesehen bin ich skeptisch. Eine unserer Stanford-Studentinnen, Adria Anuzis Brown, kam in ihrer Abschlussarbeit, in der sie die Interaktionen zwischen einem US-amerikanischen und einem japanischen Unternehmen im Rahmen einer gemeinschaftlichen Produktentwicklung untersuchte, zu einer interessanten Schlussfolgerung. Sie richtete ihr Augenmerk auf drei Kommunikationsvarianten, die sie mit »persönlich« (gleicher Ort, unmittelbare Interaktion), »kulturell« (Interessengemeinschaften, gemeinsamer Hintergrund, geteilte Werte) und »cyber« (elektronische Interaktion) bezeichnete. Sie fand heraus, dass die erfolgreichsten beruflichen Interaktionsbeziehungen von allen drei Varianten Gebrauch machten. Elektronische Kommunikation allein war nicht so erfolgreich wie alle drei zusammen. Mit anderen Worten: Die beste kreative Arbeit wird von Leuten geleistet, die nicht nur elektronisch miteinander verbunden sind, sondern auch gemeinsame kulturelle Werte besitzen und an einem Ort persönlich interagieren. Unternehmen, die von der Vorstellung ausgehen, dass einst jeder im Cyberspace leben werde, sind so lange erfolgreich, wie sie sich mit einem Kundenkreis aus Menschen mit einer ähnlichen Einstellung begnügen. Wenn sie mehr erreichen wollen, müssen sie sich positiv mit den Werten von Menschen auseinander setzen, die wie ich nicht daran interessiert sind, noch mehr Werbebotschaften zu empfangen oder auf ihren Rucksacktouren ein GPS-Gerät und ein Mobiltelefon mit sich herumzutragen.

Tradition und Wandel

Als letzte kulturelle Denkblockade möchte ich kurz das Konzept »Tradition ist besser als Wandel« ansprechen. In seinem Buch »Notes on the Synthesis of Form« erörtert Christopher Alexander zwei Arten von Kultur, die er als unbewusste beziehungsweise bewusste Kultur bezeichnet. Die unbewusste Kultur ist traditionsorientiert. Traditionelle Formen und Riten werden weitergeführt, und häufig arbeiten Tabus und Legenden einem Wandel entgegen. In einer solchen Kultur absolviert der angehende

Architekt in der Regel eine lange Lehrzeit, in der er lernt, traditionelle Gebäude (das Langhaus, den Tempel) zu errichten. Wenn er in den Augen seiner Lehrmeister genügend gelernt hat, kann er selbst zum Meister werden und Lehrlinge ausbilden. Die Vereinigten Staaten sind sicherlich kein Beispiel für dieses Modell. Hierzulande hat ein junger Architekt Besseres zu tun, als traditionelle Bauweisen zu studieren. Wir pflegen eine bewusste Kultur. In einem fort entstehen neue Religionen, Bräuche, gesellschaftliche Strömungen und Kleidungsstile, Sprachmoden, Unterhaltungsgenres und Lebensstile. Alter und Erfahrung werden nur geachtet, wenn sie als »relevant« empfunden werden, und lange Lehrzeiten gibt es immer weniger. Dafür wird hoher Wert auf Innovation gelegt.

Und dennoch schätzen viele Menschen die Tradition mehr als den Wandel. Das ist vermutlich gut, ist unsere Kultur doch ohnehin nicht reich an Traditionen. Aber im Kontext der Ideenfindung hat eine solche Haltung einen eher negativen Effekt. Motivation ist eine notwendige Voraussetzung für Kreativität. Mag der Lösungssuchende noch so talentiert sein, frustrierende Momente und mühevolle Detailarbeit bleiben ihm nicht erspart. Wer ein Problem nicht wirklich lösen *will* (für Spaß, Geld, Prestige, Komfort oder was auch immer), wird vermutlich wenig Erfolg haben. Solange Sie nicht überzeugt sind, dass in einem bestimmten Bereich ein Wandel unerlässlich ist, werden Sie schwerlich all Ihre Phantasie einsetzen, um nach Möglichkeiten zur Bewerkstelligung dieses Wandels zu suchen.

Das Problem beginnt dort, wo Menschen sich so grundsätzlich an die Tradition klammern, dass sie kein Auge mehr für die Notwendigkeit oder den möglichen positiven Nutzen eines Wandels in bestimmten Bereichen haben. Der eingefleischte Konservative, vermute ich, fällt in diese Kategorie. Selbst manche Umweltaktivisten verspielen ihre Glaubwürdigkeit, indem sie sich in bestimmten Bereichen gegen jeden Wandel stellen. Wer ausschließlich den »guten alten Zeiten« nachtrauert und die Veränderungen der letzten 20 bis 30 Jahre als Beschränkung und nicht als Bereicherung der Lebensqualität empfindet, ist nicht der Kandidat, dem man eine große Motivation zur Ideenfindung zutrauen würde. Er ist in seinem Denken kulturell blockiert. Derjenige, der den Wandel um des Wandels willen propagiert, ist zwar möglicherweise der gefährlichere Zeitgenosse, aber in Bezug auf Ideenfindung (das Thema dieses Buches) macht er höchstwahrscheinlich eine gute Figur.

Denkblockaden durchbrechen

Projekte, zu denen es gehört, sich über kulturelle Denkblockaden Gedanken zu machen, sind bei unseren Studenten besonders beliebt, da sie, ist man sich ihrer erst einmal bewusst, nicht mehr zu übersehen sind. Häufig bitten wir unsere Studenten, füreinander Rätsel, Spiele und Situationen zu konstruieren, deren Lösung es erfordert, eine kulturelle Blockade zu durchbrechen. Ich erinnere mich beispielsweise an ein Projekt, bei dem es darum ging, eine Dollarnote, die sich unter einem wackligen Gegenstand befand, zu entfernen, ohne dass dieser Gegenstand umkippte. Das ließ sich extrem leicht bewerkstelligen, indem man die Dollarnote zerriss. Aus diversen kulturellen Gründen (es ist wider das Gesetz, Geldnoten zu entwerten; man zerreißt keine wertvollen Gegenstände) kam keiner auf diese Lösung, sodass es niemandem gelang, die Dollarnote zu entfernen. Bei einem anderen Projekt wäre es nötig gewesen, eine von 52 Karten aus einem Spiel mitzuzerstören. Auch in diesem Fall fiel es niemandem ein, ein solches Verbrechen zu begehen (wir sind eine Gesellschaft von Kartenspielern, und die meisten von uns mögen keine unvollständigen Kartenspiele). Das dritte Projekt, das ich erwähnen will, war vielleicht das elementarste unter allen, die ich gesehen habe. Die Lösung des Problems erforderte, dass man eine Anzahl Objekte in einer vorgegebenen Abfolge auf einem Spielbrett verschob, um schließlich die gewünschte Endkonfiguration zu erreichen. Es stellte sich als unmöglich heraus, gleichzeitig die Regeln zu befolgen und das Problem zu lösen. Die kulturelle Blockade? Einhaltung der Regeln! Es war einfach, die gewünschte Konfiguration zu erreichen, indem man die Regeln verletzte.

Wenn Studenten aus geregelteren und stärker theorieorientierten Disziplinen Kurse zum Thema Design beziehungsweise Konstruktion besuchen, geht es meistens weniger locker zu. Kenntnisse in der Konstruktion sind in gewisser Weise anders als Kenntnisse in der Mechanik flüssiger Stoffe, um ein Beispiel zu nennen. Design erlaubt regelmäßig mehrere Antworten auf ein und dasselbe Problem, und Analyse wird mit einem Ziel und nicht zum Selbstzweck betrieben. Und wenn der Lehrer auch hoffentlich seine Erfahrung im Gestaltungsprozess hat und die notwendigen Techniken beherrscht, so ist er doch nicht der übliche akademische Experte, denn er hat zu Beginn des Kurses kein Monopol auf die »richtigen« Antworten und kennt nicht einmal in jedem Fall die »beste«. Die Benotung ist notgedrungen subjektiver, und die Studenten müssen angesichts weniger orthodoxer Bewertungsstandards mehr akademische Risiken eingehen. Studenten, die von einem Schulsystem kommen, in dem die Benotung extrem wichtig ist und der Lehrer eine ausgesprochene Autoritätsfigur darstellt, haben manchmal Schwierigkeiten, sich in unseren Designkursen zurechtzufinden. Häufig fragen sie nur: »Wie lautet die Antwort?« und »Was muss ich tun, um die Bestnote zu bekommen?« – und das ist ihnen angesichts ihrer bisherigen Ausbildung nicht einmal zu verdenken. Die Tragödie ist, dass gerade viele auswärtige Studenten, deren Herkunftsländer einen dringenden Bedarf an Designern und Problemlösern haben, an dieser Blockade leiden. Akademische Risikobereitschaft ist gewissermaßen tabu. Ein anderer kulturell bedingter Unterschied zwischen zum Beispiel US-amerikanischen oder westeuropäischen Studenten und solchen aus industriell weniger entwickelten Ländern zeigt sich in Kenntnisstand und Einstellung, was Maschinen betrifft. Die einen sind mit Autos, Motorrädern und ähnlichem Gerät aufgewachsen und entsprechend damit vertraut, die anderen hatten in ihren Herkunftskulturen weniger Gelegenheit, mit Maschinen Bekanntschaft zu machen, und dieses Erfahrungsdefizit macht sie befangen im Umgang mit ihnen.

Umgebungsbedingte Blockaden

Wenden wir uns jetzt den umgebungsbedingten Blockaden zu. Das sind Denkblockaden, die uns von unserem unmittelbaren sozialen und physischen Umfeld auferlegt werden. Die offensichtlichsten sind die physischen Blockaden. Die physische Umwelt beeinflusst selbstverständlich die Produktivität des Problemlösers. Sicherlich ist jeder von Ihnen mit der Wirkung von Ablenkungen vertraut. Es ist sehr schwierig, an komplizierten Aufgaben zu arbeiten, wenn man ständig vom Telefon unterbrochen wird. Manchmal behindern Sie sogar potenzielle Ablenkungen, denn wenn Sie sich in einer frustrierenden Phase eines Problemlösungsprozesses befinden, sind Sie für diese Art von Störungen empfänglich. Wenn ich selbst mit der Lösung eines Problems beschäftigt bin, unternehme ich heldenhafte Anstrengungen, um mich abzulenken. Häufig muss ich mich deshalb zu unmenschlicher morgendlicher Zeit aus dem Bett quälen, weil ich dann sicher sein kann, dass andere Aktivitäten nicht zur Auswahl stehen und niemand da ist, mit dem ich sprechen könnte. Und selbst dann sitze ich oft da und warte, dass jemand aufwacht und mich ablenkt.

Infolgedessen weiß meine Frau die Zeiten, in denen ich an einem Buch schreibe, besonders zu schätzen. Die schlechte Nachricht ist, dass ich dabei immer griesgrämiger werde. Wie viele (die meisten?) Menschen, die schreiben, liebe ich es, Bücher geschrieben zu haben, aber der Schreibprozess selbst erweist sich jedes Mal als mühsam und qualvoll. Die gute Nachricht ist, dass ich dem entfliehe, indem ich das Haus streiche, Fußböden abschleife, das Dach repariere, die Gartenbewässerung verbessere und andere nützliche Dinge tue, die ich normalerweise auf die lange Bank schiebe. Ich bin jedoch kein Extremfall. Einer meiner Professorenfreunde, der über ein freundliches Büro in der Universität und ein Arbeitszimmer zu Hause verfügt, versuchte mit wenig Erfolg, ein Buch zu schreiben. Schließlich mietete er ein Büro in der Stadt, wohin er nur das Allernötigste mitnahm, um sein Buch zu schreiben – kein Telefon, keine themenfremden Bücher, kein Modem. Er gab der Empfangsdame des Nachbarbüros Geld dafür, dass sie ihn davon abhielt, während der Zeiten, die er fürs Schreiben vorgesehen hatte, das Büro zu verlassen. Und es funktionierte!

Die physische Umgebung lässt niemanden unbeeinflusst. Aber unterschiedliche persönliche Gewohnheiten bewirken, dass dieser Einfluss verschieden ausfällt. Was die geistige Tätigkeit betrifft, so arbeiten manche Menschen besser in kühlen Räumen, andere in warmen, wieder andere in kühlen Räumen, aber mit extra gewärmten Füßen. Manche arbeiten besser mit Musik, andere im Stillen; manche brauchen die Gesellschaft von Menschen, andere die Einsamkeit; manche bevorzugen fensterlose Räume, andere solche mit Fenstern. Manche nehmen ihre visuelle Umgebung gar nicht wahr, andere sehr wohl.

Hilfreiche Umgebungen

In seinem Buch »The Art and Science of Creativity« erörtert George Kneller einige der bisweilen bizarren Vorkehrungen, die so mancher Autor in Bezug auf seine Arbeitsumgebung trifft: »Schiller beispielsweise füllte seinen Tisch mit faulenden Äpfeln; Proust arbeitete in einem mit Kork tapezierten Raum; Mozart machte Leibesübungen. All dies sind Hilfsmittel für die intensive Konzentration, die die Voraussetzung ist für kreatives Denken. Ein extremes Beispiel ist Kant, der zu bestimmten Tageszeiten im Bett arbeitete, wobei er die Decken in einer selbst erfundenen Art und Weise um sich arrangierte. Während er an der ›Kritik der reinen Vernunft‹ schrieb, konzentrierte er sich auf einen Turm, den er von seinem Fenster aus sehen konnte. Als einige Bäume zu groß wurden und ihm die Sicht auf den Turm versperrten, ärgerte er sich darüber sehr, und die Stadt ließ die Bäume stutzen, sodass Kant seine Arbeit fortsetzen konnte.«

Manche Menschen haben eine besondere Umgebung, in der ihnen jede Art von kreativer Tätigkeit am besten gelingt. Deshalb begegnen wir häufig dem Allzweckstudio, das als Ort zum Malen, Schreiben, Bildhauern, Erfinden und so weiter dient. Andere haben eine Umgebung, in der sie am besten schreiben, eine andere, in der sie am besten Dosen werfen, und eine dritte, in der sie am besten mit Holz werkeln können. Trotz solcher individuellen Unterschiede können wir sagen, dass die meisten Menschen eine bestimmte Art von Umgebung haben, in der es ihnen am leichtesten fällt, auf gute Ideen zu kommen.

ÜBUNG

Nehmen Sie ein Stück Papier und listen Sie die Merkmale der bestmöglichen Umgebung(en) auf, die Sie sich für Ihre eigene konzeptionelle Arbeit denken können. Entsprechen die Umgebungen, in denen Sie tätig sind, dieser Beschreibung? Wenn nicht, warum nicht? Angenommen, die Umgebung, die Sie sich idealerweise vorstellen, ist für Sie praktikabel (nicht die Strände einer bislang unentdeckten Südseeinsel); dann verändern Sie doch einfach Ihre Arbeitsumgebung in Richtung auf diese Idealumgebung. Hat dies einen spürbaren Einfluss auf Ihre Produktivität bei der Ideenfindung?

Wenngleich in der Regel die räumlich-gegenständliche Umwelt eine Rolle spielt, so sind die wichtigsten umgebungsbedingten Blockaden doch eher kultureller oder emotionaler Natur. Wie im letzten Kapitel erwähnt, geht die Ideenfindung mit etlichen emotionalen Risiken einher. Wandel erscheint häufig als Bedrohung, und somit auch neue Ideen. Sie werden leicht erdrückt, besonders wenn sie unausgereift und noch nicht praxiserprobt sind.

Die gewöhnliche Antwort der Gesellschaft ist, solche Ideen zu verreißen. Das kann auf unterschiedliche Weise geschehen. Eine Möglichkeit besteht darin, sie im Übermaß zu analysieren, eine weitere, sie der Lächerlichkeit preiszugeben, und eine dritte, sie schlicht zu ignorieren.

ÜBUNG

Denken Sie sich eine neue Idee aus, vielleicht eine hinreichend plausible Erfindung. Beispielsweise eine elektrische Klobürste oder eine Kampagne, um die Post zu veranlassen, ihren Service zu verbessern, oder irgendetwas anderes. Machen Sie diese Idee anschließend mit allem Ernst unter Freunden und (wenn Sie mutig sind) anderen Leuten publik, denen Sie von Zeit zu Zeit begegnen. Beobachten Sie deren Reaktionen. Zeigt sich irgendwer außer Ihren Freunden begeistert? (Und sind Ihre Freunde wirklich interessiert oder wollen sie nur nicht unhöflich sein?) Dies ist kein gutes Experiment, denn Ihre Ideen können gut oder schlecht sein, was sich notgedrungen auf die Reaktionen auswirkt. Aber ich glaube nicht, dass die Unterschiede in den Reaktionen so stark sein werden. Wenn Sie das Experiment verbessern wollen, können Sie dieselben Leute mit einer guten und mit einer schlechten Idee konfrontieren.

Kritik akzeptieren und nutzen

Abweisende Reaktionen sind besonders abträglich, wenn sie von Vorgesetzten, Kollegen oder Freunden kommen. In Kapitel 8 und 9 werden wir uns mit der Ideenfindung in Gruppen und in Unternehmen befassen. An dieser Stelle will ich mich auf einige Anmerkungen beschränken. Die meisten Menschen bedürfen einer Atmosphäre der Ehrlichkeit, des Vertrauens und der Unterstützung, um das Beste aus ihren konzeptionellen Fähigkeiten zu machen. Gewiss, es gibt Ausnahmen. Viele herausragende Erfinder, denen ich begegnet bin, waren sich ihrer Fähigkeiten durchaus bewusst und bedurften kaum der Unterstützung durch andere. Mit einem der besten von ihnen arbeitete ich vor Jahren zusammen. Wenn man ihn mit einem Problem konfrontierte, kam er augenblicklich mit irgendeiner Lösung daher. Diese Lösungen waren häufig so unausgereift, dass ich meinen Ohren nicht traute. Anschließend klopfte er fröhlich beim nächsten Büro an – und erntete für seine Idee so viel Kritik, dass ich an seiner Stelle in den Boden versunken wäre. Er aber integrierte die Kritik in seine Idee und ging weiter zum nächsten Mitarbeiter. Auf diese Weise war er in der Lage, Lösungen buchstäblich zu konstruieren, und meistens waren sie hervorragend. Sein Erfolg basierte also auf seiner Fähigkeit, Kritik zu akzeptieren und daraus zu profitieren. Leute mit dieser Eigenschaft sind jedoch leider selten.

Die meisten Menschen sind über Kritik nicht glücklich und – was die Sache noch schlimmer macht – eher unsicher in Bezug auf die Qualität ihrer eigenen Ideen. Sie benötigen deshalb für ihre Tätigkeit ein unterstützendes Umfeld. Zu den größten Schwierigkeiten, die wir mit unseren Designstudenten haben, gehört die Zögerlichkeit, mit der sie – ob Lehrkräften gegenüber oder untereinander – Ideen kundtun, deren sie sich nicht hundertprozentig sicher sind. Da häufig gerade die kreativsten Ideen in diese Kategorie fallen (nach welchen Kriterien sollten sie sie auch »sicher« beurteilen können?), bleiben viele eben unausgesprochen. Wir müssen die auf Zuhören, Wettbewerb und Risikovermeidung ausgerichtete Haltung erst so weit beeinflussen, dass Wettbewerb keine Rolle mehr spielt, Interaktion zur Norm wird und die Teilnehmer sich trauen, selbst ihre impraktikabelsten Ideen voreinander zu offenbaren. Wettbewerb und mangelndes Vertrauen sind einer solchen Atmosphäre abträglich. Niemand verrät gern sein großartiges Konzept, wenn er damit rechnen muss, dass andere es stehlen oder eifersüchtig reagieren.

Selbstherrliche Vorgesetzte

Vorgesetzte, die stets schon die Antwort kennen, stellen in Konstruktionsberufen ein besonderes Problem dar. Viele produktive Problemlöser haben einen starken Eigensinn. Sie sind in der Lage, ein Konzept wider alle Apathie oder Feindseligkeit aus ihrem Umfeld und trotz mangelnder Unterstützung für neue Ideen bis zur vollständigen Umsetzung zielstrebig voranzutreiben. Wenn sie zusätzlich ein gutes Urteilsvermögen haben, können sie viel erreichen und landen nicht selten auf Managerposten. Deshalb findet man unter Führungskräften häufig erfolgreiche Ideenfinder, die dickköpfig genug sind, ihre Ideen durchzuziehen. Das Problem ist: Sie neigen dazu, diese Eigenschaft beizubehalten, während sie andere managen. Zwar sind diese Manager in der Regel effektive Problemlöser, wobei sie sowohl auf ihre eigenen Ideenfindungsfähigkeiten als auch auf unternehmensinterne Dienstleistungen zurückgreifen, doch die Wahrscheinlichkeit, dass sie die Ideenfindungskapazitäten ihrer Untergebenen zu nutzen wissen, ist gering.

Um die kreative Leistung eines Teams zu maximieren, muss der Manager aber bereit und in der Lage sein, das konzeptionelle Denken seiner Mitarbeiter zu fördern und Erfolge zu belohnen. Natürlich soll auch er Ideen suchen, aber er sollte es gewissermaßen gemeinsam mit den übrigen Teammitgliedern tun, wenn er optimal von ihnen profitieren will. Das ist beinahe offensichtlich und wird dennoch überraschend häufig missachtet. Immer wieder bin ich Konstruktionsteams begegnet, die sich in der Hauptsache mit den Ideen des Teamleiters beschäftigten. Diese Form der Gruppenarbeit kann natürlich erfolgreich sein, wenn der Leiter erstklassige Ideen hat und die anderen es zufrieden sind, seine Ideen zu entwickeln. Uns geht es jedoch um umgebungsbedingte Denkblockaden, und die eben beschriebene Arbeitsatmosphäre fördert mit Sicherheit nicht die Ideenfindung der Gruppenmitglieder.

Mangelnde Unterstützung

Mangelnde physische, finanzielle oder organisatorische Unterstützung stellt ein weiteres verbreitetes Problem dar. Neue Ideen lassen sich häufig nur schwer verwirklichen. Um eine Idee zu perfektionieren und zu verkaufen, müssen erhebliche Anstrengungen unternommen werden. Viele konzeptionelle Durchbrüche beispielsweise im wissenschaftlichen Bereich erfordern jahrelange Vorarbeiten, bis sie so weit gediehen sind, dass sie das Interesse anderer Wissenschaftler wecken. Ein neues Produkt hat bereits einen weiten Weg vom ursprünglichen Gedanken zurückgelegt, aus dem es geboren wurde. Selbst nachdem die Idee zu einem überzeugenden und umfassenden Konzept herangereift ist, muss sie einer häufig skeptisch eingestellten Welt verkauft werden. Das erfordert mitunter viel Geld und Zeit. Um wieder auf das Beispiel des Erfinders zurückzukommen: Der kleine Erfinder ist gegenüber dem Erfinder, der für ein Unternehmen arbeitet, in einem klaren Nachteil, was die Ausstattung mit Fertigungskapazitäten, Testumgebungen, juristischem und marketingtechnischem Fachwissen sowie Lebensunterhalt und Räumlichkeiten während des Erfindungsprozesses betrifft. Selbst die besten Ideen haben wenig Chancen, solange es an Geld und Zeit fehlt, um sie zu verwirklichen.

Angenommen, es handelt sich um einen besonders genialen Erfinder. Auch dann ist eine Idee für ein neues Rezept nutzlos, solange Geld und Zeit fehlen, um die benötigten Zutaten zu kaufen und das Gericht zuzubereiten. Eine Idee für ein Gemälde oder eine Zeichnung ist ebenso nutzlos, wenn es an Material und Zeit mangelt. Die Idee, durch einen Urlaub einer Ehe neuen Aufschwung zu geben, setzt gleichfalls das Vorhandensein finanzieller und zeitlicher Reserven voraus. Sämtliche Ideen erfordern ein Umfeld, das die nötige Unterstützung bereitstellt, um sie zu verwirklichen. Diese Unterstützung kann von einer Risikokapitalgesellschaft, Ihrer Bank, Ihrem Lebenspartner, Ihrem Ersparten oder von wo auch immer kommen. Wo sie fehlt, haben wir eine effektive umgebungsbedingte Denkblockade.

5 Intellektuelle und Ausdrucksblockaden

Intellektuelle Blockaden manifestieren sich in einer ungeschickten Wahl der mentalen Taktik oder in einem Defizit an geistiger Munition. Sprachblockaden schränken Ihre Fähigkeit ein, Ideen zu vermitteln – nicht nur anderen, sondern auch sich selbst gegenüber. Wir werden die folgenden Blockaden betrachten:

1. Verwendung einer für die Lösung des Problems ungeeigneten Sprache (verbal, mathematisch, visuell) – wenn Sie beispielsweise versuchen, ein Problem mathematisch zu lösen, obwohl es sich visuell leichter lösen ließe;
2. inflexibler oder ungeeigneter Einsatz intellektueller Problemlösungsstrategien;
3. mangelnde oder fehlerhafte Informationen;
4. ungenügende sprachliche Fähigkeiten, um Ideen auszudrücken und festzuhalten (verbal, musikalisch, visuell und so weiter).

Einige Beispiele werden uns helfen, diese Blockaden besser zu verstehen. Beim Mönchsrätsel aus dem ersten Kapitel dieses Buches führte die korrekte Wahl der Sprache (visuell) rasch zu einer Lösung. Hier ist ein weiteres »sprachliches« Problem:

ÜBUNG

Stellen Sie sich ein großes Blatt Papier von der Dicke dieser Buchseite vor. Falten Sie es in Ihrer Vorstellung einmal (sodass es zwei Lagen hat), dann noch einmal (vier Lagen), und fahren Sie in derselben Weise fort, bis Sie es 50-mal gefaltet haben. Wie dick ist das Papier nun?

Es ist natürlich unmöglich, ein Stück Papier, ganz gleich wie groß oder wie dünn, 50-mal zu falten. Lassen Sie uns an dieser Stelle dennoch annehmen, es sei möglich. Wenn Sie die Antwort bereits kennen oder aufgegeben haben, lesen Sie weiter.

Die Dicke des einmal gefalteten Papiers betrüge das Zweifache der ursprünglichen Dicke; die des zweimal gefalteten Papiers das 2×2-Fache. Nach drei Faltungen hätten wir das $2 \times 2 \times 2$-Fache. Wenn Sie in derselben Weise fortfahren, erkennen Sie mit ein wenig mathematischer Vorbildung, dass die Dicke des 50-mal gefalteten Papiers das 2^{50}-Fache der ursprünglichen Dicke betragen würde (2^{50} entspricht ungefähr 1 100 000 000 000 000). Wenn das Papier ursprünglich die Dicke von Schreibmaschinenpapier hatte, sind das circa 75 000 000 Kilometer oder die halbe Entfernung zwischen Sonne und Erde.

Falls Sie versucht haben, dieses spezielle Problem mittels visueller Vorstellung (dem idealen Ansatz im Fall des Mönchsrätsels) zu lösen, sind Sie vermutlich zu keinem Resultat gekommen, denn es ist nahezu unmöglich, sich 50 Faltungen akkurat vorzustellen. Falls Sie einen verbalen Ansatz wählten, hatten Sie vermutlich ebenfalls Schwierigkeiten. Wenn Sie mit Verdopplungsproblemen vertraut sind, wussten Sie, dass die Antwort eine ungeheuer große Zahl sein musste, aber Sie konnten den Wert dennoch nicht benennen. Die korrekte Sprache zur Lösung dieses Problems war in jedem Fall die mathematische.

Die Wahl der geeigneten Problemlösungssprache

Um bei dem vorigen Beispiel zu bleiben: Wie haben Sie die mentale Strategie gewählt, mit der Sie das Problem zu lösen versuchten? Wie spielte sich die Entscheidung zugunsten Visualisierung, Mathematik oder was auch immer ab? Wenn unsere Erwähnung des Mönchsrätsels Sie dazu verleitete, es mit der Visualisierung zu versuchen, war es eine bewusste Wahl. Wenn Sie die Botschaft dieses Buches bereits verstanden haben, haben

Sie bewusst über verschiedene Möglichkeiten der Problemlösung nachgedacht und sich dann für eine entschieden. Viele von Ihnen haben jedoch vermutlich *unbewusst* eine Strategie ausgewählt und möglicherweise anschließend ebenso unbewusst gewechselt. Wie wir bereits sagten, folgen die meisten Menschen beim Lösen von Problemen diesem Gewohnheitsverhalten. Ohne bewusste Absicht nehmen ihre Gedanken eine bestimmte Richtung, und die kann richtig oder falsch sein. Wenn sie falsch ist, kann sie wechseln – oder auch nicht.

Diesen Strategieauswahlprozess können Sie verbessern, indem Sie sich bewusst die verschiedenen »Sprachen« vor Augen führen, die Ihnen zur Auswahl stehen. Sie hätten beispielsweise nach der Lektüre des Faltungsproblems zu sich sagen können: »Also man hat versucht, mich auf die visuelle Fährte zu setzen. Ich will sehen, ob sich das Problem visuell lösen lässt. Ich versuche ein paar Faltungen. [Die Aufgabe wird schwierig.] Was könnte ich sonst versuchen? Verbalisierung? Vermutlich nicht – handelt es sich doch um ein gegenständliches Problem, bei dem eine quantitative Antwort gefragt ist. Apropos quantitativ – wie wäre es mit Mathematik?« An diesem Punkt lösen Sie das Problem entweder im Kopf (Sie sind Experte), notieren Gleichungen und lösen sie (halber Experte) oder fragen jemanden, der sich mit Mathematik auskennt (Amateur).

Hier ist ein weiteres Rätsel. Bevor Sie sich jedoch an einer Antwort versuchen, sollten Sie das Problem untersuchen und sich überlegen, welche mentale Sprache geeignet sein könnte. Gehen Sie das Problem anschließend in der am besten geeigneten Sprache an:

ÜBUNG

Ein Mann und eine Frau stehen nebeneinander und beginnen zu gehen, wobei ihre rechten Füße zur gleichen Zeit auf dem Boden aufsetzen. Nun macht die Frau immer drei Schritte, der Mann zwei. Wie viele Schritte macht der Mann, bevor beide zugleich den linken Fuß aufsetzen?

Das ist ein Problem, das sich gut visuell lösen lässt. Ein reales Experiment mit einer anderen Person, eine Zeichnung oder eine musikalisch-rhythmische Analogie sind ebenso geeignet. Auch der mathematische Ansatz wird funktionieren, ist aber vergleichsweise umständlich. Verbalisierung wird auch diesmal nicht weit führen. Welche Sprache haben Sie gewählt? Hat es funktioniert? Haben Sie alternative Ansätze probiert? Wie wussten Sie, dass es Zeit war, einen Ansatz aufzugeben und es mit einem anderen zu probieren? Die Antwort lautet übrigens, dass die linken Füße niemals gleichzeitig auf dem Boden aufsetzen.

Die Schwierigkeit der Wahl einer geeigneten Problemlösungssprache resultiert nicht nur daraus, dass diese Wahl in der Regel unbewusst stattfindet, sondern auch aus der Vorrangstellung, die unsere Kultur dem verbalen Denken einräumt (mit der Mathematik auf einem schwachen zweiten Platz). Die beiden Probleme, mit denen wir uns zuletzt befassten, waren schwierig, weil sie sich nicht mittels verbalen Denkens lösen ließen. Visualisierung, etwa in Form von Zeichnungen, ist für die Konstruktion gegenständlicher Dinge beinahe unabdingbar. Das liegt unter anderem daran, dass verbales Denken, wenn wir es auf die Konstruktion gegenständlicher Dinge anwenden, die seltsame Eigenschaft hat, uns die Existenz einer Antwort vorzugaukeln, wo wir keine haben. Verbales Denken unter sprachgewandten Leuten ist reich an vagen Verallgemeinerungen. Erst die Visualisierung lässt uns erkennen, ob wir uns dabei selbst betrogen haben oder nicht.

Nachdem Sie jetzt ein Gespür für die Situation entwickelt haben, schlage ich eine Übung vor, die Ihnen die Möglichkeit gibt, sich Ihre eigenen Voreingenommenheiten bewusst zu machen. Sie werden dabei mit drei verschiedenen Problemlösungsmethoden konfrontiert: verbal, visuell und mathematisch. Wie in den vorigen Übungen sollten Sie darauf achten, wie Sie sowohl kognitiv als auch emotional auf die drei Teile der Übung reagieren.

Finden Sie ein paar Freunde, mit denen Sie diese Übung gemeinsam machen können. Sie dauert ungefähr 20 Minuten. Wenn Ihre Freundesgruppe eine durchschnittliche Zusammensetzung aufweist, wird wohl jeder mit mindestens einer der drei fünfminütigen Übungen seine Schwierigkeiten haben. Manch einer wird an gar keiner Gefallen finden. Alle drei erfordern Kreativität, genießen einen hohen Status und bringen Menschen Ruhm und Geld ein. Aber je nach dem Grad Ihres Unbehagens bei der Durchführung werden Sie solche Tätigkeiten vermeiden und sich auch nicht allzu gut mit denjenigen verstehen, die daran Spaß haben. Wir neigen dazu, an unseren Gewohnheiten festzuhalten und dadurch auf ein Stück Kreativität zu verzichten.

ÜBUNG

1. Beschäftigen Sie sich fünf Minuten lang damit, ein kurzes und ernsthaftes Gedicht über Liebe zu verfassen. Bemühen Sie sich um Schönheit und Ausdruckskraft. Lesen Sie anschließend die Gedichte einander laut vor.
2. Verbringen Sie fünf Minuten mit dem Entwurf (grafisch – auf Papier) einer besseren Schreibtischlampe. Tischlampen haben häufig Mankos, sei es in funktioneller oder ästhetischer Hinsicht. Zeichnen Sie eine, die sowohl funktionell als auch ästhetisch überzeugt. Zeigen Sie anschließend einander Ihre Entwürfe und diskutieren Sie einige Minuten lang darüber.
3. Beschäftigen Sie sich fünf Minuten lang mit folgendem Problem: Eine Ameise befindet sich in einer der oberen Ecken eines quadratischen Raumes mit einer Seitenlänge von neun Metern und einer Höhe von drei Metern. Die Ameise erspäht einen essbaren Krümel in der gegenüberliegenden unteren Ecke des Raumes. Sie versucht, den Krümel auf dem kürzestmöglichen Weg zu erreichen. Wie lang ist dieser Weg? Stellen Sie nach Ablauf der fünf Minuten sicher, dass alle Teilnehmer die Antwort kennen und ihre Herleitung verstehen.

Unsere Reaktion auf intellektuelle Probleme spiegelt nicht notwendig unsere gegenwärtige Fähigkeit wider, sie zu lösen. Alle möglichen Gewohnheiten und Ängste üben ihren Einfluss auf uns aus. Den poetischen Teil der Übung setze ich häufig Ingenieur- und Wirtschaftsstudenten, aktiven Ingenieuren, Managern und Führungskräften vor. Die erste Reaktion der Gruppe auf die Aufgabenstellung bewegt sich in der Regel zwischen Horror und dem dringenden Bedürfnis, den Raum zu verlassen. Aber sobald die Teilnehmer beginnen, an ihren Gedichten zu arbeiten, stellen sie fest, dass der Prozess weniger schmerzhaft ist, als sie möglicherweise dachten. Sie können auf lang verborgene Gewohnheiten beispielsweise aus ihrer Schulzeit zurückgreifen, mit deren Hilfe sie ein Gedicht konstruieren können. Zudem stellen sie fest, dass sie zur Liebe viel zu sagen haben, auch wenn es sich um Informationen handeln mag, die mit ihren üblichen Kommunikationsgewohnheiten schwer vereinbar sind. Der Schmerz kehrt allerdings wieder, sobald sie ihre Gedichte anderen vortragen sollen. Wenn ich, nachdem sie sich gegenseitig ihre Gedichte vorgelesen haben, frage, wer sein eigenes Gedicht schrecklich findet, heben sich in der Regel sämtliche Hände. Wenn ich anschließend frage, wer ein Gedicht gehört hat, das ihm überraschend gut gefallen hat, sind wieder alle Hände oben. Mit anderen Worten: Alle finden ihre eigenen Gedichte schrecklich und die der anderen eher gut.

Gelegentlich habe ich Diane Middlebrook, eine befreundete Englischprofessorin an der Stanford University und publizierende Poetin, gebeten, in Kursen mit Managern, die hauptsächlich aus technologiebasierten Unternehmen kamen, eine fortgeschrittene Version der Poesieübung zu veranstalten. Sie führt die Teilnehmer in einem Minikurs in die Dichtkunst ein – Lektüre, schriftliche Hausaufgaben und zirka vier Stunden Unterricht. Diane beginnt häufig damit, dass sie der Gruppe ein Gedicht vorliest; schon das bereitet den meisten Unbehagen. Natürlich sind die ersten eigenen Schreibversuche schmerzhaft. Aber sie sind nicht vergeblich. Mit Bitten, Ermunterungen, Erklärungen, Lob und Kritik sowie mit Sachverstand und Humor bringt Diane die widerspenstigen Manager dazu, immer ausgefallenere Verse zu schreiben. Die Gedichte auf der nächsten Seite sind kurze Beispiele dafür. Das Kurserlebnis bringt in der Regel ein paar Amateurdichter hervor und bewirkt bei allen Teilnehmern eine deutliche Veränderung der inneren Einstellung zu den eigenen dichterischen Fähigkeiten.

Elegante braune radelnde Beine
Sonnenbeschienen unter den Arkaden von Stanford
Ich bin ein alter Mann

Ich kämme mir die Haare mit einem Kugelschreiber
Alterndes Ego
Geisel betrunkener Locken

Farnhügel, du rührst den kleinen Jungen
Bring mich zurück
Lass mich auf den Klippen überm Wasser sitzen
Lass mich die Jahre noch einmal erleben
Die Freude, meine Freunde, meinen Hund
... keine Pflichten!

Die ökonomischen Aspekte der Ingenieurskunst erregen mich, Anne
Wohltätige Musik modifiziert meine Erregung, Anne
Elegante Lobreden/fachkundige Algorithmen/integrierte Implantation
Anne, Anne, Anne

Engelsgesicht scheint der Welt,
innere Gedanken unausgesprochen.
Ein sich füllender Schwamm, durstig.

Kalte Nacht fällt auf die Niederungen
Schmaler Pfad, mondbeschienen
In die Stille hinein das Bellen eines Hundes ➘

Male den Himmel
Wälze dich über die Wiese
Lote die Tiefen aus
Wasser unter der Brücke
Keine Kehrtwendung!

Persönliche Vergünstigungen, Privilegien.
Von der Mission verführte Integrität.
Getäuscht von einem hochfliegenden
Selbstbewusstsein. Durch Arroganz
vernebelte Vision. Exquisite
Rationalisierung. Ein
Talent vergeudet, ein Leben zerborsten.
Macht korrumpiert.

Schlechte Verse erfinden – warum?
Um unsere Freude zu bekunden
bevor diese Episode endet

Viele Menschen, die sich als im Dichten völlig unbegabt einschätzen, sind in der Lage, ansehnliche Verse zu schmieden. Was sie hindert, sind lediglich das fehlende Vertrauen in die eigenen Fähigkeiten sowie die Reste des einstigen Schulklimas, in dem die Dichtkunst eher belächelt wurde. Ein Unbehagen beim Zeichnen kann in ähnlicher Weise aus der Verwechslung zwischen der Zeichenkunst des Berufskünstlers und jener Art des Zeichnens resultieren, die wir alle gelegentlich praktizieren; ein Unbehagen bei der Mathematik kann das Ergebnis jenes weit zurückliegenden Tages sein, als mangelndes Tempo im Rechnen (was mit Mathematik nicht allzu viel zu tun hat) den Achtjährigen seines rechtmäßigen Platzes an der Klassenspitze beraubte.

Es amüsiert mich, gelegentlich zu beobachten, mit welcher Kreativität und Energie manche Menschen versuchen, Problemlösungsmethoden, die ihnen nicht liegen, zu vermeiden. Ein Student lieferte das folgende kurze »Gedicht« zum Thema Liebe ab. Clever, aber vermutlich anspruchsvoller als ein »richtiges« Gedicht.

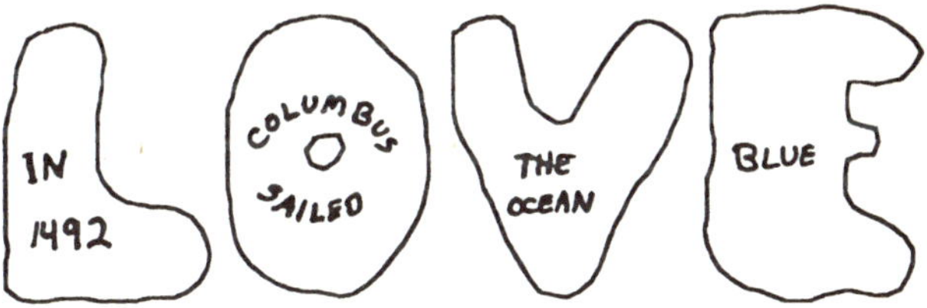

Ein kurzes Gedicht zum Thema Liebe

Ein anderer Student lieferte eine Lösung zu der Aufgabe mit der Tischlampe ab, die folgendermaßen begann: »Um meinen Lampenentwurf verstehen zu können, müssen Sie zuerst etwas über Stromkreise, Festkörpertheorie und Optik wissen« (offensichtlich eine Hightech-Tischlampe). Darauf folgten fünf Seiten Informationen über Stromkreise, Festkörpertheorie und Optik – aber kein Lampenentwurf. Indem der Student die verfügbare Zeit dazu nutzte, mir mitzuteilen, was er wusste, vermied er es, sich auf den Prozess der visuellen Darstellung einzulassen.

Ich erinnere mich deutlich an die Antwort eines Stanford-Studenten auf ein Mathematikrätsel, in dem es um zwei Züge geht. Von diesen Zügen wird angenommen, dass sie sich auf ein und demselben Gleis einen Kilometer voneinander entfernt befinden und mit jeweils 15 Kilometern pro Stunde aufeinander zu fahren. Eine Fliege, die auf der Frontscheibe der einen Lokomotive sitzt, hebt ab und fliegt mit 30 Stundenkilometern in Richtung der anderen. Sobald sie die andere erreicht hat (die Entfernung beträgt jetzt weniger als einen Kilometer), wendet sie augenblicklich und fliegt zu ihrem ursprünglichen Zug zurück, worauf sie erneut wendet und so weiter und so fort. Die Frage lautet nun, welche Entfernung die Fliege zurücklegt, bis sie von den Lokomotiven zermalmt wird. Das hat offensichtlich mit Mathematik zu tun. Aber wie bei der Übung mit der Ameise sind einige Vorüberlegungen erforderlich. Das »Ameisenproblem« lässt sich am leichtesten lösen, wenn wir uns den Raum ausgefaltet vorstellen, wie unten in der Zeichnung dargestellt.

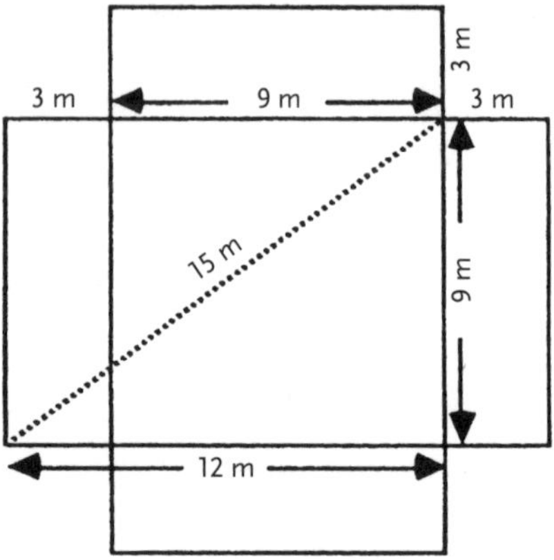

Der kürzeste Weg zum Krümel

Wenn Sie sich an den Satz des Pythagoras für rechtwinklige Dreiecke erinnern, erkennen Sie, dass die Lösung 15 Meter beträgt. Das setzt Gedächtnis voraus. Das Problem mit der Fliege und den Zügen hat eine direkte Lösung. Wir müssen uns nur klar machen, dass beide Züge bis zur Kollision jeweils einen halben Kilometer zurücklegen. Da die Züge mit 15 Stundenkilometer unterwegs sind, benötigen sie dafür den dreißigsten Teil einer Stunde. Die Fliege fliegt 30 Kilometer in der Stunde. In einer Dreißigstelstunde fliegt sie also genau einen Kilometer. Die Antwort des Studenten lautete jedoch:

Freies, launisches, hochfliegendes Geschöpf
Warum nur
musstest du sterben?

Auch dies eine wunderbare Antwort auf das Problem. Eigentlich genau das, was ich mir in den Klassen und Workshops zur Kreativität immer wünsche. Nur war die Motivation in diesem Fall vermutlich weniger Kreativität als vielmehr der Wunsch, keine Zeit auf mathematische Gedanken zu verschwenden.

Wir können unsere Gewohnheiten, was die Wahl der Problemlösungssprache betrifft (man wählt diejenige, in der man gut ist und sich wohl fühlt, und nicht unbedingt die für das konkrete Problem am besten geeignete), bewusst überwinden und auf diese Weise unsere kreativen Fähigkeiten deutlich erweitern. Allerdings ist es nicht leicht, Gewohnheiten zu verändern. Dazu müssen wir erstens emotionale Signale missachten und zweitens amateurhafter sein, als wir es gewohnt sind. Dieser Vorgang ist nicht ungewöhnlich. Denken Sie an die Einstudierung einer neuen Tennisbewegung. Zuerst machen wir uns klar, dass unser bisheriger Schlag keineswegs perfekt ist. Entweder unsere Gegner lassen uns keine Chance, oder wir stellen nach langen Stunden vor dem Fernseher fest, dass Venus Williams einen wirkungsvolleren Aufschlag hat als wir, oder jemand, den wir respektieren, lässt eine Bemerkung über den erbärmlichen Zustand unserer Rückhand fallen. Jedenfalls beginnt die Veränderung unserer Gewohnheiten in der Regel damit, dass wir uns des unbefriedigenden Ist-Zustandes bewusst werden.

Der nächste Teil der Gewohnheitsveränderung umfasst bewusste und üblicherweise analytische Tätigkeiten. Wir nehmen Stunden, lesen Bücher, betrachten Videobänder, beobachten andere Tennisspieler und lernen so viel wie möglich über die »Form«, die wir anstreben, sowie diejenige, in der wir uns gegenwärtig befinden. Anschließend entscheiden wir uns bewusst für die Einstudierung der neuen Gewohnheit. Auch wenn wir uns anfangs linkisch fühlen, führt sie uns normalerweise doch zum Ziel. Schließlich wird die neue Gewohnheit praktiziert, bis sie zu einer natürlichen und programmierten Tätigkeit wird. Das garantiert uns selbstredend noch nicht lebenslange Zufriedenheit und dauerhaften spielerischen Erfolg. Es bedeutet lediglich, dass wir eine Weile damit leben können, bevor der Prozess von neuem beginnt.

Natürlich spielen auch Belohnung, Bestrafung und andere Arten der Motivation eine Rolle im Prozess der Gewohnheitsveränderung. Ebenfalls beteiligt sind Zeit, Energie und möglicherweise Geld. Aber für unsere Zwecke kommt es vor allem auf die zentrale Bedeutung des Bewusstseins an. Bewusstes Handeln stellt nicht nur eine effektive, sondern die einzige Möglichkeit dar, wie wir Gewohnheiten verändern können.

David Straus und Michael Doyle waren schon lange an den Details des Problemlösungsprozesses interessiert. Irgendwann gründeten sie ein Unternehmen mit dem Namen Interaction Associates, das Moderatoren für Problemlösungsgruppen ausbildet, Ausbildungsprogramme anbietet und Forschungen zum Problemlösungsprozess durchführt. In einer ihrer Publikationen erklären sie:

> »Jede einzelne Aktion oder Operation, die wir unternehmen, um ein Problem zu lösen, lässt sich als Teil eines breiteren konzeptionellen Ansatzes verstehen, der bei der Lösung jedes Problems anwendbar ist. Ziel oder Zweck unserer Handlung ist das ›Warum‹ – im Gegensatz zum ›Was‹. Diesen allgemeinen konzeptionellen Ansatz nennen wir ›Strategie‹. Wir denken, dass die in einer Strategie enthaltene Grundidee vom Kontext unabhängig ist. Mit anderen Worten: Eine Strategie sollte auf fast alle Arten von Problemen anwendbar sein. Wir finden, dass sich die strategische Ebene am besten dazu eignet, um über den Problemlösungsprozess zu sprechen.«

Flexibilität bei der Verwendung von Strategien

Eine ihrer wichtigsten Techniken für die Gruppenarbeit bestand darin, in jedem Augenblick der Problemlösungssitzung die verwendeten Strategien im Auge zu behalten und Veränderungen oder Erweiterungen vorzuschlagen, sobald der Prozess in eine Sackgasse zu geraten oder mögliche Lösungsalternativen zu übersehen drohte. In der Publikation »Strategy Notebook«, die Interaction Associates 1972 herausgab, brachten sie 66 Strategien mit je einer Beschreibung, einer Liste von Vor- und Nachteilen sowie einer Beispielübung. Die Strategien finden Sie nachfolgend aufgelistet und danach das Beispiel »Eliminieren«.

Aufbauen
Eliminieren
Vorwärts arbeiten
Rückwärts arbeiten
Assoziieren
Klassifizieren
Verallgemeinern
Veranschaulichen
Vergleichen
In Beziehung setzen
Befürworten
Aufschieben
Einspringen
Zurückhalten
Konzentrieren
Freisetzen
Zwingen
Lockern
Träumen
Vorstellen
Reinigen
Ausbrüten

Darstellen
Organisieren
Auflisten
Prüfen
Als Diagramm darstellen
Als Tabelle darstellen
Verbalisieren
Visualisieren
Memorieren
Erinnern
Aufzeichnen
Wiedergewinnen
Suchen
Auswählen
Planen
Vorhersagen
Annehmen
Infrage stellen
Voraussetzen
Raten
Definieren
Symbolisieren

Simulieren
Testen
Spielen
Manipulieren
Kopieren
Interpretieren
Transformieren
Übersetzen
Erweitern
Reduzieren
Übertreiben
Untertreiben
Anpassen
Ersetzen
Kombinieren
Trennen
Verändern
Variieren
Periodisch wiederholen
Wiederholen
Systematisieren
Aufs Geratewohl

»Eliminieren«

Stärken – Die Strategie der Elimination eignet sich besonders dann, wenn Sie genauer wissen, was Sie nicht wollen, als was Sie wollen. Sie beginnen mit mehr, als für die Lösung erforderlich oder wünschenswert ist, und eliminieren sodann einzelne Elemente nach bestimmten Kriterien. Diese Strategie ist in gewisser Weise sicher, weil die Entscheidung, was wir in der Lösung nicht haben wollen, häufig weniger schwierig ist.

Einschränkungen – Diese Strategie setzt voraus, dass sich im betrachteten Möglichkeitsbereich eine gute Lösung befindet. Jedoch ist es auch denkbar, dass Sie nach Abschluss des Eliminierungsverfahrens mit leeren Händen dastehen. Eine andere Schwierigkeit ist, dass die Schlussfolgerung, dass Sie das Gegenteil von dem wollen, was Sie eliminieren wollen, allzu nahe liegt (wenn Sie beispielsweise keinen Regen wollen, würde daraus folgen, dass Sie Sonnenschein wünschen, mit der Folge, dass Schnee, Nebel, Hagel und so weiter unberücksichtigt bleiben). Deshalb muss der Eliminierungsprozess mit Sorgfalt und Umsicht durchgeführt werden.

Übung – Lassen Sie alle Mitglieder Ihrer Gruppe Gedanken zum Thema Religion beitragen. Jeder nennt sämtliche Ideen und Assoziationen, die er mit diesem Thema verbindet, und alle Beiträge werden notiert. Sobald die Gruppe der Meinung ist, alle Ressourcen ausgeschöpft zu haben, ergreift jeder Einzelne Papier und Stift und geht die Liste durch, indem er alles weglässt, was sich nicht mit seinen persönlichen religiösen oder philosophischen Vorstellungen deckt, und das notiert, was übrig bleibt. Wenn alle fertig sind, werden die Listen an einer Tafel befestigt, damit sich jeder ein Bild von den Ideen der übrigen Teilnehmer machen kann. Diese Übung hat den Vorteil, dass sich die Teilnehmer mittels der Strategie der Elimination persönlich zu dem Thema einbringen können. Die Übung lässt sich auch zu zahlreichen anderen Themen durchführen. Im Rahmen eines human- oder religionswissenschaftlichen Kurses eignet sie sich insbesondere als Einstiegsveranstaltung.

Die meisten Menschen haben, wie Straus und Doyle erklären, keine Schwierigkeit, derartige Problemlösungsstrategien zu verstehen, sobald Definitionen und Beispiele gegeben sind. Viele machen sogar gelegentlich von allen diesen Strategien *unbewusst* Gebrauch. Die optimale Nutzung dieser Strategien zur Lösung eines konkreten Problems setzt aber eine explizite Kenntnis dieser Strategien und ihre *bewusste* Wahl voraus – oder aber einen Moderator, der diese Entscheidung für uns trifft. In der Einführung zu »Process Notebook«, ebenfalls von Interaction Associates, wird diese Situation folgendermaßen zusammengefasst:

> »Ebenso wie wir gegenständliche Werkzeuge für gegenständliche Aufgaben verwenden, verwenden wir konzeptionelle Werkzeuge für konzeptionelle Aufgaben. Um uns mit einem Werkzeug vertraut zu machen, können wir damit experimentieren, es in verschiedenen Situationen testen und seine Brauchbarkeit ermitteln. Dieselbe Methode lässt sich auf konzeptionelle Werkzeuge anwenden. Unsere Denkfähigkeit hängt von der Vielfalt der verwendeten Werkzeuge und unserem Geschick bei ihrer Verwendung ab.«

Es ist offensichtlich, dass zwischen der bewussten Wahl von Denkmethode und Problemlösungsstrategie einerseits und dem Lösungsprozess andererseits eine sinnvolle Gewichtung gefunden werden muss. Sie sollten nicht 95 Prozent Ihrer mentalen Energie für die Auswahl der Strategien und Denkmethoden verwenden. Aber etwas bewusste Gedankenarbeit sollten Sie in die Auswahl der Strategie investieren. Denn indem Sie Strategien bewusst wählen, finden Sie häufig Ansätze, auf die Sie niemals gekommen wären, hätten Sie die Auswahl dem Unterbewussten überlassen. Und indem Sie sich die verschiedenen möglichen Denkstrategien vergegenwärtigen und sich bewusst machen, was sie leisten und wie sie anzuwenden sind, können Sie sicherstellen, dass Sie das nächste Mal, wenn Sie die Wahl dem Unterbewussten überlassen, eine größere Auswahl zur Verfügung haben. Auf diese Weise werden Sie zu Ihrem eigenen »Moderator«.

Der Computer

Interessante Fälle intellektueller Unbeweglichkeit lassen sich im Gebrauch des Computers beobachten. Die Gesellschaft hat seine Existenz akzeptiert, aber viele Menschen betrachten ihn immer noch mit Misstrauen und meiden ihn. Der Computer ist ein mächtiges Denkwerkzeug. Nicht von ihm Gebrauch zu machen stellt einen großen Nachteil dar. Andere, die Cybermenschen, scheinen ihn förmlich anzubeten, so sehr sind sie gefesselt von den Möglichkeiten des Internets, von neuen Software- und Hardwareprodukten. Solange Sie nicht als Systemberater arbeiten, kann dies ebenfalls ein Nachteil sein. Wenn Sie ein Fan von Spielen und technischem Schnickschnack sind, besteht die Gefahr, dass Sie Ihre Zeit damit verbringen, anstatt den Computer zur Lösung von Problemen einzusetzen. Das kann Spaß machen, aber es lässt sich kaum als sinnvoller Beitrag zur Conditio humana bezeichnen.

Clifford Stoll, der mit Computern gearbeitet hat, seit er sich in den 70er Jahren seinen ersten Altair zusammenbastelte, schrieb vor einigen Jahren ein amüsantes Buch mit dem Titel »Silicon Snake Oil«. Es ist eine Kritik am Computer, und an einer Stelle beklagt er sich über die viele Zeit, die er damit verbringt, dem Computer beizubringen, das zu tun, was er von ihm erwartet. Eine Verbesserung dieser Situation kann er nicht erkennen, mit der Folge, dass wir viel zu viel Zeit damit verschwenden, gegen die Tücken unserer Computersysteme anzukämpfen. Dem kann ich wie die meisten Computernutzer nur beipflichten. Wenn der Computer abstürzt oder irgendwelche unergründlichen Fehlermeldungen von sich gibt, müssen wir nicht nur Zeit investieren, um ihn wieder zur Raison zu bringen, häufig verlieren wir auch unseren Gedankenfaden.

Computer spielten in meinem beruflichen Leben bereits früh eine Rolle, denn als ich am Jet Propulsion Laboratory arbeitete, wurden dort (nach damaligen Maßstäben) große computergestützte Strukturanalyseprogramme verwendet und die Raumfahrzeuge mit relativ primitiven Computern zu Navigations- und Kontrollzwecken sowie zur wissenschaftlichen Datenreduktion ausgestattet. Pflichtbewusst kaufte ich mir einen TRS 80, einen der ersten PCs von IBM und einen Apple I und versuchte sie in mein Leben zu integrieren. Heute nutze ich diverse digitale Computer- und Kommunikationsgeräte, die mein Leben effektiver machen, aber ich bin kein Computerexperte und will auch keiner werden. In meinen Augen liegt das Problem in der Balance. Wie ziehen wir den besten Nutzen aus der »digitalen Revolution«? Computer können eine große Hilfe sein, um sich kreativ zu betätigen, aber das entscheidende Hindernis für persönliche Kreativität ist der Mangel an Zeit, und wenn Computer zu viel Zeit verschlingen, verhindern sie Kreativität.

Die Bedeutung korrekter Informationen

Fehlende oder unzutreffende Informationen stellen eine dritte intellektuelle Denkblockade dar. Wie bereits erwähnt, heißt es bei Arthur Koestler in »The Three Domains of Creativity«: »Der kreative Akt besteht darin, zuvor unzusammenhängende Strukturen so zu kombinieren, dass das Resultat mehr ist als die verwendeten Teile.« Andere Definitionen unterstreichen gleichfalls den Aspekt des »Kombinierens«. Die zu kombinierenden Bestandteile (Informationen) müssen natürlich vorhanden sein. Aber was passiert, wenn einige unserer Komponenten fehlerhaft sind? Betrachten wir eine Situation, in der jede Komponente nur einmal erscheint und die Kombination entscheidend ist.

Wenn wir zwei Größen, *a* und *b*, haben, erhalten wir vier mögliche Resultate (*a*, *b*, *ab* und *ba*). Wenn *a* inkorrekt ist, enthalten drei dieser Resultate fehlerhafte Informationen. Wenn sowohl *a* als auch *b* inkorrekt sind, sind alle vier Resultate betroffen. Wenn wir drei Größen, *a*, *b* und *c*, kombinieren, erhalten wir 15 mögliche Resultate (*abc*, *acb*, *bac*, *bca*, *cab*, *cba*, *ab*, *ba*, *ac*, *ca*, *bc*, *cb*, *a*, *b*, *c*). Wenn *a* inkorrekt ist, enthalten elf dieser Resultate fehlerhafte Informationen. Wenn sowohl *a* als auch *b* inkorrekt sind, sind 14 Resultate falsch. Indem wir mathematisch ein wenig herumspielen, erhalten wir eine allgemeine Formel für diesen Kontaminationseffekt und können die folgende Tabelle erstellen, die den Vorteil korrekter Informationen für den Problemlöser unterstreicht.

Die erste Spalte repräsentiert die Zahl der Elemente, die wir in Koestlers Sinn kombinieren können. Die zweite Spalte enthält die jeweilige Zahl der möglichen geordneten Resultate. Die dritte Spalte gibt die Zahl der Resultate an, die fehlerhafte Informationen enthalten, sobald eines der Elemente (*a*) inkorrekt ist. Die vierte Spalte gibt diese Zahl für den Fall an, dass zwei Elemente (*a* und *b*) inkorrekt sind.

n	Mögliche Resultate	Fehlerhaft, falls *a* inkorrekt	Fehlerhaft, falls *a* und *b* inkorrekt
1	1	1	
2	4	3	4
3	15	11	14
4	64	49	60
5	325	261	310
6	1 956	1 631	1 892
7	13 699	11 743	13 374
8	109 600	95 901	107 644
9	986 409	876 809	972 710
10	9 864 100	8 877 691	9 754 500

Diese simplen Zahlen sind nicht als Modell für die Ideenfindung gedacht. Ich zitiere sie nur, um zu zeigen, wie rasch sich die Verwendung inkorrekter Elemente in der Fehlerhaftigkeit der resultierenden Kombinationen niederschlägt.

Im Rahmen eines Problemlösungsprozesses sind korrekte und relevante Informationen natürlich äußerst wichtig. Eine intellektuelle Blockade, die den Problemlöser daran hindert, ausgewogene und sachbezogene Informationen zu erwerben, kann desaströs sein. Mechanische Ingenieure mit einer Denkblockade im Bereich der Elektrik oder elektrische Ingenieure mit einer Blockade im Bereich der Mechanik sind in der Lage, seltsame Dinge zu konstruieren, wie beispielsweise mechanische Fernsehgeräte oder komplexe elektrische Kraftübertragungssysteme, wo einfache mechanische Lösungen billiger und verlässlicher wären. Menschen, die sich konstant dagegen sträuben, mathematisch zu denken, schränken ihre Fähigkeiten stark ein, indem sie sich nützliche quantitative Daten vorenthalten. Ebenso beschränken Menschen, die eine Blockade gegen die Berücksichtigung ästhetischer, emotionaler und qualitativer Aspekte bei ihrer Entscheidungsfindung entwickelt haben, ihre Problemlösungsfähigkeiten, indem sie mutwillig auf nützliche Informationen verzichten. Ingenieure ohne ästhetisches Gespür können ausgesprochen unmenschliche und hässliche Geräte entwickeln, die sich zudem nicht einmal gut verkaufen. Umweltschützer, die sich nicht für quantitative Fakten und Statistiken interessieren, werden Schwierigkeiten haben, effektive Lösungen für Umweltprobleme zu entwickeln.

Die Meinungen gehen jedoch hinsichtlich der Frage auseinander, ob Informationen in allen Phasen eines Problemlösungsprozesses gleichermaßen wichtig sind. Eine Gedankenschule vertritt die These, zu den größten Feinden der Innovation gehöre der Einfluss der bereits existierenden Lösungen auf das konzeptionelle Denken. Das ist die Schule, die sagt: »Es ist schwierig, sich alternative Methoden zum Fällen von Bäumen auszudenken, wenn man zu lange die Axt geschwungen hat.« Ich kenne einen ausgesprochen erfindungsreichen Ingenieur, der großen Wert darauf legt, mit einem »sauberen« Kopf zu arbeiten – er versucht, möglichst wenig über bestehende oder artverwandte Lösungen zu seinem Problem zu erfahren. Jedoch kenne ich ebenso eine gleichermaßen produktive Ingenieurin, die viel Mühe darauf verwendet, alle früheren Entwicklungen kennen zu lernen, die auch nur entfernt mit ihrem Problem zu tun haben (ein »schmutziger« Kopf?). Es ist wahr, dass Sie, wenn Sie nichts über Äxte wissen, Gefahr laufen, die Axt noch einmal zu erfinden. Zudem verzichten Sie auf die Axt als Quelle weiterführender Ideen.

Meiner Ansicht nach besteht die optimale Lösung in der Fähigkeit, den »sauberen« Ansatz selbst dann nutzbringend zu verwenden, wenn der Kopf mit Informationen vollgestopft ist. Ich bin natürlich von meiner eigenen Erfahrung geprägt. Wie ich bereits eingestanden habe, pflege ich mich durch Probleme durchzubeißen, anstatt sie in einem mühelosen Anlauf zu lösen. Über je mehr Informationen ich zu einem Problem und frühere Anstrengungen zu seiner Lösung verfüge, desto besser. Aber gelegentlich ist es erforderlich, diese Informationen für eine Weile beiseite zu schieben. So sind sicherlich umfangreiche Informationen erforderlich, wenn es um Hochtechnologie, komplexe Geschäftssituationen oder zwischenmenschliche Interaktionen geht. Gleichzeitig hindert uns dieses Übermaß an Informationen häufig daran, besonders elegante Lösungen zu erkennen. Informationen machen uns zum Experten, und J. J. Gordon bemerkt in »Synectics« zum Stichwort Expertenwissen: »Die spezialisierte Semantik etablierten Wissens begründet Konventionen, die zu fensterlosen Festungen werden können, die jede neuartige Sicht auf die Welt verhindern.«

Ich glaube, dass es möglich ist, ein Experte zu sein und dennoch die Welt auf neue Weise zu sehen. Man braucht nicht jemanden, der einsam auf einer Insel aufgewachsen ist, um einen besseren Dosenöffner zu erfinden. Man kann darauf Leute ansetzen, die sich nicht nur auf elektrische, mechanische, physikalische, chemische und andere Phänomene verstehen, sondern auch ein enges Verhältnis zu bestehenden Dosenöffnern haben. Voraussetzung ist lediglich, dass diese Menschen in der Lage sind, trotz ihres bisherigen Wissens die Welt immer wieder neu zu sehen. Wenn sie diese Fähigkeit haben, sollten sie gegenüber einsamen Inselbewohnern sogar im Vorteil sein.

Ausdrucksblockaden

Wir beginnen diesen Abschnitt mit einer weiteren einfachen Übung, die auch noch Spaß macht.

ÜBUNG

Voraussetzung ist, dass Sie einen einfachen Gegenstand finden (oder herstellen), dessen Form sich nicht durch einen üblichen Namen beschreiben lässt. Dabei kann es sich um einen Würfel mit einer abgeschrägten Ecke und einer Nut auf einer seiner Flächen, ein Teil aus einer Maschine oder irgendein anderes Objekt mit einer einfachen, aber unregelmäßigen dreidimensionalen Gestalt handeln. Verwenden Sie weder Stift noch Schere, Schweppesflasche oder irgendein anderes Objekt, das so gebräuchlich und bekannt ist, dass jeder seine Form kennt. Versammeln Sie mehrere Leute, legen Sie das gewählte Objekt in eine große Papiertüte und lassen Sie einen der Beteiligten die Hand in die Tüte legen, ohne das Objekt gesehen zu haben. Seine Aufgabe ist es, das Objekt den übrigen Teilnehmern zu beschreiben, die es zeichnen sollen.

Diese Übung ist erstaunlich schwierig. Dazu trägt natürlich auch das fehlende Feedback im Kommunikationsgeschehen bei. Etwas Feedback lässt sich dadurch schaffen, dass diejenigen, die das Objekt zeichnen sollen, Fragen an den Beschreibenden richten dürfen, wenngleich die Übung dann am eindrucksvollsten ist, wenn keine Fragen erlaubt sind. Die Schwierigkeit der Übung liegt zum Teil sicherlich im Ertasten des Gegenstands. Entscheidender jedoch ist die Schwierigkeit, Gegenständliches verbal zu beschreiben. Wenn Ihre Versuchspersonen mathematisch orientiert und darin geübt sind, mit X-Y-Z-Koordinaten oder anderen geometrischen Beschreibungstechniken zu kommunizieren, werden sie sich mit der Aufgabe leichter tun. Wenn jedoch der gewöhnliche verbale Ansatz verwendet wird (»die Unterseite bildet ein Rechteck mit einer schrägen Ecke, von welcher eine kurze Fläche aufwärts führt«), wird die Aufgabe richtig kompliziert. Ein anderer Grund für die Schwierigkeit der Übung ist das vergleichsweise gering entwickelte Zeichentalent der meisten Menschen. Selbst wenn sich die Form verbal perfekt beschreiben ließe, wären die meisten Menschen nicht in der Lage, sie auf dem Papier wiederzugeben.

Ich verwende diese Übung häufig in großen Gruppen, damit ich die Zeichnungen anschließend vergleichen kann (versuchen Sie es auf einer Party). Die Anwesenheit von Publikum bereichert die Veranstaltung um einige interessante emotionale Blockaden. Derjenige, der das Objekt beschreiben soll, meistert diese Aufgabe in der Regel besser, wenn er den Gegenstand eine Weile betastet, bevor er mit der Beschreibung beginnt. Jedoch ist es schwierig, sich diese Zeit vor einer ungeduldig wartenden Menge zu nehmen. Der Betreffende neigt also dazu, sich blindlings in die Beschreibung zu stürzen und diese im Eiltempo voranzutreiben (selbst wenn dabei für die Zuhörer keine verwertbaren Informationen herausspringen), weil es ihm irgendwie peinlich ist, wie er vor versammelter Runde steht, eine Hand in der Tüte und mit etwas vermeintlich Trivialem beschäftigt. Weil es ihm vorkommt, als habe er eine vergleichsweise gute Vorstellung von der Form des Objekts (immerhin hält er die Hand darauf), fällt es ihm schwer, sich in die Zuhörer hineinzuversetzen. Er wird also möglicherweise ungeduldig. Sicherlich wird ihm nach Beendigung der Übung einfallen, wie er die Aufgabe besser hätte lösen können – eine Variante des bereits erwähnten Inkubationsprozesses.

Diese Übung demonstriert sowohl den Gebrauch nichtadäquater Sprachmittel, wenn es darum geht, Ideen auszudrücken, als auch die Ungenauigkeit unserer Ausdrucksweise. Das ist eine beispielsweise in den Ingenieursberufen äußerst verbreitete Blockade. Viele Studenten und Ingenieure zeichnen nicht gern, teils weil sie Schwierigkeiten damit haben und teils weil das Zeichnen in einigen Bereichen einen geringeren Status genießt als etwa die Analyse. Dementsprechend oft begegnen wir dem Versuch, geometrische Vorstellungen verbal wiederzugeben. Häufig bleibt das Ausmaß der durch die Blockade verursachten Schwierigkeiten unbemerkt, weil der Beschreibende genau weiß, was er zu beschreiben versucht, und der Zuhörer wie selbstverständlich annimmt, er verstehe den anderen genau. Eine andere Übung, die diese Blockade einer unpräzisen verbalen Kommunikation veranschaulicht (und für die Sie etwa ein Dutzend Leute zur Verfügung haben sollten), geht folgendermaßen:

ÜBUNG

Legen Sie einer Person eine Zeichnung von einem einfachen Objekt vor (für dessen Form kein einfacher Name existiert). Sie soll den Gegenstand eine Weile betrachten und anschließend einer anderen Person beschreiben. Diese wiederum beschreibt ihn anschließend einer dritten und so weiter – natürlich stets so, dass die übrigen Teilnehmer die Beschreibungen nicht hören. Der Letzte darf das Objekt zeichnen. Der Vergleich dieser Zeichnung mit der ursprünglichen wird Sie faszinieren.

Ich verwende dieses Spiel häufig in meinen Kursen. Die Abbildung auf der folgenden Seite zeigt ein einfaches Objekt (zumindest für diese speziellen Teilnehmer, da es angehende Ingenieure sind). Die Abbildung auf der übernächsten Seite zeigt einige der Resultate. Offensichtlich haben sich einige Fehler eingeschlichen.

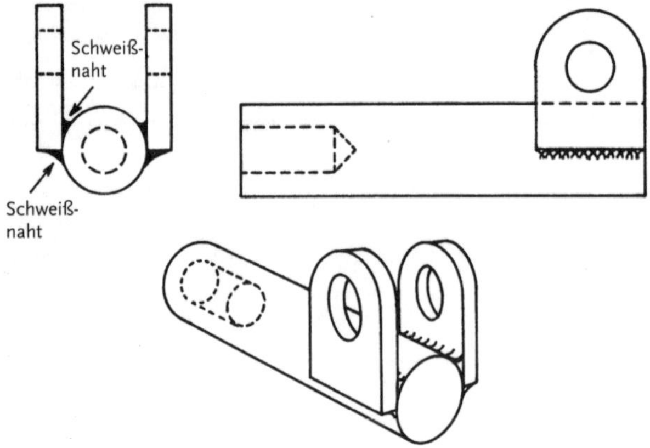

Eine der Schwierigkeiten in den beiden letzten Übungen liegt in der Einseitigkeit der Kommunikation. Diese Form der Vermittlung ist erstaunlich schwach, solange der »Empfänger« nicht dieselben Informationen zur Verfügung hat wie der »Sender«, was in Situationen, die mit Kreativität zu tun haben, selten der Fall ist. Sobald in den Übungen zweiseitige Kommunikation zugelassen ist (der Empfänger Fragen an den Sender richten kann), wird der Prozess sehr viel genauer, aber zugleich quälend langsam.

Gibt es andere Gründe, warum die Kommunikation in kreativen Situationen schwierig sein kann? Sicher, sie sind einfach zu finden – Probleme beim Versuch, Ideen in einer fremden Sprache zu formulieren, die Verzweiflung des Buchautors, dessen Computer streikt, die Not der Führungskraft, deren Büroassistentin krank ist, die Frustration des technischen Experten angesichts des Versuchs, jemandem, der Mathematik hasst, eine quantitative Idee zu erklären.

In kreativen Situationen profitieren wir häufig davon, dass wir verschiedene Disziplinen auf neuartige Weise miteinander verbinden. Die Kommunikation über Disziplingrenzen hinweg ist

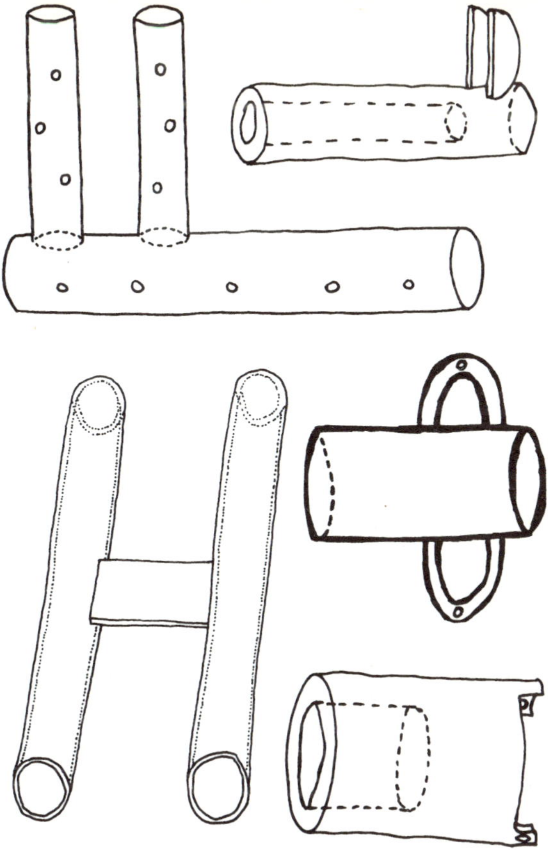

besonders schwierig, weil wir in der Regel nicht besonders darauf erpicht sind, neue Fachsprachen und Techniken zu erlernen oder uns einzugestehen, dass wir sie nicht beherrschen. Wir haben Angst, dass unser Lernbedarf (fälschlich) als Zeichen der Unwissenheit aufgefasst werden könnte. Zu der größten Schwierigkeit des Unterrichtenden gehört, dass er sich nicht darauf verlassen kann, dass die Studenten Fragen stellen, wenn sie etwas nicht verstanden haben. Es ist einfach, einen ganzen Hörsaal ohne Vorwarnung zu verlieren (wenn ein Student nichts versteht, verstehen in der Regel auch die übrigen nichts). Eine verbreitete Erklärung für diese Zurückhaltung, Fragen zu stellen, ist die Sorge, Fragen könnten als Zeichen von Unwissenheit verstanden werden.

Meine Berufsbezeichnung war »Systemingenieur«. Als ich in der US Air Force tätig war, hatte das Militär gerade die Systemidee entwickelt. Fortan existierten nicht mehr Flugzeug, Munition, Startwagen und Staurohr. Jetzt gab es ein Waffensystem. Die Menschen begannen, von Systemkonzept, Systemmanagement, Systemansatz und System-Engineering zu reden. Unternehmen wie Ramo-Woolridge erlangten Berühmtheit wegen ihrer Fähigkeiten in Systemdesign und -management. Dieser Ansatz breitete sich unverzüglich auf die Raumfahrtindustrie aus, sodass um 1959, als ich am Jet Propulsion Laboratory anfing, der Systemansatz als unverzichtbare Voraussetzung gehandelt wurde, um etwas so Komplexes wie ein Raumschiff zu konstruieren. Einige ältere Kollegen waren der Ansicht, System-Engineering sei auch nichts anderes als gutes altes Ingenieurwesen, aber wir Jungen sprangen mit Begeisterung auf den neuen Zug auf. Ich war eine Zeit lang Systemingenieur bei JPL, unterrichtete später System-Engineering an der Stanford University und verbrachte große Teile meiner Sommerferien in NASA-Programmen, deren Ziel es war, Engineering-Professoren ein besseres Verständnis für System-Engineering zu vermitteln.

Was ist System-Engineering? Gutes altes Ingenieurwesen. Es hat jedoch seine eigene Philosophie entwickelt und existiert als eigenes Feld wegen der Schwierigkeit, über die verschiedenen technischen Fachsprachen, Bedeutungswahrnehmungen und Sichtweisen hinweg zu kommunizieren. Die Kommunikationsingenieure haben kein Problem mit Sicherheitsmargen von drei Dezibel in ihren Systemen, auch wenn irgendein armer mechanischer Ingenieur sich dadurch möglicherweise verleitet sieht, eine Antenne mit dem Doppelten zu konstruieren.

Interdisziplinäre Kommunikation ist nicht auf technologische Unternehmen beschränkt. Jede Art von Organisation muss mit den Schwierigkeiten der Kommunikation zwischen ihren spezialisierten Teilbereichen leben, und jede Familie kennt die Kommunikationsprobleme zwischen den einzelnen Mitgliedern mit ihren unterschiedlichen Rollen. Und auch die traditionelle Hausfrau (sofern diese noch irgendwo existiert) hat so ihre Kommunikationsschwierigkeiten mit dem traditionellen Ehemann (der nirgends mehr existiert) aufgrund unterschiedlicher Alltagserfahrungen, Prioritätensetzungen und Zuständigkeiten.

Die Botschaft an dieser Stelle ist einfach, aber wichtig. In Situationen, in denen es um Wandel und Kreativität geht, ist Kommunikation nichts Selbstverständliches. Anstrengungen sind erforderlich, um sicherzustellen, dass die Kommunikation beidseitig verläuft und ausreichend Zeit und Energie aufgewendet werden, um die Informationen auch wirklich zu vermitteln. Es lohnt sich, auf Schwierigkeiten zu achten, die aus Veränderungen in der Zusammensetzung der Disziplinen resultieren. Und schließlich müssen möglicherweise Prioritäten und Werte angepasst und zu diesem Zweck intensive Kommunikationsanstrengungen unternommen werden. Besonders viel Kommunikation ist erforderlich, um Leute, die über eine lange Zeit eine bestimmte Rolle gespielt haben, davon zu überzeugen, diese Rolle zu verändern. Gelegentlich können Ausdrucksblockaden unüberwindliche Hindernisse bilden.

Alternierende Denksprachen 6

In Kapitel 5 sprachen wir über Denkblockaden, die aus der ungeeigneten Wahl einer »Problemlösungssprache« resultieren. In diesem Kapitel möchte ich diesen Punkt weiter vertiefen. Der gut ausgerüstete Problemsucher/-löser beherrscht diverse mentale Sprachen und versteht es, sie im Wechsel einzusetzen, um Informationen festzuhalten, mit dem Unbewussten zu kommunizieren und es bewusst zu manipulieren. Einige dieser Methoden fallen uns leichter als andere. Sie sind häufig wirkungsvoller, wenn sie in Kombination und nicht nur einzeln angewendet werden.

In diesem Kapitel will ich einige dieser Denkmethoden oder -sprachen erörtern und für mehrere ein Wort einlegen, denen meiner Ansicht nach nicht genug Beachtung geschenkt wird. Zur Einführung möchte ich Ihnen folgende Übung empfehlen:

ÜBUNG

Stellen Sie sich vor, Sie hätten soeben im Auto einen Tramper mitgenommen, der sich als exzentrischer, reicher Bauunternehmer herausstellt. Als Zeichen seiner Dankbarkeit bietet er Ihnen an, einen Anbau für Ihr Haus nach Ihren Vorstellungen zu bauen, mit der einzigen Bedingung, dass die Gesamtkosten 40 000 Euro nicht übersteigen. Malen Sie sich den Anbau aus, um den Sie ihn bitten werden. Beobachten Sie, während Sie sich mit dieser Frage beschäftigen, was sich in Ihrem Kopf abspielt (hinsichtlich der Art des Anbaus, nicht der Wahrscheinlichkeit, dass eine solche Situation tatsächlich eintritt).

Es wird Ihnen vermutlich auffallen, wie schwer es ist, einen Denkprozess zu beobachten, der ständig zwischen dem Bewussten und dem Unbewussten hin- und herpendelt. Aber ist Ihnen ungefähr klar, welche »Sprachen« Sie verwenden? Denken Sie verbal? Quantitativ? Bildlich? Stellen Sie sich Gerüche vor? Klänge? Tasteindrücke? Muskelbewegungen? Arbeiten Sie vorwiegend mit einer Sprache?

Wenn Sie wie die meisten Menschen sind, erinnern Sie sich am ehesten an den verbalen Teil Ihres Denkens. Verbales Denken ist die angesehenste (und vermutlich am weitesten verbreitete) mentale Sprache in unserer Kultur.

Viele Psychologen und Semantiker sehen in den verbalen Sprachen die Basis unseres Denkens. L. S. Vygotsky beispielsweise erklärt in »Denken und Sprechen«: »Gedanken entstehen aus Worten.« In Edward Sapirs Buch »Die Sprache« lesen wir: »Unsere Sprache und unsere Gedankenbahnen sind eng miteinander verwoben; sie sind in gewisser Weise ein und dasselbe.« Unsere Schulsysteme verstärken diese Tendenz. Rudolf Arnheim sagt in seinem Essay »Anschauliches Denken«: »In unseren Schulen werden Lesen, Schreiben und Rechnen als Disziplinen unterrichtet, die das Kind von der sinnlichen (nichtverbalen und nichtmathematischen) Erfahrung loslösen. ... Nur in Kindergarten und erster Grundschulklasse basiert Unterricht auf der Kooperation aller wesentlichen Geisteskräfte. Später wird dieser natürliche und vernünftige Vorgang als für die Ausformung der richtigen Art von Abstraktion hinderlich verworfen.« In unserer Kultur wird viel Wert gelegt auf Lesegeschwindigkeit und Leseverständnis, auf IQ-Tests, die sich besonders auf die verbalen Fähigkeiten stützen, und auf die Verwendung verbaler Intelligenzindikatoren zur Feststellung der Qualifikation für akademische Berufe.

Als verbal veranlagter Mensch wäre ich der Letzte, der die Weisheit derer infrage stellen wollte, die das Wort heiligen. Es ist sicherlich richtig, dass sich viele Probleme verbal lösen lassen. Solche Lösungen lassen sich anschließend durch die etablierten verbalen Kanäle leicht kommunizieren. Aber wie wir anhand von Mönchsrätsel und Faltproblem gesehen haben, gibt es Probleme, die sich verbal nur mit größter Schwierigkeit lösen lassen. Dessen eingedenk wollen wir uns mit den folgenden Aufgaben beschäftigen:

AUFGABE 1

Bob hat dreimal so viele Kiefernzapfen wie Dan. Beide zusammen haben 28 Zapfen. Wie viele hat jeder von ihnen?

Dieses Problem lässt sich verbal ohne Zuhilfenahme von Logik, allein durch zufälliges Probieren alternativer Möglichkeiten lösen. Die Lösung des Problems ist vergleichsweise einfach. Algebraisch kann es wie folgt gelöst werden:

b sei die Anzahl von Bobs Zapfen.
d sei die Anzahl von Dans Zapfen.

Wir wissen, dass folgende Beziehungen gelten:

(1) $b + d = 28$;
(2) $b = 3d$.

Indem wir die zweite Gleichung in die erste einsetzen, erhalten wir $4d = 28$. Dan muss folglich 7 und Bob 21 Zapfen haben.

Für diejenigen unter Ihnen, die mit Algebra vertraut sind, ist die beteiligte Mathematik trivial. Die meisten von Ihnen, ob algebraisch vorgebildet oder nicht, sind vermutlich in der Lage, dergleichen Probleme ohne allzu viel Aufwand zu lösen. Betrachten Sie jedoch das folgende Problem.

AUFGABE 2

Mary hat dreimal so viele Kiefernzapfen wie Nora und Oscar zusammen. Dan hat zweimal so viele Zapfen wie Bob. Mary hat anderthalbmal so viele Zapfen wie Dan. Oscar und Dan haben zusammen so viele Zapfen, wie der Zahl von Noras Zapfen plus dem Doppelten von Bobs Zapfen entspricht. Zusammen haben Bob, Dan, Mary, Nora und Oscar 28 Zapfen. Wie viele Zapfen hat jeder von ihnen?

Wenn Sie algebraisch nicht bewandert sind, vermute ich, dass Sie mit dieser Aufgabe etwas mehr Schwierigkeiten haben werden. Wenn Sie lange genug probieren, können Sie sie mittels logisch-verbalen Denkens lösen. Allerdings ist der erforderliche Denk- und Dokumentationsaufwand unverhältnismäßig hoch in Anbetracht der mehr oder weniger trivialen Natur des Problems. Der mathematische Ansatz ist sicherlich effektiver. Eine algebraische Lösung kann wie folgt aussehen.

Nach dem gehabten Muster sei m die Anzahl von Marys, n die von Noras und o die von Oscars Zapfen. Die Beziehungen zwischen diesen Größen (inklusive Dans d und Bobs b Zapfen) lauten:

(1) $m = 3(n + o);$
(2) $d = 2b;$
(3) $m = 3/2\, d;$
(4) $o + d = n + 2b;$
(5) $b + d + m + n + o = 28.$

Wie die Mathematiker unter Ihnen erkennen werden, liefern diese Beziehungen genug Gleichungen, um das System für alle Unbekannten zu lösen. Eine (wenngleich nicht die einzige) Möglichkeit besteht darin, zuerst den durch Gleichung (1) gegebenen Wert für $n + o$ in Gleichung (5) einzusetzen [das heißt, $n + o = m/3$]. Dadurch erhalten wir:

$$b + d + 4/3\, m = 28.$$

Die Beziehung (2) liefert $b = d/2$. Indem wir dies oben einsetzen, erhalten wir:

$$3/2\, d + 4/3\, m = 28.$$

Beziehung (3) jedoch sagt uns, dass $m = 3/2\, d$. Setzen wir dies in unseren Ausdruck ein, erhalten wir:

$$7/2\, d = 28;$$
$$d = 8.$$

Folglich hat Dan 8 Zapfen. Damit können wir nun zu unseren ursprünglichen Gleichungen zurückkehren, und wir sehen, dass Bob 4 [wegen (2)], Mary 12 [wegen (3)] und Nora und Oscar zusammen 4 Zapfen haben [wegen (5)]. Weil Beziehung (4) uns sagt, dass Oscar und Nora gleich viele Zapfen haben, müssen es jeweils 2 sein.

Eine sehr einfache mathematische Sprache führt uns also zu einer Lösung, die auf verbalem Wege zu erreichen einen erheblichen Aufwand erfordert hätte. Jetzt sind Sie bereit für unser drittes Problem:

AUFGABE 3

Angenommen, Nora findet eine Leiter, mit der sie sich so viele Kieferzapfen holen will, dass sie mit Mary gleichziehen kann. Die Leiter ist fünf Meter lang und der Kiefernstamm ragt senkrecht in die Höhe. Gerade als Nora die oberste Leitersprosse erreicht, beginnt die Leiter zu rutschen. Uns interessiert, wie schnell Nora abwärts gleitet, wenn der Fuß der Leiter drei Meter vom Baum entfernt ist und mit einer Geschwindigkeit von zwei Metern in der Sekunde wegrutscht, wie unten dargestellt.

Was würden Sie in diesem Fall verbal erreichen? Vermutlich überhaupt nichts, denn es gibt kaum etwas, an das Sie sich halten könnten, und reines Probieren bringt hier ebenfalls wenig. Auch in diesem Fall ist der mathematische Ansatz einfach und erfordert lediglich eine Spur Kenntnis von Trigonometrie und von Infinitesimalrechnung. Wenn wir die Situation folgendermaßen abstrahieren:

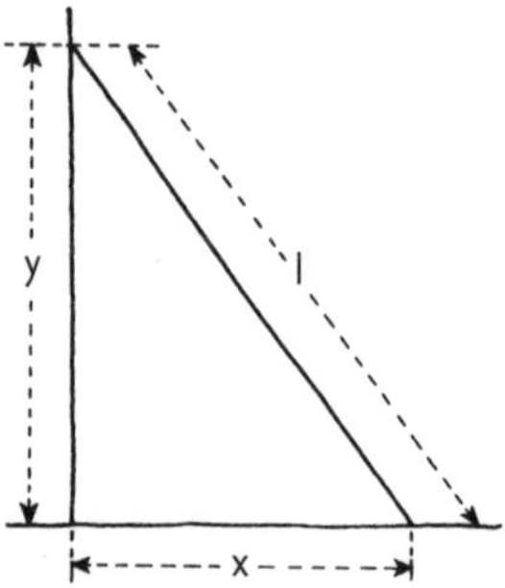

und den Abstand vom Fuß des Baumes bis zum Fuß der Leiter mit x und den Abstand vom Boden bis zum Kopf der Leiter mit y bezeichnen, können wir den Satz des Pythagoras anwenden und die Beziehung zwischen diesen Größen und der Leiterlänge folgendermaßen notieren:

$$x^2 + y^2 = l^2.$$

Wenn wir für x drei Meter und für l fünf Meter einsetzen, erhalten wir für y vier Meter. Wenn wir diese Beziehung jetzt nach der Zeit differenzieren (eine einfache Anwendung der Infinitesimalrechnung), erhalten wir:

$$2x\dot{x} + 2y\dot{y} = 0,$$

wobei die mit Punkt versehenen Größen die Geschwindigkeiten sind. Wenn wir für x drei Meter, für y vier Meter und für $\dot{x}$ zwei Meter pro Sekunde einsetzen, erhalten wir für $\dot{y}$ (die gesuchte

Größe) 1,5 Meter pro Sekunde. Die Lösung war also wieder einmal in der mathematischen Sprache ganz einfach, in der verbalen hingegen schwierig.

Wenn Sie versuchen, Vorhersagen zu treffen zum Verhalten von Gegenständen im Raum, von Komponenten komplizierter Maschinen oder Strukturen, Populationen und Ressourcen, müssen Sie die Mathematik in Ihre Denkmethoden einschließen. Wenn Sie nach Rezept kochen, Ihr Bankkonto bilanzieren oder die Gebrauchsanweisung für Ihren Rasendünger befolgen wollen, sind Sie ebenfalls auf Mathematik angewiesen. Solange Mathematik nicht zu Ihren Denkmethoden gehört, sind Sie gehandikapt bei der Bearbeitung von Problemen, die mit Quantifizierungen zu tun haben.

Obwohl mathematische Tüchtigkeit in gewissen Teilen unserer Gesellschaft hoch im Kurs steht, wird verbales Geschick doch in der Regel mehr bewundert. In einigen Kreisen scheint mathematischer Analphabetismus sogar ein wünschenswertes Charakteristikum zu sein. Manche Menschen empfinden das kulturelle Bedürfnis, Mathematik von sich zu weisen und mit ihrer Nichtbegabung in quantitativen Dingen zu prahlen. Einige meiden Mathematik, als wäre sie etwas Mechanisches und Seelenloses, was natürlich ein Missverständnis ist, denn reine Mathematiker lassen sich von einem ausgeprägten Gespür für Ästhetik motivieren und leiten. Nichtsdestotrotz ist das Bild des Mathematikers stark stereotyp verzerrt, und für die Mehrzahl der hoch angesehenen Positionen ist mathematische Geläufigkeit weit weniger wichtig als verbale Zungenfertigkeit. Bewürbe ich mich beispielsweise für das Amt des Präsidenten der Vereinigten Staaten (mal angenommen, es handelte sich dabei um eine Position von hohem Ansehen), würde ich meinen Kontrahenten tunlichst nicht zu einem mathematischen Wettstreit im nationalen Fernsehen herausfordern. Schon eher wäre ich bemüht, meine mathematischen Fähigkeiten zu verbergen, um nicht die Stimmen all jener zu verlieren, die Mathematik schon seit ihrer Jugend nicht leiden können.

Wenn mehr Menschen für das Lösen von Problemen auf Mathematik zurückgreifen würden (selbst auf einer niedrigen Stufe), würde die durchschnittliche Qualität der Lösungen davon profitieren. Ein kombiniertes mathematisches und verbales Denken liefert einen sehr viel wirkungsvolleren Problemlösungsansatz als verbales Denken allein.

Ich will mich nicht weiter über die Nützlichkeit des mathematischen Denkens auslassen, da hierüber allgemein Einigkeit besteht. Ich habe verbales und mathematisches Denken nur deshalb ins Feld geführt, um zu demonstrieren, dass zusätzliche »Denksprachen« unsere Problemlösungsfähigkeiten ganz erheblich verbessern und dass einige Denksprachen in sehr viel höherem Ansehen stehen (und häufiger zum Einsatz kommen) als andere.

Ein Unbehagen mit der Mathematik hat vermutlich auch ein Unbehagen mit Technik sowie mit Natur- und Sozialwissenschaften zur Folge, da diese von Mathematik ja ausgiebig Gebrauch machen. Das führt dann möglicherweise zum »wissenschaftlichen« beziehungsweise »technologischen Analphabetismus«, über den die Medien so gern berichten. Diesem wiederum wird gelegentlich die Schuld für allerlei Missstände gegeben, von ökonomischen Krisen bis hin zu fehlender intellektueller Beweglichkeit. Mit Sicherheit bewirkt er einen Verlust an Kreativität. Wissenschaft und Technologie sind integrale Bestandteile unseres Denkens, des Erfolgs der Industrienationen, unserer Gesundheit und unserer Lebensqualität. Sie im beruflichen Leben zu umgehen ist schwierig und geht unter Umständen sogar auf Kosten der Arbeitseffektivität. Ihre Vermeidung aufgrund negativer emotionaler Reaktionen stellt einen häufig unterschätzten, oft nicht einmal erkannten Verlust dar, was Anlass genug sein sollte, ein bisschen Selbstanalyse zu betreiben und sich vielleicht einmal ein wenig mit der Materie zu beschäftigen.

Wir betrachten jetzt einige andere Sprachen, die für die Ideenfindung extrem wertvoll sind.

Visuelles Denken

Eine besonders wichtige Denkmethode, auf die ich bereits mehrmals hingewiesen habe und der gegenwärtig im akademischen Bereich vermehrt Aufmerksamkeit geschenkt wird, ist das visuelle Denken. Visualisierung ist eine wichtige Denkweise, die sich besonders bei der Lösung von Problemen bewährt, in denen es um Umrisse, Formen oder Muster geht. In »Anschauliches Denken« erklärt Rudolf Arnheim: »Visuelles Denken wird ständig von jedermann verwendet. Es lenkt die Figuren auf einem Schachbrett und entwirft globale Politik auf der geografischen Weltkarte. Zwei geschickte Männer, die ein Klavier durch ein gewundenes Treppenhaus hieven, denken visuell in einer Abfolge von hebenden, schwenkenden und drehenden Bewegungen ...« Wir alle haben die Angewohnheit, in gewissen Situationen visuell zu denken. Besonders verbreitet sind visuelle Bilder beispielsweise in Träumen. Ebenso häufig verwenden wir sie, wenn wir nach dem Aussehen einer Person oder eines Ortes gefragt werden. Aber auch in der Ideenfindung spielen sie eine Rolle, in Augenblicken, in denen man ihre Verwendung nicht unbedingt erwarten würde.

In seinem Buch »Der göttliche Funke« zitiert Koestler Friedrich Kekulé, den berühmten Chemiker, der die Struktur des Benzolrings im Traum sah, nachdem er ihr viele bewusste Gedanken gewidmet hatte. Kekulé beschreibt die Entdeckung so:

> »Ich drehte meinen Stuhl zum Feuer und döste vor mich hin. Wieder tanzten die Atome vor meinen Augen. Diesmal blieben die kleineren Gruppen bescheiden im Hintergrund. Mein geistiges Auge, geschärft durch wiederholte Visionen dieser Art, konnte jetzt größere Strukturen von mannigfaltiger Gestalt erkennen; lange Reihen, die manchmal enger zusammenstanden; sie alle drehten und wanden sich in schlangenhafter Bewegung. Aber schau! Was war das? Eine der Schlangen hatte sich in ihren eigenen Schwanz verbissen und tanzte provozierend vor meinen Augen. Wie vom Blitz getroffen erwachte ich.«

Das Ergebnis des Traums war Kekulés brillante Erkenntnis, dass organische Verbindungen wie Benzol *geschlossene Ringe* anstelle offener Strukturen darstellten.

In »Experiences in Visual Thinking« beschreibt Bob McKim drei Arten von visuellen Bildern, die für die Effektivität des visuellen Denkens verantwortlich sind. *Wahrnehmungsbilder* repräsentieren unsere sinnliche Erfahrung der gegenständlichen Welt; sie sind das, was unser Gehirn sieht und im Gedächtnis behält. *Mentale Bilder* werden im Kopf konstruiert; sie nutzen Informationen, die von den Wahrnehmungsbildern bereitgestellt werden. Den dritten Typ bilden die *grafischen Bilder*. Sie werden skizziert, gekritzelt, gezeichnet oder in einer anderen kommunizierbaren Form schriftlich hervorgebracht, entweder als Stütze für den eigenen Denkprozess oder als Mittel, um mit anderen zu kommunizieren.

Wir wollen uns zuerst kurz mit den Wahrnehmungsbildern, dem Sehen, beschäftigen. Als ich Sie in Kapitel 2 bat, eine Telefontastatur zu zeichnen, konnte ich Ihnen hoffentlich demonstrieren, dass Sie sich nicht alles merken, worauf Ihr Auge fällt, zumindest nicht auf der zugänglichen Ebene (unter Hypnose sind Sie möglicherweise in der Lage, die Knöpfe Ihres Telefons korrekt zu zeichnen). Die Menschen sehen aus verschiedenen Gründen schlecht. Ein Grund ist, wie bereits erwähnt, die Übersättigung mit Eindrücken. Ein anderer ist die fehlende Motivation. Wir neigen dazu, Dinge desto besser zu sehen, je wichtiger sie für uns sind, je ungewohnter sie sind und je leichter wir sie uns einprägen können.

Sie können mittels bewusster Anstrengung lernen, besser zu sehen, besonders wenn Sie überzeugt sind, dass besseres Sehen für Sie von Bedeutung ist. Wenn Sie Ihre Sehfähigkeiten rasch erweitern wollen, können Sie dazu Tätigkeiten verwenden, die Sie zwingen, das Gesehene zu reproduzieren.

ÜBUNG

Sie können Ihre Sehfähigkeiten trainieren, indem Sie Dinge betrachten und anschließend zeichnen. Eine solche Tätigkeit erfordert nicht nur, dass Sie Dinge sehen, sondern dass Sie sie sich vorstellen und zeichnen, worauf wir später noch zurückkommen werden. Probieren Sie diese Methode mit Gegenständen aus Ihrem alltäglichen, insbesondere Ihrem beruflichen Umfeld aus, deren genauere Kenntnis Ihnen wünschenswert erscheint.

Ein Zeichenkurs kann Ihre Sehfähigkeiten verbessern. Wenn Sie Bäume zeichnen müssen, beginnen Sie, sie zu sehen. Einst besuchte ich einen Zeichenkurs, dessen Lehrer uns mit Vorliebe auftrug, Skizzen von Freunden, Familienmitgliedern, Haustieren, Haus und Nachbarschaft anzufertigen. Ich fand das äußerst interessant, weil ich begann, meine unmittelbare Umgebung um mindestens zwei Größenordnungen genauer zu betrachten. Einer meiner Kollegen besuchte einen Fotografiekurs, dessen Leiter den Teilnehmern die Landschaftsfotografie beibrachte, indem er sie mitsamt einem Topf Bohnen auf ein Feld mitnahm, für jeden eine Bohne in die Gegend warf und ihm auftrug, den Tag über auf dieser Bohne zu verweilen und Landschaftsbilder anzufertigen. Solche Übungen *zwingen* Sie zu sehen. Sie können Bilder vom Grand Canyon oder anderen szenischen Wundern machen, ohne sich viel Mühe zu geben, Details zu sehen. Aber in einem Feld auf einer Bohne zu stehen und schöne Bilder zu machen setzt voraus, dass Sie Ihre visuelle Wahrnehmungskraft wirklich einsetzen.

Lassen Sie uns jetzt über die zweite Art von Visualisierung sprechen. Mentale Bilder sind vermutlich für den Ideenfinder wichtiger als alles andere. Laut McKim besitzen visuelle Bilder zwei wichtige Eigenschaften. Die erste bezeichnet er als Klarheit (Schärfe und Detailliertheit), die zweite als Kontrollierbarkeit (wie gut können Sie sie manipulieren?). Es folgt eine Übung, mit der Sie Ihre visuellen Vorstellungsfähigkeiten testen können:

ÜBUNG

Klarheit mentaler Bilder. Stellen Sie sich Folgendes vor. Markieren Sie jeden Aufzählungspunkt mit einem k für »klar«, einem v für »vage« oder einem n für »nichts«, je nachdem, wie klar (scharf und detailliert) das Bild vor Ihrem inneren Auge erscheint:

1. das Gesicht eines Freundes/einer Freundin;
2. Ihre Küche;
3. der Kühler Ihres Autos;
4. eine Kamelienblüte;
5. eine Winkerkrabbe;
6. eine Boeing 747;
7. eine rennende Kuh;
8. die Erde vom All aus gesehen;
9. Ihr erstes Auto;
10. Bill Clinton.

Die Klarheit Ihrer mentalen Bilder ist durch mehrere Faktoren bedingt. Sie hängt erstens (bei dieser Art von Übung) davon ab, was Sie effektiv schon einmal zu Gesicht bekommen haben. Wenn Sie niemals eine Winkerkrabbe oder eine rennende Kuh gesehen haben, sind Ihre mentalen Bilder vermutlich weniger scharf. Zudem hängt sie von Ihrer Sehfähigkeit ab. Und diese wiederum ist, wie bereits erwähnt, eine Funktion Ihrer Motivation (Ihre Vorstellung von einer Kamelie ist vermutlich klarer, wenn Sie ein Kamelienliebhaber sind), des visuellen Charakters des Objekts (Bill Clinton war vermutlich ziemlich klar, da er in den Nachrichten und in politischen Karikaturen so häufig zu sehen war), des Zeitpunkts (Ihre Vorstellung vom ersten Auto ist möglicherweise bereits verblasst) und der Saturation (was interessiert Sie Ihr Autokühler?). Den letzten Faktor bilden die bildreproduzierenden Mechanismen Ihres Gehirns. Es gibt bestimmte individuelle Abweichungen in der Fähigkeit zur Visualisierung, die über die oben erwähnten Variationen hinausgehen. Wenn Sie einen Raum voller Leute bitten, sich einen Klinkerstein oder einen Apfel vorzustellen, und die Anwesenden anschließend zu ihrem Bild befragen, erhalten Sie eine Vielfalt von Antworten, deren Klarheitsgrad von lebhaften Farben, Details, Strukturen, Hintergründen und Schatten bis zu überhaupt keiner konkreten Vorstellung reicht.

ÜBUNG

Versuchen Sie sich zu Ihrer eigenen Information eine Reihe von Objekten vorzustellen und schauen Sie, ob Sie in Ihrer Visualisierungsfähigkeit ein Muster erkennen können. Können Sie sich Menschen besser vorstellen als Gegenstände? Oder schlechter? Fallen Ihnen zweidimensionale Objekte leichter als dreidimensionale? Können Sie sich besser kleine oder große Dinge vorstellen? Wo sehen Sie Ihr Bild? Befindet es sich vor Ihren Augen oder irgendwo hinten in Ihrem Kopf?

Die Visualisierung ist ein komplexer Vorgang, denn wir benötigen nicht nur die Fähigkeit, Bilder zu formen, wir müssen auch über einen passenden Vorrat an Bildvorlagen in unserem Gedächtnis verfügen. Sicherlich gilt jedoch, dass wir unsere Visualisierungsfähigkeit verbessern können, indem wir ihr Zeit widmen und ihr einen höheren Stellenwert im Problemlösungsprozess einräumen. Visualisierung lässt sich bewusst verbessern. Als ich in Stanford Unterricht bei John Arnold hatte, traktierte er mich ständig mit Aufgaben wie: »Stell dir einen Apfel vor«. Infolgedessen bin ich heute so geeicht, dass ich auf die Aufforderung hin, mir etwas vorzustellen, immer noch alle Ressourcen auf die Erfüllung dieser Aufgabe konzentriere. Werfen wir jetzt einen Blick auf Ihre Fähigkeit, visuelle Bilder zu *kontrollieren* (manipulieren).

ÜBUNG

Stellen Sie sich Folgendes vor:

1. einen Topf mit Wasser, das zu kochen beginnt und dabei überschwappt;
2. wie eine Boeing 747, die vom Terminal gezogen wird, zur Startbahn fährt, dort einige andere Flugzeuge abwartet und schließlich abhebt;
3. eine rennende Kuh, die sich allmählich in ein galoppierendes Rennpferd verwandelt;
4. wie sich ein älterer Mensch, den Sie gut kennen, allmählich in einen Teenager zurückverwandelt;

5. ein rasendes Auto, das mit einem gewaltigen Federkissen kollidiert;
6. das vorige Bild – jedoch rückwärts.

Fällt es Ihnen leichter, tatsächlich gesehene Bilder zu manipulieren oder neue zu erzeugen? Können Sie Bilder auf phantastische (irreale) Weise modifizieren? Nehmen Sie sich etwas Zeit und sehen Sie, ob Sie Ihr Verständnis von Fähigkeiten so erweitern können, dass es Ihnen gelingt, Ihre visuellen Bilder zu steuern. Versuchen Sie, unterschiedliche Arten von Bildern zu manipulieren, Bilder in Ihrem Kopf zu erfinden und so weiter. Viele Menschen machen die Erfahrung, dass sich die Fähigkeit, visuelle Bilder zu steuern, durch Training entwickeln lässt. Bob McKim schlägt in seinem Buch »Experiences in Visual Thinking« die »gerichtete Phantasie« als Möglichkeit vor, die Vorstellungskraft zu stärken. Dabei erhält jemand die Aufgabe, in verschiedene Richtungen zu phantasieren, die ihn durch ein breiteres Spektrum imaginativer Aktivitäten führen. Er wird gezwungen, seine imaginativen Fähigkeiten zu »trainieren« und sich mit Vorstellungsblockaden auseinander zu setzen, die er normalerweise nicht wahrnimmt. Indem er feststellt, dass er sich frei durch diese Bereiche bewegen und seiner Imagination freien Lauf lassen kann, ohne dass dies katastrophale Folgen hat, entwickelt er zunehmend Mut und Zutrauen hinsichtlich des Einsatzes der visuellen Vorstellungskraft in der Ideenfindung.

Die dritte Art der Visualisierung sind grafische Bilder. Erst wenn wir zeichnen, können wir optimal von unserer visuellen Denkfähigkeit profitieren. Mittels Zeichnen können wir Bilder festhalten, speichern, manipulieren und kommunizieren; wir können die Bilder, die wir in unserer Vorstellung erzeugen, weiterverwerten. In der Stanford Design Division unterscheiden wir zwischen zwei Kategorien – dem Zeichnen, das dazu dient, mit anderen zu kommunizieren, wie die nachfolgend abgebildete Zeichnung aus der Feder des Architekten Walter Thomason aus

San Francisco, und den Ideenskizzen, die uns helfen, mit uns selbst zu kommunizieren.

Die erste Art zu zeichnen (zwecks Kommunikation nach außen) erfährt im Ausbildungskontext einige Beachtung, und man kann sie in Grundkursen erlernen. Die zweite Art (Ideenskizzen) wird sehr viel weniger gepflegt, wenngleich sie einen wichtigen Beitrag zum visuellen Denken leistet. Die meisten Menschen werden, sobald sie einen Stapel Papier und einen Stift vor sich haben, diverse Skizzen anfertigen, während sie sich mit Problemlösungsübungen beschäftigen. Seltsamerweise machen sich dieselben Leute häufig nicht die Mühe, nach ihren Zeichengeräten zu greifen, wenn sie Probleme in eigener Sache zu lösen haben.

Ich habe vermutlich ein besonderes Gespür für diese Art von Problemen entwickelt, weil ich längere Zeit Design an einer Universität unterrichtet habe, die insbesondere Studenten mit einer stark verbal geprägten Vorbildung anzieht. Während ihrer schulischen Erziehung wurde viel Aufmerksamkeit auf die verbalen (und mathematischen), nicht jedoch auf die visuellen Fähigkeiten gelegt. Wenn sie nach Stanford kommen, sind sie größtenteils »visuelle Analphabeten«. Häufig sind sie es nicht gewohnt, zu zeichnen oder ihre visuelle Vorstellungskraft als Denkhilfe zu verwenden. Obwohl ihre Zeichenkünste in der Regel nicht gut sind, genügen sie doch meistens (insbesondere nach einigen hilfreichen Hinweisen) für die Zwecke der Denkunterstützung. Dennoch sind die Studenten in der Regel extrem zurückhaltend mit dem Zeichnen, weil sich ihre eigenen Zeichnungen neben den von Profis angefertigten (und zur Kommunikation mit anderen bestimmten) so unbeholfen ausnehmen. In den Designkursen versuchen wir die Studenten zu groben, aber informativen Zeichnungen zur eigenen Verwendung zu ermuntern. Wir legen ihnen auch nahe, ihre Zeichenkünste zu verbessern, da wir überzeugt sind, dass diese Fertigkeit eine wertvolle Hilfe bei der Ideenfindung darstellt. Versuchen Sie sich an folgender Übung und schauen Sie, ob Ihnen Ihre Zeichenkünste (ganz gleich, wie marginal) bei der Ideenfindung helfen:

ÜBUNG

Kaufen Sie sich einen Notizblock (klein genug, um ihn mit sich herumzutragen, aber im Übrigen so groß wie möglich) und rüsten Sie sich mit dem besten Zeichenstift aus, den Sie finden können. (Eine gute Wahl sind feine Faserstifte.) Machen Sie ungefähr eine Woche lang Zeichnungen für sich selbst, während Sie nach Ideen suchen oder sich anderweitig mit der Lösung von Problemen beschäftigen. Ihre Zeichnungen können Kritzeleien, Blockdiagramme, Grafiken, Schnörkel, Skizzen oder was auch immer sein. Versuchen Sie herauszufinden, welche dieser Zeichnungen (wenn überhaupt) Ihnen beim Problemlösen helfen und welche nicht. Sind sie in bestimmten Phasen des Lösungsprozesses (beispielsweise zu Beginn) besonders hilfreich? Stellen mangelnde Zeichenkünste dabei eine Beeinträchtigung dar? Verwenden Sie Ihren Notizblock, um sich auf frühere Arbeiten zurückzubesinnen? Fühlen Sie sich durch die geringe Größe des Notizblocks eingeschränkt? (Wechseln Sie in diesem Fall zu Zeitungsdruck- oder Packpapier auf Wand oder Tisch, nehmen Sie größere Filz- oder Farbstifte und versuchen Sie es erneut.)

Mit der Hervorhebung des Zeichnens als Denktechnik will ich dessen Bedeutung als Kommunikationsinstrument nicht schmälern. Ich habe viele Male erlebt, wie Menschen, die des Zeichnens mächtig waren, andere in Problemlösungssituationen beeinflussen konnten, sei es zu ihrem Vorteil oder zu ihrem Nachteil. Das gilt besonders in Designsituationen ohne Präzedenzfälle. Vor kurzem beaufsichtigte ich eine Gruppe von Studenten, die mit dem Entwurf eines neuen Typs von Unterwasserfahrzeug beschäftigt waren. Einer der Studenten besaß eine besondere Fähigkeit, spontane Zeichnungen anzufertigen. Jedes Mal, wenn er eine Idee vorbrachte, vermittelte seine zeichnerische Wiedergabe einen so realistischen Eindruck, dass die Gruppe den Vorschlag begeistert aufgriff. Wenn er anderntags eine andere Idee vorstellte, war die Gruppe kurzzeitig irritiert, bis sie sich schließlich für die neue Variante entschied. Ähnliches habe ich viele Male bei der Raumschiffkonstruktion erlebt, wo ebenfalls kaum visuelle Vorläufer existieren.

Ein gut gezeichnetes Konzept übt eine große Überzeugungskraft aus. Zeichnungen, mögen sie auch noch so grob gefertigt sein, haben zudem eine erstaunliche Fähigkeit, präzise Informationen zu vermitteln. Einer meiner ältesten und besten Freunde beispielsweise ist Farmer. Wenn ich ihn besuche, mache ich mich gern auf seiner Ranch nützlich. Da ich eine zupackende Natur habe, versuche ich, ihm nach Möglichkeit bei seinen verschiedenen Projekten zu helfen. Meistens bedeutet dies, irgendwelche großen und schweren Objekte an einen anderen Platz zu schaffen. Solche Aufgaben sollten für jemanden wie mich kein außergewöhnliches Problem darstellen, wo ich doch schließlich Engineering-Professor bin. Das Problem ist jedoch, dass er seine Anweisungen verbal gibt, mit der Folge, dass ich stets von neuem irritiert vor einer Situation stehe wie der in Kapitel 3 beschriebenen mit dem Gegenstand in der Tüte. (Ich verfolge das langfristige Projekt, ihn dazu zu bewegen, für seine Leute und mich grobe Bilder anzufertigen, damit ich die Dinge nicht mehr an den falschen Ort stelle.)

ÜBUNG

Nutzen Sie Ihre Zeichenkünste, ganz gleich wie marginal, als Mittel, um anderen Anweisungen zu geben. Tragen Sie zu diesem Zweck einen kleinen Notizblock und einen Stift mit sich herum. Sie haben vermutlich schon bisweilen eine grobe Zeichnung angefertigt, um jemandem zu zeigen, wie er zu Ihrem Haus findet. Aber haben Sie jemals Ihren Kindern mittels einer Zeichnung gesagt, wohin sie den Blätterhaufen tun sollen, den sie gerade zusammenharken, für Ihren Mann einen Plan gezeichnet, wo die diversen Dinge im Haus ihren Platz haben, oder Ihrer Frau mit einer Zeichnung bedeutet, wie der Braten zerlegt wird (Rollenstereotypen seien mir verziehen).

Wir lassen jetzt das Thema der Visualisierung, jenes ungeheuer wichtigen Ideenfindungsinstruments, hinter uns. Wenn Sie Zeit und Interesse haben, schlage ich vor, dass Sie versuchen, Ihre eigene visuelle Denkfähigkeit weiterzuentwickeln; das Internet wird Ihnen Anregungen geben, wie Sie damit beginnen können. Werden Sie sich zumindest Ihrer Fähigkeiten und Ihrer Grenzen im Bereich der Visualisierung bewusst und versuchen Sie, in Ihren Denkprozessen überall dort von der Visualisierung Gebrauch zu machen, wo dies sinnvoll ist. Sie gehört zu den elementaren Denkweisen und ist im Problemlösungskontext unverzichtbar.

Andere Sinnessprachen

Wir wenden uns jetzt anderen Sinnessprachen zu, die für die Ideenfindung von Bedeutung sind und üblicherweise im Problemlösungsprozess noch seltener zur Anwendung kommen. Wie die Visualisierung mit dem Sehsinn korrespondiert, so erzeugen auch die übrigen Sinne ihre typischen »Sinnesbilder«.

Es folgen einige Übungen, anhand deren Sie testen können, wie gut Sie sich auf die Erzeugung verschiedener Arten von »Sinnesbildern« verstehen. Verwenden Sie wieder die Markierungen k für »klar«, v für »vage« und n für »nichts«

ÜBUNG

Stellen Sie sich vor:
das Lachen eines Freundes/einer Freundin;
das Geräusch eines Gewitterdonners;
das Geräusch eines auf einer Straße trabenden Pferdes;
das Geräusch eines Rennautos;
das Gefühl von nassem Gras;
das Gefühl des Haares Ihrer Frau/Ihres Mannes/Ihrer Freundin/Ihres Freundes/Ihres Haustiers;
das Gefühl, in kühlem Wasser zu schwimmen;
das Gefühl einer laufenden Nase;
den Geruch von getoastetem Brot;
den Geruch von Fisch;
den Geruch von Benzin;
den Geruch brennender Blätter;
den Geschmack einer Ananas;
den Geschmack von Tabasco;
den Geschmack von Zahnpasta;
das Muskelgefühl, wenn Sie an einem Seil ziehen;
das Muskelgefühl, wenn Sie einen Stein werfen;
das Muskelgefühl, wenn Sie laufen;
das Muskelgefühl, wenn Sie hocken;
das Gefühl ungemütlicher Kälte;
das Gefühl, zu viel gegessen zu haben;
das Gefühl extremen Glücks;
das Gefühl eines langen Anfalls von Schluckauf.

Versuchen Sie jetzt, sich Folgendes vorzustellen, um Ihre »Sinnesbilder« gezielt zu steuern:

das Gefühl, wie sich ungemütliche Kälte in ungemütliche Wärme verwandelt;

das Lachen eines Freundes, das sich in das Geräusch eines Donners verwandelt;
das Gefühl nassen Grases, das sich in das Gefühl des Haares Ihrer Frau/Ihres Mannes/Ihrer Freundin/Ihres Freundes/Ihres Haustiers verwandelt;
den Geruch von Fisch, der sich in den Geruch von Benzin verwandelt;
das Muskelgefühl, an einem Seil zu ziehen, das sich in das Muskelgefühl, ein Boot zu rudern, verwandelt.

Solche Übungen haben eine ähnliche Funktion wie die früheren Übungen zur Visualisierung. Sie helfen Ihnen, Ihre sinnliche Vorstellungskraft zu entwickeln, wenn Sie häufig davon Gebrauch machen. Zumindest vermitteln sie Ihnen ein Gefühl für Ihre Fähigkeit, sich in den diversen Sinnessprachen Dinge vorzustellen.

Sehen ist physiologisch betrachtet der vorherrschende Sinn. Aber ebenso wie das verbale Denken nicht das visuelle verdrängen sollte, sollte der visuelle Modus nicht die übrigen Sinneskategorien überdecken. Geruch, Gehör, Geschmack und Tastsinn sind aus drei Gründen für den Problemlöser extrem wichtige Hilfsmittel:

1. Weil sie auf der »Prestigeliste« unserer Kultur weit unten stehen, ist die Wahrscheinlichkeit, mit ihrer Hilfe zu innovativen und bislang übersehenen Lösungen zu kommen, besonders groß. (Tarzan hatte einen gut entwickelten Geruchssinn, aber ich bin sicher, dass niemand dies von einem Nobelpreisträger *erwarten* würde.)
2. Sie sind unerlässlich für die Lösung von Problemen, in denen ebendiese Sinne eine Rolle spielen (beispielsweise die Kreation eines neuen Hors d'œuvre).
3. Sie verstärken sich gegenseitig und fördern die Visualisierung, sodass die Klarheit des Gesamtbildes deutlich gesteigert wird (mehr darüber später).

Lassen Sie uns kurz über den ersten der genannten Gründe sprechen. Ich stelle meinen Studenten häufig Aufgaben, bei denen es um die Entwicklung von Hilfsmitteln für blinde Menschen geht. Ich tue dies, weil es erfahrungsgemäß stark motiviert und Einfallsreichtum erfordert und weil es die Studenten zwingt, über diverse Arten von Sinneseindrücken nachzudenken. Die meisten bearbeiten das Problem anfangs, indem sie sich vorstellen, sie seien blind. Das ist schwierig, weil der Gesichtssinn so dominierend ist, dass die meisten Menschen Mühe haben, sich allein mithilfe ihrer Vorstellungskraft in einen blinden Menschen hineinzuversetzen. Besonders schwer fällt dies denjenigen, die in der Regel ausschließlich verbal oder mathematisch denken.

Nachdem die Studenten sich eine Weile mit dem Problem auseinander gesetzt haben, verbinde ich ihnen für ein oder zwei Stunden die Augen und lasse sie durch die Welt laufen. Das gibt ihnen auf einmal die Möglichkeit, sich auf die übrigen Sinne zu konzentrieren, die (für Blinde) sehr wichtige Informationen liefern. Diese simulierte Blindheit ist zwar in ihrer Aussagekraft begrenzt – wenn Sie ein oder zwei Stunden mit verbundenen Augen verbringen, besteht Ihr Hauptproblem im Gehen, was wirklich blinden Menschen kaum Schwierigkeiten bereitet –, aber dennoch ein wirkungsvolles Mittel, um Menschen für die Botschaften der übrigen Sinne zu sensibilisieren.

ÜBUNG

Versuchen Sie dieses Experiment selbst durchzuführen. Finden Sie jemanden, der auf Sie Acht gibt (damit Sie nicht unter die Räder kommen, in offene Gullydeckel fallen oder Giftpflanzen anfassen), verbinden Sie sich die Augen und laufen Sie zirka eine Stunde lang herum. Sie werden überrascht sein, wie viele Sinnesdaten Sie sammeln.

Der zweite Grund für die Verwendung aller Sinne (»Lösung von Problemen, in denen ebendiese Sinne eine Rolle spielen«) sollte keiner Erläuterung bedürfen. So wie einem Architekten die Fähigkeit hilft, sich Räume und Formen vorzustellen, kann ein Koch besser kochen, wenn er eine ausgeprägte Geschmacks- und Geruchsvorstellung hat.

Der dritte Punkt, die gegenseitige Verstärkung, ist weniger offensichtlich. Ich bin sicher, dass den meisten von Ihnen bewusst ist, dass sich die Sinne gegenseitig verstärken. Speisen stellen eine Kombination aus Geschmack (süß, sauer, salzig oder bitter?), Geruch und Anblick dar. Eine feine Vinaigrette mundet dem Verschnupften nicht, ebenso wenig schmeckt ein Omelett, das blau eingefärbt ist. Ein Gewittersturm erzeugt nur dann die richtige Dramatik, wenn optische und akustische Eindrücke zusammenwirken. Sexuelle Erregung ist ebenso eine Frage aller Sinne, von Fühlen, Riechen, Schmecken wie von Sehen und Hören. In derselben Weise brauchen auch mentale Bilder die Dimensionalität aller Sinne, um ihre volle Wirkung entfalten zu können.

Um ein Gespür dafür zu bekommen, empfehle ich Ihnen eine weitere Übung. Vorher möchte ich Sie jedoch bitten, sich einen Apfel vorzustellen. Sind Sie so weit? Stellen Sie sich jetzt zu diesem Apfel diverse Fragen, um festzustellen, wie klar Ihre Vorstellung ist.

Ich werde Ihnen im Folgenden die Abschrift einer Audiokassette präsentieren, die Bob McKim und Bill Verplank an der Stanford University im Rahmen eines Kurses in visuellem Denken verwenden. Es geht dabei um die *Klarheit* und die *Steuerbarkeit* kombinierter Sinnesvorstellungen. Das Band wird kleinen Gruppen von Studenten in einem abgeschotteten und bequemen Umfeld vorgespielt. Die Studenten liegen in der Regel ausgestreckt auf einem weichen Teppich und sind durch nichts abgelenkt. Sie wurden zuvor auf die Ernsthaftigkeit der Übung hingewiesen, nachdem sie im Unterricht bereits mehrere Wochen lang mit der Bedeutung der sinnlichen Vorstellungskraft vertraut gemacht worden waren.

ÜBUNG

1. Finden Sie einen sympathischen Erzähler und nach Möglichkeit einige weitere Personen, die an diesem Thema interessiert sind.
2. Halten Sie für jeden Teilnehmer einen schönen Apfel bereit, den der Erzähler ihnen geben kann.
3. Begeben Sie sich mit den übrigen Teilnehmern in eine bequeme Position.
4. Lassen Sie den Erzähler den folgenden Text vorlesen. Er sollte ihn langsam, ernst und eindringlich vortragen und Ihnen genug Zeit lassen, die Bilder zu erzeugen, bevor er weiterliest. Sie können behilflich sein, indem Sie ein vorher vereinbartes Zeichen machen (den Finger heben?), wenn Sie das Bild vollständig entwickelt haben, sodass er mit der nächsten Aussage fortfahren kann.

»Schließen Sie zuerst Ihre Augen und entspannen Sie sich. Richten Sie Ihre Aufmerksamkeit nach innen. Versetzen Sie sich in eine vertraute Umgebung, in der Sie gern einen Apfel essen würden. Widmen Sie sich entspannt der Sinnesatmosphäre und den Details des Ortes. Stellen Sie sich jetzt vor, Sie hielten einen appetitlichen, knackigen Apfel in der Hand. Spüren Sie die Kühle des Apfels, sein Gewicht, seine Festigkeit, seine runde Form, seine wächserne Oberfläche. Untersuchen Sie seinen Stiel. Ergründen Sie visuelle Details, Druckstellen, die Reflexion des Sonnenlichts auf seiner Oberfläche, das Muster der Streifen und Punkte auf seiner Schale, viele Farben, nicht nur eine. Halten Sie dieses Bild wach, bis Ihnen die Spucke zusammenläuft. Beißen Sie jetzt in den Apfel. Hören Sie das saftige Knacken, kosten Sie Struktur und Geschmack. Riechen Sie den süßen Duft des Apfels. Zerteilen Sie den Apfel mit einem Messer, um zu sehen, was in seinem Inneren ist. Achten Sie, während Sie die Details des Apfels ergründen, von Zeit zu Zeit auf den größeren Zusammenhang, betrachten Sie Ihre Hände, spüren Sie den Lufthauch, werden Sie sich der Dreidimensionalität von Form und Raum bewusst.

Wie war Ihr Apfel diesmal? Vermutlich sehr viel besser. Aber Ihr Apfel ist wahrscheinlich immer noch nicht so lebendig, wie es möglich wäre, weil Sie schlicht und einfach keine hinreichend genaue Vorstellung von einem Apfel haben. Sie haben unzählige Äpfel gegessen, aber wie häufig achten Sie wirklich darauf? Fast immer tun Sie irgendetwas nebenher; Sie reden, lesen, denken, aber Sie achten niemals auf sämtliche Einzelheiten Ihrer Sinneswahrnehmung. Jeder von Ihnen erhält jetzt einen Apfel [die Äpfel werden ausgeteilt], und Sie können ihn essen. Während dieser Zeit soll niemand sprechen. Richten Sie all Ihre Aufmerksamkeit auf den Apfel und Ihre Empfindungen. Lassen Sie sich eine Minute Zeit, um den Apfel zu untersuchen, bevor Sie ihn verspeisen. Betrachten Sie seine Form, sein Volumen, seine Farbe, seine Schattierungen. Fühlen Sie seine Temperatur, seine Oberflächenstruktur, seine Festigkeit, seine Masse. Wenn Sie dies alles wahrgenommen haben, können Sie in den Apfel beißen. Lauschen, schnuppern, tasten, fühlen Sie; achten Sie auf jedes Detail. Lassen Sie sich Zeit.

Der Apfel, den Sie soeben gegessen haben, wird jetzt von Ihrem Verdauungsapparat aufgenommen. Der Apfel verschmilzt mit Ihnen. Stellen Sie sich vor, Sie seien der Apfel, den Sie soeben verzehrt haben. Imaginieren Sie sich als Apfel an einem Apfelbaum. Atmen Sie tief ein. Atmen Sie langsam aus und entspannen Sie sich dabei vollkommen. Denken Sie an nichts anderes. Richten Sie Ihre gesamte Aufmerksamkeit ganz entspannt auf den angenehmen Gedanken von sich als Apfel an einem Apfelbaum in einem schönen Obstgarten irgendwo in der Landschaft. Sie spüren die warmen Sonnenstrahlen auf Ihrer Haut. Sie spüren einen weichen Lufthauch. Der Himmel ist von klarem Blau. Die Sonne fühlt sich gut an, wie sie in das Innere Ihres Apfelkörpers dringt. Sie können die Blätter Ihres Baumes in der Luftbrise rascheln hören. Sie können den Duft des reifenden Apfelgartens riechen. Es fühlt sich gut an, Teil der Natur zu sein. Stellen Sie sich jetzt vor, wie die Zeit rückwärts verläuft. Sie sind ein Apfel, der in der Zeit rückwärts geht; er wird kleiner, kleiner, grüner, saurer, noch kleiner; Sie entwickeln sich zurück in eine Apfelblüte. Sie sind eine Apfelblüte neben vielen anderen Apfelblüten an Ihrem Apfelbaum. Sie riechen den intensiven Geruch der Apfelblüten. Sie spüren die warme Sonne auf Ihren zarten Blütenblättern. Sie hören das Summen der Honigbienen, die den Apfelgarten bestäuben. In der Ferne hören Sie einen Hund bellen. Sie schmecken Ihren eigenen süßen Nektar. Sie spüren, dass Sie integraler Teil eines unglaublich komplexen Naturprozesses sind, zusammen mit der Sonne, der Erde, der Luft, den Bienen, den Jahreszeiten. Es fühlt sich gut an. Jetzt wird Ihnen bewusst, dass Sie mehr sind als eine einzelne Apfelblüte. Sie sind ein Apfelbaum. Lassen Sie Ihre Vorstellung in den Zweig vordringen, der Ihre Blüte trägt. Sie fühlen den Saft, der die Blätter und die Blüten des Baumes mit Energie versorgt. Sie spüren, wie dieser Saft durch Sie hindurchfließt. Folgen Sie diesem Fluss bis in den Stamm des Apfelbaums. Spüren Sie die Kraft des Stammes in Ihrem eigenen Körper. Sie müssen stark sein, um die mit reifen Äpfeln beladenen Zweige halten und kräftigen Winden widerstehen zu können. Spüren Sie die raue Oberfläche Ihrer Rinde, die Härte Ihres Holzes. Lenken Sie Ihre Aufmerksamkeit jetzt den Stamm hinab in die Wurzeln Ihres Apfelbaums. Greifen Sie nach der dunklen, feuchten Erde. Sehen Sie die Dunkelheit. Riechen Sie den Duft der fruchtbaren Erde. Sehen Sie die fetten Würmer und die übrigen unterirdischen Lebewesen, die die Erde bearbeiten. Fühlen Sie die kühle Feuchtigkeit und die Konsistenz der Erde und der Steine, während Ihre Wurzeln nach Leben spendendem Wasser und Nährstoffen suchen. Verlassen Sie jetzt den Baum. Werden Sie das Wasser im feuchten Obstgartenboden. Fühlen Sie, wie Sie die Gräser und die wilden Blumen ernähren. Sie sind Teil eines größeren Ganzen. Sie sind unentbehrlich für das Leben. Sie sind Teil einer viel größeren Natur. Spüren Sie, wie Sie, als das Wasser, das sich im Boden des Obstgartens angesammelt hat, von der Hitze der Sonne nach oben gezogen werden. Fühlen Sie, wie Sie in der Sonne verdampfen, wie Sie sich aus dem flüssigen Zustand in Wasserdampf verwandeln. Fühlen Sie, wie Ihre Moleküle im blauen Himmel der gleißenden Sonne entgegen steigen. Sie und die Übrigen bilden jetzt eine weiche Wolke. Unter sich erkennen Sie die Erde, das kleine Areal des Apfelgartens; Sie schweben mühelos im blauen Himmel. Ruhig, wogend, unglaublich frei. In der Ferne steigt ein Falke auf. Sie sind Teil des kreativen Kreislaufs der Natur. Jetzt wird der Himmel dunkler, es wird kühler, und Sie spüren, wie der Wind durch Ihre Wolke fährt. Sie kondensieren zusammen mit anderen Molekülen zu Regentropfen. Sie fallen hinab, durch den kühlen grauen Himmel, hinab, hinab. Sie platschen auf die Blätter eines grünen Apfelbaums und fallen auf den Boden; Sie dringen in die Erde, die Wurzeln, den starken Stamm; Sie werden der Saft, der Zweige, Blätter, Blüten und den Apfel nährt. Sie sind der Apfel auf dem Baum in dem Garten an einem regnerischen Tag. Sie hören den Regen auf die Blätter prasseln, Sie spüren, wie der kalte stürmische Wind die Zweige des Baumes schüttelt, Sie riechen den reichen Duft der feuchten Erde. Ihr Apfel, erzeugt von diesem wundervollen Zusammenspiel der Natur, ist in Ihnen; Sie sind dieser Apfel. Und so sind Sie ein einzigartiger Teil dieser kreativen Einheit. Wenn Sie jetzt zu Ihrer Lebendigkeit im Hier und Jetzt zurückkehren, dann können Sie spüren, wie gut es tut, Teil einer unendlichen, kreativen Einheit zu sein.«

Unsere Studenten hören dieses Band erst, nachdem Sie bereits diverse Erfahrungen mit Ideenfindung, Visualisierung und Vorstellungsübungen unterschiedlichster Art gesammelt haben. Die meisten Menschen sind auch ohne diesen Hintergrund in der Lage, sich wie im ersten Teil einen knackigen, saftigen Apfel vorzustellen und dann den echten Apfel mit erhöhter Sinneswahrnehmung zu genießen. Mehr Schwierigkeiten haben sie hingegen mit den »manipulierten« Sinnesvorstellungen im zweiten Teil der Übung, und sie messen ihnen auch weniger Bedeutung zu als die Studenten. Diese Bilder sind jedoch ein weiterer Indikator für Ihre Fähigkeit, Ihre Vorstellungskraft zu steuern. Sie mögen jetzt zu einem Apfel greifen, wenn Sie dies nicht bereits getan haben, und ihn verzehren, während Sie sich mit dem nächsten Abschnitt beschäftigen, in dem es um die Unterschiede zwischen den Denkstilen verschiedener Menschen geht. Merken Sie sich jedoch, dass es eine große Anzahl von Problemlösungssprachen gibt, von denen Sie einige spielend beherrschen, während Sie andere zumindest kennen. Wieder andere werden Ihnen möglicherweise immer unbekannt bleiben. Sie müssen nicht in allen perfekt sein, wenngleich Kreativität von einem größeren Vokabular profitiert. Wie auch immer, wenn Sie sich auf bestimmte Sprachen nur deshalb nicht einlassen, weil sie Ihnen fremd oder seltsam vorkommen, dann stellt dies ein echtes Kreativitätshindernis dar.

Kognitive Vielfalt

Neben den Denksprachen spielt der kognitive (intellektuelle) Stil eine Rolle – die Denkweise, deren wir uns vorzugsweise bedienen. Die folgende Tabelle zählt Adjektive auf, die auch auf das *Denken* zutreffen. Sie betreffen sowohl Problemlösungsstile als auch Denkbesonderheiten. Die Liste ist keineswegs vollständig; ich führe sie hier an, damit Sie eine Vorstellung von einigen möglichen Besonderheiten bekommen. Die erste Spalte enthält Begriffe, mit denen sich Denkstrategien und Problemlösungsansätze beschreiben lassen. Die zweite Spalte enthält Begriffe, die häufig zur Beschreibung von Denkweisen verwendet werden, die aber eigentlich die Persönlichkeit des Denkenden betreffen. Als ich diese Liste zusammentrug, war ich überrascht, wie viele Begriffe negative Konnotationen im Persönlichkeitsbereich tragen. Überlegen Sie, ob Ihnen zusätzliche Begriffe mit positivem Anklang einfallen. Die dritte Spalte bezieht sich auf fachliche Besonderheiten. Diese haben häufig mit der genossenen Ausbildung und der Art zu tun, wie wir unseren Lebensunterhalt verdienen. Diese Spalte lässt sich natürlich beliebig ausdehnen, denn wir alle haben Spezialisierungen entwickelt, die uns helfen, uns in unserem Beruf zu bewähren. Die vierte Spalte enthält

Begriffe, die sich auf die allgemeine Qualität des Denkens beziehen. Die letzte Spalte enthält Sonstiges.

strategisch	*persönlichkeitsbezogen*	*fachlich*	*qualitätsbezogen*	*allgemein*
induktiv	optimistisch	naturwissen-	schnell	visuell
deduktiv	pessimistisch	schaftlich	langsam	hoffnungsvoll
kritisch	paranoid	humanistisch	oberflächlich	nüchtern
intuitiv	neurotisch	mathematisch	gewitzt	buchstäblich
analytisch	kompulsiv	verbal	verschwommen	ausdrucksvoll
imaginativ	obsessiv	rechtlich	klar	übertrieben
konvergent	schizophren	medizinisch	richtig	zufällig
divergent	verdreht	technologisch	seicht	instinktiv
rational	verzerrt	anthropologisch	tiefgründig	kenntnisreich
irrational	entstellend	soziologisch	methodisch	konstruktiv
vorwärts-	verbohrt	historisch	gründlich	ästhetisch
gerichtet	starrköpfig	marktorientiert	brillant	kreativ
rückwärts-	verbissen	produkt-	sprunghaft	effizient
gerichtet	gefühlvoll	orientiert	verworren	präzise
konzentriert	introvertiert	menschen-	produktiv	innovativ
eng	extrovertiert	orientiert	energisch	praktisch
breit	seltsam	finanziell		
prägnant	krankhaft			
entschieden	pervers			
vage	aggressiv			
wertend				
theoretisch				
angewandt				
kumulierend				
eliminierend				
qualitativ				
quantitativ				
objektiv				
subjektiv				

Stellen Sie fest, welche Begriffe bei Ihnen positive oder negative Emotionen auslösen. Die positiven harmonieren vermutlich mit Ihren persönlichen Problemlösungsstilen. Welche Stile sind mit Anpassungsfähigkeit und Kreativität vereinbar? Welche stützen eher den Status quo? Welche bewundern Sie am meisten? Wovon hätten Sie gern mehr? Fallen Ihnen Begriffe ein, die Sie der Liste hinzufügen möchten? Möchten Sie bestimmte Begriffe streichen? Fällt Ihnen ein besseres Tabellenschema ein? Versuchen Sie, Ihre bevorzugten und weniger bevorzugten Problemlösungseigenheiten und die Ihrer Freunde und der Mitglieder Ihres Haushalts in Listen zusammenzufassen.

Intellektuelle Spezialisierungen sind für uns wichtig. Besondere Merkmale sind psychologisch gesund. Wenn Sie in bestimmten Dingen besonders gut sind, dann ist Ihr Ego vermutlich viel gesünder. Ein Standardbeispiel dafür ist die Furchtlosigkeit, mit der sich Leute mit hohem Ansehen (Nobelpreisträger, ehemalige Chefs großer Unternehmen, Berufssportler, Politiker) in Bereiche vorwagen, in denen sie keine formelle Ausbildung und häufig nicht einmal Kompetenz vorweisen können. Spezielle Fähigkeiten sind auch gesellschaftlich wertvoll. Es ist einfach nicht möglich, die bestehenden gesellschaftlichen Institutionen ohne Spezialisierungen aufrechtzuerhalten. Die Unternehmen von heute beispielsweise könnten ohne extrem spezialisierte und darum in ihrem Bereich besonders kompetente Mitarbeiter nicht funktionieren. Ähnliches gilt für unsere Staatswesen, Städte, Schulen und sogar unsere Haushalte.

Die Probleme der Spezialisierung

Die Spezialisierung hat jedoch eine Schattenseite, was die Kreativität betrifft. Intellektuelle Besonderheiten werden manchmal als durch Wiederholung und Belohnung erzeugte »Rillen« beschrieben. Das ist eine alte Metapher, die vermutlich auf den amerikanischen Philosophen William James zurückgeht. Leider ist eine Rille einem Gleis sehr ähnlich. Viele Probleme, die ich sehe, resultieren daraus, dass jemand versucht, seinen eigenen bevorzugten Problemlösungsstil anderen oder der Welt überzustülpen, ohne den Wert anderer Stile anzuerkennen. Ein Beispiel aus der Unternehmenswelt ist die Interaktion (oder ihr Fehlen) zwischen den Problemlösungsstilen von Marketing- und Produktentwicklungsabteilung. Beide Aktivitäten sind für ein gesundes Unternehmen unerlässlich, und häufig kommen Unternehmen in Schwierigkeiten, wenn eine Funktion die andere zur falschen Zeit zu dominieren beginnt. Aber die Spezialisierung der beteiligten Mitarbeiter führt dazu, dass sie regelmäßig unterschiedliche Philosophien verfolgen. Für die Produktentwickler bedeutet Fortschritt die Verbesserung des Produkts selbst, sei es in funktioneller, gestalterischer oder wirtschaftlicher Hinsicht. Ihr Fokus ist einwärts auf Unternehmensstruktur, Entwicklung, Herstellungskapazität und Kerntechnologien gerichtet.

Marketingexperten hingegen schauen nach außen. Ihre Antennen sind auf die Kundenbedürfnisse gerichtet, die nicht notwendigerweise mit der Richtung der technischen Entwicklung harmonieren müssen. Man kann Unternehmen finden, in denen die Konstrukteure versuchen, einen schnelleren, teureren Drucker zu entwickeln, und die Marketingleute einen langsameren, billigeren Drucker anmahnen. Hält eine solche Situation länger an, kann das Resultat höchst schmerzhaft sein. Ähnliche Unterschiede in der Herangehensweise erwachsen aus den jeweiligen Spezialisierungen in den Bereichen Produktdesign und Herstellung, zwischen Managern und Beschäftigten, Hardware- und Softwareexperten, Forschungs- und Entwicklungsabteilung, unterer und mittlerer Managementebene, Linien- und Stabskräften, Professoren und Studenten, Teenagern und Eltern, Mann und Frau.

Das eigene Vokabular in Bezug auf Problemlösungsstile zu erweitern ist eine gute Möglichkeit zur Erhöhung der Kreativität. Eine weitere Möglichkeit ist die Zusammenarbeit mit Leuten, die andere Problemlösungsstile verwenden. Eine Vielfalt kognitiver Stile führt zu größerer Kreativität. Das mündet nicht notgedrungen in Harmonie und Konsens, aber die werden sowieso nicht unbedingt mit Kreativität in Zusammenhang gebracht. Mehr darüber später. Nehmen wir an, wir könnten die Problemlösungsstile einzelner Menschen in einer Weise grafisch darstellen, wie dies rechts veranschaulicht ist. Es gibt zwei extreme Arten, wie eine solche Gruppe funktionieren könnte. Die eine bestünde darin, sich auf die Schnittmenge zu konzentrieren und nur Problemlösungsansätze zu verwenden, die allen Beteiligten gemeinsam sind. Diese Vorgehensweise ist nicht ungewöhnlich und bringt in gewissen Situationen große Vorteile. Eine unstrukturierte Gruppe lauter Gleichberechtigter neigt zu dieser Arbeitsweise. Wenn Sie jemals ein Spiel namens Desert Survival gespielt haben (es gibt ähnliche mit Namen wie Lunar Survival oder Arctic Survival), funktionierte Ihre Gruppe vermutlich in dieser Weise. Bei diesem Spiel werden Sie aufgefordert, sich vorzustellen, Sie seien mit 15 Objekten an einem lebensfeindlichen Ort gestrandet. Sie sollen die Objekte nach ihrer Nützlichkeit in eine Reihenfolge bringen. Dies tun Sie erst einzeln und anschließend als Gruppe. Es gibt Experten für solche Situationen, und die Gruppenliste ähnelt in der Regel eher deren Liste als einer Liste der einzelnen Teilnehmer. Dafür gibt es objektive Gründe. Gruppen, die in alltäglichen Problemlösungsbereichen operieren, sind weise, konvergent und konservativ. Sie haben in der Regel keine Kooperationsprobleme. Sie sind nicht besonders kreativ oder veränderungsfreudig, weil der Erfolg der Gruppe auf ihrer Fähigkeit beruht, Abweichungen von den konventionellen Denkmustern zu unterdrücken.

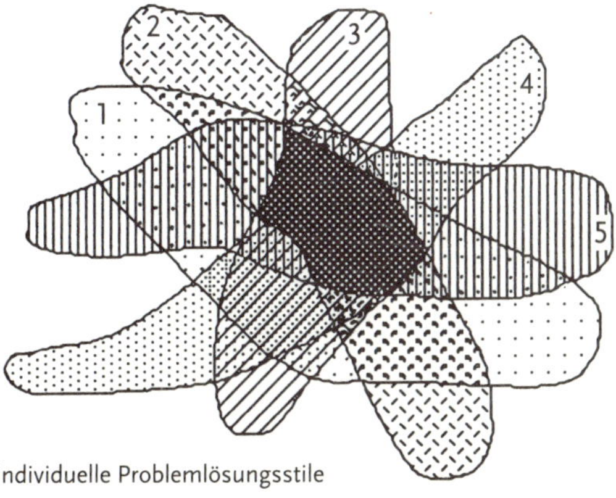

Fünf individuelle Problemlösungsstile

Das andere Extrem wäre, die Vereinigungsmenge aller individuellen Problemlösungsstile zugrunde zu legen. In diesem Fall haben wir eine intellektuelle Kapazität, die diejenige der einzelnen Gruppenmitglieder bei weitem übersteigt. Die Gruppe ist, wenn Sie so wollen, klüger. Sie ist kreativ und wandlungsfähig. Sie muss aber mit Bedacht gemanagt werden, denn in ihr wird es keinen Mangel geben an Ideenvielfalt, Meinungsverschiedenheiten und Divergenz. Sie stellt jedoch eine reiche Ressource dar, die bei richtiger Führung vor jeder Art »Gruppendenken« gefeit ist.

Wie aber kommt man zu so einer Gruppe? Ein Einzelner kann sich einer solchen Gruppe annähern, indem er seinen Vorrat an Problemlösungsstilen erweitert. Eine bestehende Gruppe lässt sich durch Ermunterung und richtige Anleitung in diese Richtung entwickeln. Noch schneller ist es, eine spontane Gruppe zusammenzustellen, eine Task Force, eine Forschungsgruppe oder eine andere Konstellation von Leuten mit unterschiedlichen intellektuellen Präferenzen. Eine solche Gruppe arbeitet von Beginn an mit der gewünschten Vielfalt an kognitiven Stilen. Wir werden darauf in den Kapiteln 8 und 9 näher eingehen, wo es um die Kreativität von Gruppen und Unternehmen gehen wird.

Lassen Sie uns jetzt noch spezieller auf Problemlösungsbesonderheiten eingehen, um diese Botschaft weiter zu vertiefen. Dazu werden wir vier Paare von Problemlösungsstilen oder -besonderheiten erörtern. Diese vier sind beispielhaft für die deutlichen Unterschiede zwischen kognitiven Stilen. Aber wenn Sie mit diesen vertraut sind, werden Sie weniger Schwierigkeiten haben, in kognitiven Stilen zu denken, und Sie werden produktivere Wege finden, wie Sie in Gruppen Probleme lösen können.

Analyse – Synthese

Im engen Sinn bezeichnet das Wort Analyse die Zerlegung des Ganzen in seine Teile, um die Merkmale dieser Teile sowie ihr Verhältnis zueinander und zum Ganzen zu ergründen. Auf diese Weise ist es möglich, ein Verständnis für das Verhalten des Ganzen als Funktion seiner Teile zu gewinnen. Eine klare Demonstration dafür finden wir in der Mathematik, beispielsweise in der »Analysis«, wo Variablen (die Teile) definiert und in Gleichungen manipuliert werden, um die Beziehungen zwischen ihnen zu studieren. Die Methode der Analyse findet umfangreiche Anwendung in Naturwissenschaft, Literatur und anderen Bereichen. Sie repräsentiert eine hohe Stufe menschlicher intellektueller Aktivität, und Begriffe wie »analytisches Denken« oder »eine Situation analysieren« sind weit verbreitet.

Synthese bezieht sich auf die Zusammensetzung von Teilen zu einem Ganzen. Der Zweck der Synthese ist es, etwas zu konstruieren, das das gestellte Ziel erfüllt. Ein Beispiel für reine Synthese, falls so etwas existiert, wäre das von einem Kind gemalte Bild oder die Axt eines sehr primitiven Menschen. Ich sage »falls so etwas existiert«, weil normalerweise sogar die elementarsten Akte von Synthese von gewissem Vorwissen oder Regeln flankiert sind, die auf Analyse beruhen. Dem Kind hat man vermutlich schon gezeigt, dass es den Pinsel nicht entgegen den Borsten bewegen soll, und der primitive Mensch hat wahrscheinlich erst den Akt des Tötens, der Verteidigung oder der Konstruktion analysiert, bevor er die Idee zur Axt hatte.

Die ausschließliche Verwendung von Analyse *oder* Synthese ist wenig sinnvoll. Es ist natürlich möglich, Analyse als reine intellektuelle Aktivität zu betreiben (wie beim Lösen analytischer Gleichungen), der allgemeine Zweck der Analysetätigkeit besteht jedoch darin, eine bessere Synthese zu ermöglichen. Wenn im Rahmen der Analyse unbekannte Größen oder Unsicherheiten auftreten, bedürfen wir der Synthese, um entweder die analytischen Techniken an das Problem anzupassen oder neue zu synthetisieren. Die Synthese wiederum profitiert von der Analyse. Moderne komplexe Konstruktionen, wie beispielsweise große Organisationen, Flugzeuge oder Kanalisationssysteme, ließen sich ohne Analyse nicht bewerkstelligen. Es ist darum bedauerlich, wenn diejenigen, die sich mit den jeweiligen Problemlösungsansätzen identifizieren, zu Antagonisten werden. Der Maler und der Mathematiker, der Dichter und der Chemiker, der Sänger und der Ingenieur sollten eigentlich eine ausgewogene Kombination aus Analyse und Synthese verwenden, aber häufig erlebt man stattdessen, wie sie die Vorteile der einen Methode gegenüber der anderen predigen. Das ist immer ein Verlust, denn um in komplexen Situationen die nötige Kreativität und Wandlungsfähigkeit zu garantieren, ist eine Kombination aus beidem unverzichtbar.

Konvergenz – Divergenz

Konvergentes Denken ist auf eine Antwort ausgerichtet. Die Division mit Rest ist ein einfaches Beispiel, die Berechnung Ihrer Einkommensteuer ein weiteres. Es kommen Techniken zur Anwendung, um Unsicherheit zu eliminieren, Komplexität zu reduzieren und die Entscheidungsfindung zu erleichtern. Erziehung und Ausbildung sind größtenteils konvergent. Sicherlich erwarten Sie von Experten, dass ihr Denken konvergent ist. Von Ihrem Doktor wünschen Sie sich eine Diagnose, von Ihrem Architekten, dass er einen Entwurf präsentiert, von Ihrem Automechaniker, dass er Ihr Auto repariert, und von den Mitgliedern Ihrer Familie, dass sie Ihnen sagen, wie Sie sie glücklich machen können. Techniken wie Trigonometrie, Satzanalyse, Entscheidungsanalyse, doppelte Buchführung, Fernsehreparatur und Rezepte für Baguettes sind alle konvergent.

Divergentes Denken bezeichnet den Prozess der Erzeugung von Ideen, Konzepten und Lösungsansätzen. Es handelt sich um ein extrem wirkungsvolles Verfahren, das vielleicht deshalb weniger bekannt ist, weil in unseren Schulen und im öffentlichen Bewusstsein weniger Gewicht darauf gelegt wird. Es ist möglich, das divergente Denken bei der Problemlösung sehr viel stärker einzusetzen. Die Entscheidungsfindung wird insofern erschwert, als mehr Ideen erzeugt werden. Mehr Alternativen bedeuten zugleich jedoch eine größere Wahrscheinlichkeit, dass eine gute Lösung darunter ist. Mehr Alternativen ermöglichen sicherlich eine kreativere Lösung, da sich die anfänglichen Ideen in der Regel stärker am Hergebrachten orientieren.

Auch in diesem Fall gilt, dass der kompetente Problemlöser oder die entsprechende Gruppe beide Denkweisen beherrschen sollte, und fast alle Aktivitäten im Zusammenhang mit der Lösung von Problemen haben mit beiden Aspekten zu tun. Es ist nicht effizient, ohne gleichzeitiges konvergentes Denken nur immerfort Ideen zu generieren, sodass der Ideenvorrat schließlich so groß wird, dass eine Entscheidungsfindung geradezu unmöglich wird. Ebenso ist es unsinnig, lediglich konvergent zu denken, ohne gleichzeitig sicherzustellen, dass Alternativen untersucht, wenn nicht gar bewusst erzeugt werden. Auch in diesem Bereich begegnen wir Einzelnen, Gruppen und sogar ganzen Unternehmen, die sich ausschließlich mit der divergenten Seite (phantasievoll, kreativ, Ideenmenschen) oder der konvergenten Seite (entscheidungsfreudig, praktisch, Tatmenschen) identifizieren. Es gibt Ingenieurschulen, die auf Konvergenz, und Kunstschulen, die auf Divergenz fixiert sind, obwohl ich persönlich, der ich im einen Bereich als Profi und im anderen zumindest als Amateur zu Hause bin, den Unterschied zwischen der intellektuellen Aktivität des Bildhauers und der des Maschinenkonstrukteurs nicht als so groß empfinde. Wie in den bisherigen Fällen bedeutet die Trennung nach Sparten einen Verlust, besonders in Situationen, die Kreativität und Wandlungsfähigkeit erfordern.

Deduktion – Induktion

Deduktion und Induktion sind eine weitere Möglichkeit, den Kuchen aufzuteilen. Deduktion bezieht sich auf die Ableitung des Konkreten aus dem Allgemeinen. Dies wird häufig mit Analyse assoziiert, was jedoch irreführend ist. Wir verwenden Deduktion, um von einer Theorie auf konkrete Fakten oder von einer

Gleichung auf eine Antwort zu schließen. Wir verwenden sie in der Schule und wenn wir Techniken anwenden. Wir erwarten, dass große Detektive wie Sherlock Holmes von ihr Gebrauch machen, weil ihr Kenntnisschatz so wissenschaftlich und vollständig ist, dass sie im konkreten Fall den Verbrechenshergang erschließen können.

Induktion hingegen bezeichnet die Herleitung des Allgemeinen aus dem Konkreten. Das ist die Art, wie wissenschaftliche Theorien erzeugt werden und wie wir häufig Probleme lösen. In den meisten Bereichen des Lebens existieren keine brauchbaren Theorien. Wir versuchen, ein Problem (und seine Antwort) aus der Beobachtung konkreter Details zu erschließen. Induktion ist in unserer Gesellschaft nicht so angesehen wie Deduktion, weil sie nicht in gleicher Weise auf die »richtige Antwort« ausgerichtet zu sein scheint. In diesem Sinn fällt sie in eine Rubrik mit Synthese und divergentem Denken. Jedoch sind wir häufig auf sie angewiesen, insbesondere im Hinblick auf Kreativität und Wandel. Kompetentes Lösen von Problemen erfordert die Beherrschung beider Möglichkeiten.

Jung und der Myers-Briggs-Test

Für die letzte Gruppe von (diesmal mehr als zwei) Spezialisierungen wollen wir uns mit den Theorien von C. G. Jung befassen, einem Zeitgenossen Freuds, dessen Werk sich am besten durch die Lektüre seines Buches »Der Mensch und seine Symbole« verstehen lässt. Er beschreibt die Menschen anhand ihrer Verhaltensgegensätze. Vier von ihnen spielen eine zentrale Rolle im Problemlösungsprozess: introvertiert – extrovertiert, sinnesbetont – intuitiv, denkend – fühlend und urteilend – wahrnehmend. Introvertiert – extrovertiert bezieht sich auf die Frage, ob jemand Lösungen bevorzugt als intellektuelle Herausforderung sieht und eigenständig sucht und optimiert (introvertiert) oder ob er den Lösungsprozess und die Implementierung der

Lösung in die Welt trägt (extrovertiert). Der Introvertierte ist am glücklichsten, wenn er mit Fragestellungen, Rätseln und komplexen Situationen ringen kann, die seine intellektuellen Fähigkeiten herausfordern. Der Forscher ist ein Beispiel dafür. Der Extrovertierte ist glücklicher, wenn er Menschen und andere Ressourcen organisieren kann, um auf diese Weise zu einem Ergebnis zu kommen. Ein typischer Vertreter ist der Betriebsleiter.

Sinnesbetonte Menschen ziehen es vor, Informationen mit ihren Sinnen zu sammeln – durch Beobachtung, Messung, Lesen, Befragung von Experten. Intuitive Menschen verlassen sich eher auf Informationen, über die ihr Gedächtnis bereits verfügt. Der sinnesbetonte Mensch misstraut im Fall eines Konflikts mit den »Fakten« eher seiner Intuition. Der intuitive Mensch misstraut in derselben Situation eher den Fakten. Der Kopfmensch trifft Entscheidungen überwiegend durch logische Extrapolation aus Daten, ganz gleich, woher diese stammen. Der Gefühlsmensch vertraut eher auf sein »Bauchgefühl« und trifft Entscheidungen nach Maßgabe emotionaler Botschaften. Ersterer misstraut im Zweifelsfall den Gefühlen, während der Zweite eher die Fakten und die Logik mit Argwohn betrachtet. Wenn ein Kopfmensch beabsichtigt, ein Haus zu erwerben, dann wird er kein Haus kaufen, nur weil es ihm gefällt, solange Zweifel hinsichtlich der nachbarschaftsbedingten zukünftigen Wertentwicklung bestehen. Ein Gefühlsmensch würde sich wahrscheinlich dennoch zum Hauskauf entschließen.

Das letzte Gegensatzpaar hat mit den Beurteilungsgewohnheiten des Problemlösers zu tun. Auf der einen Seite steht der urteilende Mensch, der sich seines Standpunkts sicher ist (zum Beispiel jemand, der den relativen Wert der Nuklearenergie und des Wohlfahrtsstaats kennt). Auf der anderen Seite finden wir den so genannten wahrnehmungsorientierten Menschen, der dazu tendiert, sich der Situation anzupassen. So jemand ist empfänglich für gut präsentierte Argumente für oder wider Atomenergie, und er sieht sowohl die Stärken als auch die Schwächen des Wohlfahrtsstaats.

Der Problemlösungsprozess erfordert all diese Attribute. Sicherlich ist es hilfreich, in Eigenregie über Problemen zu brüten, um elegantere und schlauere Lösungen zu finden. Doch müssen diese Lösungen implementiert werden, wenn das Ganze Sinn haben soll. Es ist sowohl wichtig, gegebene Daten zu berücksichtigen, als auch, komplexe Situationen intuitiv zu erfassen und aus dem Gefühl heraus zu reagieren. Analyse und die Berücksichtigung von Informationen ist ebenso Voraussetzung für eine erfolgreiche Entscheidungsfindung wie ein Gespür für die Gefühle anderer und ein Vertrauen in den eigenen Weg, der sich in Emotionen manifestiert. Urteilsfähigkeit schließlich ist wichtig, um zu einer Schlussfolgerung zu kommen, ein perzeptiver Ansatz jedoch erleichtert den Umgang mit vielen Optionen. Und auch hier marschieren die Verfechter der extremen Ansätze häufig unter verschiedenen Flaggen. Der Leiter der Montagefabrik und der theoretische Physiker, der Techniker, der einen Automotor testet, und der Maler, der auf seine inneren Botschaften hört, der Börsenanalyst und der gelegentliche Glücksspieler, der Vorstandsvorsitzende und der Student sind sicherlich stereotype Vertreter unterschiedlicher Stile, Wertesysteme und Problemlösungsmethoden. Vielleicht hätten sie sogar Schwierigkeiten, sich zu verstehen. Dennoch können sie alle sich gegenseitig etwas anbieten. Der stark extrovertierte, sinnesorientierte, kopfgesteuerte und urteilende Vertreter lässt auf linkshemisphärisches Denken schließen, kommt häufig wie ein intellektueller Rammbock daher und findet sich tatsächlich besonders oft in traditionellen Managementpositionen in traditionellen Unternehmen. Der introvertierte, intuitive, gefühlsorientierte und perzeptive Mensch denkt vermutlich eher mit der rechten Gehirnhälfte, ist hochgradig kreativ und erfordert aufmerksame Förderung und Unterstützung. Indem wir diese Stile nicht miteinander kombinieren, berauben wir uns einer wichtigen Ressource, insbesondere in Situationen, in denen es auf Kreativität und Wandlungsfähigkeit ankommt.

Wie würden Sie sich im Vergleich zur allgemeinen Bevölkerung hinsichtlich der vier jungschen Gegensatzpaare einschätzen? Wo würden Sie Ihren Lebenspartner und Ihre Kinder ansiedeln? Wo Ihre Kollegen und Vorgesetzten? Diese Gegensatzpaare bilden die Basis für den weit verbreiteten Myers-Briggs-Test. Er enthält 126 Fragen, die den Testkandidaten relativ zur Gesamtbevölkerung einordnen. Zu diesem Test sind mittlerweile unzählige Bücher und Artikel erschienen.

Für ein Führungsseminar der Stanford Graduate School of Business wurde den Teilnehmern vor Kursbeginn der Myers-Briggs-Test zugesandt. Bei ihrer Ankunft erhielten sie das übliche große Plastikschild, auf dem nicht nur ihr Name, sondern auch ihr Testergebnis verzeichnet war. Anschließend wurden sie zu Gruppen zusammengefasst und lernten sehr rasch, ein Auge für die Problemlösungsstile der übrigen Gruppenmitglieder zu entwickeln. Ähnlich pflege ich mit meinen Klassen sowie mit Vertretern diverser Berufsgruppen zu verfahren. Sobald Sie den Menschen einen Rahmen vorgeben, wie sie ihre kognitiven Stile verdeutlichen und organisieren können, wissen sie davon auch Gebrauch zu machen.

Wenn Sie zu einem Team gehören, dem die Zeit für eine Entscheidung ausgeht, und es befindet sich jemand in dieser Gruppe, der niemals um ein eindeutiges Urteil verlegen ist, sind Sie möglicherweise geneigt, ihn um seine Meinung zu fragen. Wenn es Ihnen jedoch darum geht, möglichst viele Alternativen zu generieren, schicken Sie diesen Menschen lieber Brotzeit holen.

Die folgende Abbildung zeigt die Myers-Briggs-Resultate einer Reihe von Führungskräften mit technischem Hintergrund und im Vergleich dazu die Ergebnisse einer Gruppe von Studenten. Sie können daraus Ihre eigenen Schlussfolgerungen ziehen. Wenn es sich um das Management eines einzelnen Unternehmens handelte, würde ich mir wegen der Knappheit an gefühlsbetonten Vertretern Sorgen machen. Wollte ich aus diesen Kandidaten ein möglichst kreatives Team rekru-

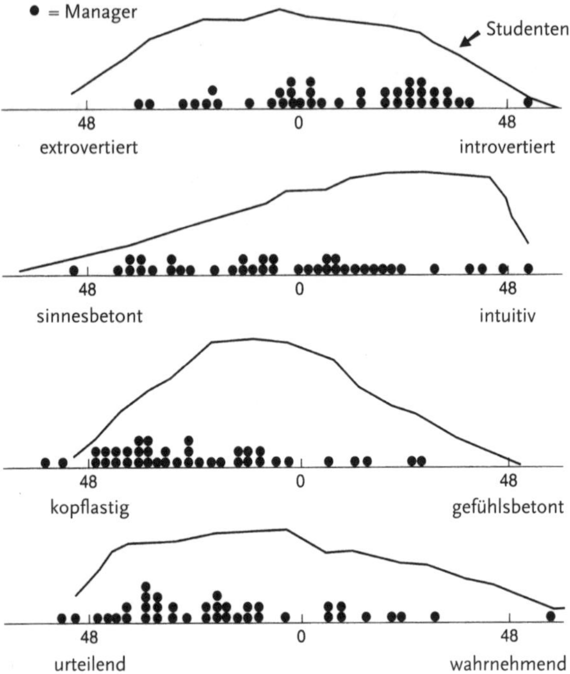

tieren, würde ich sicherlich wenigstens einen Gefühlsmenschen einbeziehen.

Die Zusammenstellung kreativer Gruppen auf der Grundlage solcher Tests birgt ein gewisses Risiko. Wenn wir annehmen, dass Menschen, die der Test als »introvertiert, intuitiv, gefühlsbetont und wahrnehmend« ausweist, eher in der Lage sind, Ideen zu produzieren, als die »extrovertierten, sinnesbetonten, kopfgesteuerten und urteilenden« Vertreter, können wir diese Seite bei der Zusammenstellung der Gruppe stärker berücksichtigen. Wenn wir jedoch übertreiben, kann es passieren, dass die

Gruppe Schwächen in den Bereichen Konvergenz und Implementierung zeigt. Glücklicherweise ist in den meisten Situationen genug über die einzelnen Personen bekannt, um eine Gruppe bilden zu können, die nicht nur den richtigen Grad an kognitiver Vielfalt aufweist, sondern auch ein geringes Niveau an affektivem Konflikt – mit anderen Worten eine Gruppe, deren Mitglieder unterschiedlich denken, dabei jedoch keine negativen Gefühle gegeneinander entwickeln. Fazit ist also, dass die Nichtberücksichtigung der kognitiven Vielfalt bei der Bildung einer Gruppe einen Verlust an kreativem Potenzial zur Folge hat.

Es existieren natürlich noch andere Eigenheiten bei der Problemlösung sowie Methoden, diese zu messen, wenngleich es kein universelles Instrument gibt, das einen Einzelnen, eine Gruppe oder ein großes Unternehmen umfassend beschreiben könnte. Für unsere Zwecke jedoch ist das perfekte Instrument auch nicht erforderlich. Wir müssen lediglich im Kopf behalten, dass die Menschen unterschiedlich spezialisiert sind und dass diese Spezialisierungen beschrieben werden können. Sobald Einzelne, Gruppen oder Organisationen sich zu stark auf eine Spezialisierung versteifen, geraten sie gewissermaßen in ein Gleis, das so lange sinnvoll ist, wie der Weg in die richtige Richtung führt, aber zum Hindernis wird, wenn es gilt, die Richtung zu ändern. Wenn wir von diesen Spezialisierungen profitieren wollen, können wir sie nur zu neuen intellektuellen Strukturen kombinieren – und erhalten einen hohen Grad an Kreativität und Wandlungsfähigkeit.

Blockadebrecher 7

Die Verwendung eines reichen Vokabulars an Denksprachen und kognitiver Vielfalt, wie in Kapitel 6 beschrieben, stellt eine Möglichkeit dar, Denkblockaden zu durchbrechen. Daneben gibt es jedoch zahlreiche weitere Methoden. Wir wollen als Erstes einige Techniken ergründen, die es erlauben, Denkblockaden mittels einer Bewusstseinsanstrengung zu überwinden. In gewissem Sinn erzwingen diese Techniken ein verändertes Denken. Der letzte Teil des Kapitels beschäftigt sich mit Methoden, die dabei helfen, den Problemlösungsprozess entspannter, positiver und intellektuell spielerischer anzugehen.

Die bewusste *Identifizierung* von Denkblockaden stellt schon einen großen Schritt in Richtung ihrer *Überwindung* dar. Darüber hinaus gibt es konkrete Methoden, die noch weiter führen. Viele dieser Blockaden existieren nur aufgrund der erfolgsorientierten, wettbewerbsbestimmten, zwanghaften Prägung unserer westlichen Kultur. Diese Kombination von Eigenschaften bietet gleichzeitig jedoch die optimale Voraussetzung, um die Blockaden bewusst zu überwinden. Wir denken, dass jemand, der nur an guten Noten interessiert ist, in der Schule häufig nicht so kreativ ist, wie er sein könnte. Sobald er jedoch an einem Kurs teilnimmt, in dem er nach Kreativität bewertet wird, nimmt diese schlagartig zu. Seine Motivation und seine mentale Disziplin versetzen ihn in die Lage, umgehend Möglichkeiten zu entdecken, wie er kreativer werden und entsprechend handeln kann. Wir wollen uns im Folgenden mit einigen Methoden befassen, die sich bewusst auf Problemlösungen anwenden lassen.

Fragen stellen

Zu den wichtigsten Fähigkeiten eines kreativen Menschen gehört die fragende Haltung. Jeder Mensch hat diese Eigenschaft als kleines Kind, wenn er in wenigen Jahren eine unglaubliche Menge an Informationen aufnehmen muss. Was wir beispielsweise in den ersten sechs Lebensjahren an Kenntnissen erwerben, übersteigt bei weitem das, was uns später bewusst beigebracht wird. Den Großteil davon lernen wir durch Beobachten und Fragen. Leider legen viele von uns die fragende Haltung ab, wenn sie älter werden. Das hat im Wesentlichen zwei Gründe. Der erste ist, dass uns die Neugier geradezu aberzogen wird. Wenn das Kind ein bestimmtes Alter erreicht hat, reagieren Eltern und andere häufig (besonders wenn sie beschäftigt sind oder die Antwort nicht wissen) nicht mehr so geduldig auf Fragen, die nicht rollen- oder altersspezifisch sind (Warum ist Glas durchsichtig? Warum sind Blätter grün?), und neigen dazu, den Fragesteller zu entmutigen. Unsere Bildungsinstitutionen schaffen es kaum, das Wissen zu vermitteln, für das sie laut Lehrplan zuständig sind (Lesen, Schreiben, Arithmetik, Geisteswissenschaften). Da bleibt wenig Zeit für die Beantwortung von Fragen, mit der Folge, dass auch hier die Fragesteller entmutigt werden. Viele Professoren, die ihre Vorlesungen mit einer Einladung zum Fragenstellen eröffnen, lassen es am Ende entweder an der erforderlichen Zeit oder an der ermutigenden Geste fehlen.

Der zweite Grund, warum uns die »inquisitorische« Natur des Kindes mit der Zeit abhanden kommt (oder sich zumindest stark abschwächt), hat mit dem großen »Wissensspiel« zu tun. Wir lernen, wenn wir älter werden, dass es gut ist, clever zu sein. Cleverness wird häufig mit der Menge an Wissen verbunden, über die wir verfügen. Eine Frage ist ein Eingeständnis, dass wir etwas nicht wissen oder nicht verstehen. Wir setzen uns folglich dem Verdacht aus, nicht allwissend zu sein. Auf diese Weise kommt es zu dem unglaublichen Phänomen, dass Studenten völlig verwirrt in einem Seminar sitzen und keine Fragen stellen. Wir erleben auf Cocktailpartys Leute, die höflich Gesprächen lauschen, denen sie nicht folgen können, und in hoch technisierten Bereichen Menschen, die sich eines Fachjargons bedienen, den sie selbst nicht verstehen. Einer meiner Kollegen aus meinen Raumfahrttagen machte sich einen Spaß daraus, Leuten aus anderen Disziplinen unsinnige Wörter und falsche Argumente aufzutischen. Nur selten stellte man ihm hinreichend gründliche Fragen, um seine Schwindeleien zu enttarnen. Ich habe einen anderen Freund, der einst vor Studenten erfolgreich einen einstündigen frei erfundenen Vortrag über Weltraummedizin hielt, obwohl er keine Ahnung davon hatte. Als er seine wahren Referenzen (nämlich keine) zum Ende des Vortrags offen legte, brachten die Zuhörer sofort die Bedenken vor, die sie während der zurückliegenden Stunde gesammelt hatten. Sie äußerten zudem ihren Unmut über den Vortragenden und den Kursleiter wegen des begangenen Vertrauensbruchs und der vergeudeten Zeit. Während des Vortrags selbst jedoch stellten sie weder die Befugnis des Redners noch die referierten Fakten infrage, vermutlich wegen der Sicherheit und der klaren Diktion, mit der er vortrug.

Wie ich bereits sagte, ist die fragende Haltung im breitesten Sinn notwendig, um zur Ideensuche zu motivieren. Wenn Sie den Status quo ungefragt akzeptieren, haben Sie keinen Grund, innovativ zu sein. Sie sind nicht in der Lage, Bedürfnisse und Probleme zu erkennen, und Problembewusstsein gehört zu den wichtigeren Eigenschaften des kreativen Menschen. Sobald das Problem erkannt ist, muss die fragende Haltung fortlaufend eingesetzt werden, um eine kreative Lösung sicherzustellen. Ein kreativer Mensch sollte eine gesunde Skepsis gegenüber bestehenden Antworten, Techniken und Methoden hegen.

In ihrem faszinierenden Buch »Der Universalreiseführer. Ein zuverlässiger Begleiter für alle, die Probleme lösen und Ziele erreichen wollen« (Berlin 1976) beschreiben die beiden Autoren

Don Koberg und Jim Bagnall, was sie unter »konstruktiver Unzufriedenheit« verstehen:

> »Es genügt in der Regel, 16 Jahre alt zu sein, um jene wichtige Voraussetzung für Kreativität zur Hälfte zu erfüllen. Man trifft nur selten einen ›zufriedenen‹ jungen Menschen; Unzufriedenheit ist ein Attribut dieser Lebensphase. In den Augen der Jugendlichen verlangt alles und jedes nach Verbesserung ... Wenn wir älter werden, nimmt unsere Unzufriedenheit ab; wir lernen von unserer Umwelt, dass ›Nörgler‹ den Status quo der normalen, durchschnittlichen ›anderen‹ stören. Unterdrückungstaktiken werden eingeführt. Als ›gut‹ gilt jetzt, ›keinen Aufstand zu machen‹, ›sich nicht anzustellen‹, ›keine schlafenden Hunde zu wecken‹ und nicht aufzufallen. Es ist ›gut‹, sich unsichtbar zu machen und die eigene ›Autonomie‹ zu genießen. Es ist ›schlecht‹, Probleme zu verursachen. Und so gibt es kaum Raum für Kreativität und ihre Entwicklung. Somit braucht es für die Dynamik der Situation eine konstruktive Haltung, während Unzufriedenheit notwendige Voraussetzung für das Lösen von Problemen ist. Zusammen definieren sie eine wichtige Eigenschaft des kreativen Problemlösers: eine sich ständig weiter entwickelnde konstruktive Unzufriedenheit.«

Diese fragende Haltung lässt sich durch bewusstes Bemühen erreichen. Sie müssen nur mit dem Fragen beginnen. Wir haben es hier mit einer emotionalen Blockade zu tun, denn Sie stellen scheinbar Ihre Unwissenheit offen zur Schau. Diese Blockade verschwindet jedoch schnell, sobald Sie erkennen, welchen Seltenheitswert Allwissenheit unter den Menschen hat. Niemand kennt alle Antworten, und der Fragensteller beweist statt Unwissenheit eher den Grad seines Vorwissens und entlarvt die anderen als weniger wissend, als diese sich einbilden. Selbst der gelehrteste Mensch kann allein durch die wiederholte Frage nach dem Warum oder dem Wie ans Ende seiner Weisheit gebracht werden. Suchen Sie sich einen Wissenschaftler und stellen Sie ihm eine »naive« Frage über irgendetwas aus seinem Fachgebiet. Ein paar Fragen genügen, um zum Grundlagenwissen vorzustoßen. Die meisten Fragen, die Sie sich in Ihrer

Jugend zu stellen pflegten (Was kommt hinter den fernsten Sternen? Warum sterben die Menschen?), sind immer noch unbeantwortet.

Tatsächlich wird bei Gelehrtentreffen häufig gerade der penetrante Querulant bewundert, der die scheinbar simple Frage stellt, die die Schwachstellen etwa einer komplexen Theorie bloßlegt. Deshalb können Sie nichts verlieren und viel gewinnen, wenn Sie fragen. Sie sollten lediglich im Auge behalten, dass nicht jeder in Wissensdingen so aufgeklärt ist wie Sie (mittlerweile) und manche Menschen verärgert reagieren, wenn man sie dermaßen mit Fragen traktiert, dass ihre Allwissenheit brüchig wird. (»Warum sollten die Menschen kreativ sein?« – »Weil Kreativität Selbstverwirklichung ermöglicht.« – »Wofür ist Selbstverwirklichung gut?« – »Es macht die Menschen glücklich.« – »Was ist Glück?« – »Wenn es einem gut geht.« – »Wann geht es einem gut?« – »Zum Teufel mit Ihrer Fragerei.«)

Wenn Sie immer noch Hemmungen haben, Fragen zu stellen, finden Sie im Folgenden einige harmlose und unschuldige Varianten. Stellen Sie sie beliebigen Leuten, und Sie werden feststellen, dass Sie im Vergleich gar nicht so unwissend sind, wie Sie immer angenommen haben.

1. Warum schlafen die Menschen?
2. Stimmt es, dass Buchstaben im Spiegel rückwärts erscheinen? Wenn ja – wie kommt es dann, dass sie nicht auf dem Kopf stehen?
3. Ein Kanarienvogel steht auf dem Boden einer großen verschlossenen Flasche, die auf einer Waage steht. Er hebt ab und fliegt in der Flasche herum. Was geschieht mit der Anzeige der Waage? Was wäre, wenn es sich um einen Fisch handelte und die Flasche mit Wasser gefüllt wäre?
4. Woraus ist Lakritz gemacht? Warum ist es schwarz?
5. Viele Kosmologen sind gegenwärtig überzeugt, dass das Universum durch einen Urknall oder eine Explosion entstanden ist und dass sich die Sterne immer weiter vom Ort des Urknalls entfernen. Was war vor dem Urknall?

ÜBUNG

Eine fragende Haltung ist besonders wichtig bei der Problemerfassung und der Problemdefinition. Nutzen Sie Fragen mal unter diesem Aspekt. Sie benötigen eine kooperative Person, die ein berufliches Fachgebiet hat, mit dem Sie nicht sehr vertraut sind. Diese Übung wird einige Zeit in Anspruch nehmen, aber wenn es sich bei Ihrem Mitspieler um einen Freund oder um jemanden handelt, der an derlei Fragen Interesse hat, sollte er nichts dagegen einzuwenden haben.

Beginnen Sie damit, dass Sie dem anderen Fragen stellen, und fragen Sie so lange, bis Sie ein konkretes Problem in seinem Berufsfeld isoliert und definiert haben. Geben Sie sich nicht mit einem vagen, allzu allgemeinen Problem zufrieden (die medizinische Versorgung der älteren Bevölkerung ist unzureichend). Suchen Sie vielmehr nach einem konkret fassbaren Problem, das sich offensichtlich mit geringem Aufwand lösen lässt (zum Beispiel, dass sich manche Patienten beim Anblick einer Novokain-Spritze ängstigen).

Achten Sie, während Sie Ihre Fragen stellen, darauf, wo Ihre Schwierigkeiten liegen. Bereiten Ihnen bestimmte Arten von Fragen (persönliche?) mehr Schwierigkeiten als andere? Wie erleben Sie den Moment, in dem Ihre »geselligen« Fragen aufgebraucht sind und Sie wieder zu den Sachthemen zurückkehren müssen? Wie reagiert Ihr Gegenüber auf unterschiedliche Arten von Fragen? Finden Sie es interessant, so schnell so viel über einen anderen Beruf zu erfahren (das sollten Sie)? Gelang es Ihnen, von einer eher allgemeinen Problemformulierung zu einer konkreteren überzugehen? Haben Sie verschiedene Problemvarianten verfolgt, bevor Sie Ihr Zielproblem gefunden haben?

Sich mit dem richtigen Problem beschäftigen

Wir alle kennen die Versuchung, uns mit Problemen zu beschäftigen, deren Lösungsweg wir kennen oder die offen zutage liegen, statt mit dem Kernproblem, auf das wir uns konzentrieren sollten. Ein passendes Sprichwort dazu lautet: »Wenn Sie lediglich einen Hammer besitzen, sieht alles wie ein Nagel aus.« Ich möchte folgende Varianten anbieten: »Wenn Sie mit einem Hammer gut umgehen können, entwickeln Sie eine Vorliebe für Nägel« und »Wenn Sie den Nagel am deutlichsten sehen, greifen Sie zum Hammer«. Ein guter Arzt schaut auf die Ursachen der Krankheit, anstatt lediglich die Symptome zu kurieren. Ebenso konzentriert sich der geübte Problemlöser auf jenes Kernproblem, aus dem die vielen geringeren (aber möglicherweise offensichtlicheren) Probleme resultieren.

Jerry Porras stellt in seinem Buch »Stream Analysis« eine interessante Methode vor, wie sich im Unternehmensalltag Probleme diagnostizieren lassen. Ich habe ihre Wirksamkeit im Unternehmenskontext beobachtet und sie gelegentlich Einzelmenschen empfohlen – mit offensichtlich positivem Erfolg. Porras trägt seinen Klienten auf, ihre Probleme auf einem Blatt Papier zu notieren und anschließend Pfeile zwischen ihnen einzuzeichnen, die verdeutlichen, welche Probleme aus welchen anderen resultieren. Die seinem Buch entnommene Abbildung auf der folgenden Seite zeigt schematisch, wie dies aussehen könnte. In der Praxis kann ein Team, sofern die Teilnehmer ein grundsätzliches Gespür für Probleme haben, in vergleichsweise kurzer Zeit eine große Fläche mit Problembeschreibungen füllen.

Jerry bezeichnet Probleme wie S_3 als Symptome. Sie haben viele Ursachen, und Versuche, sie direkt zu lösen, beseitigen weder die Ursachen noch die Probleme, denn die Ursprünge existieren weiter. Mit der Lösung von Problemen wie O_1 lässt sich hingegen schon mehr erreichen, denn sie ziehen noch andere Probleme nach sich. Am lohnendsten ist es jedoch, Probleme wie O_3 zu lösen, denn Sie verursachen Probleme, die wiederum zu anderen führen.

In der Übung, die auf die Abbildung folgt, können Sie selbst einen Versuch machen.

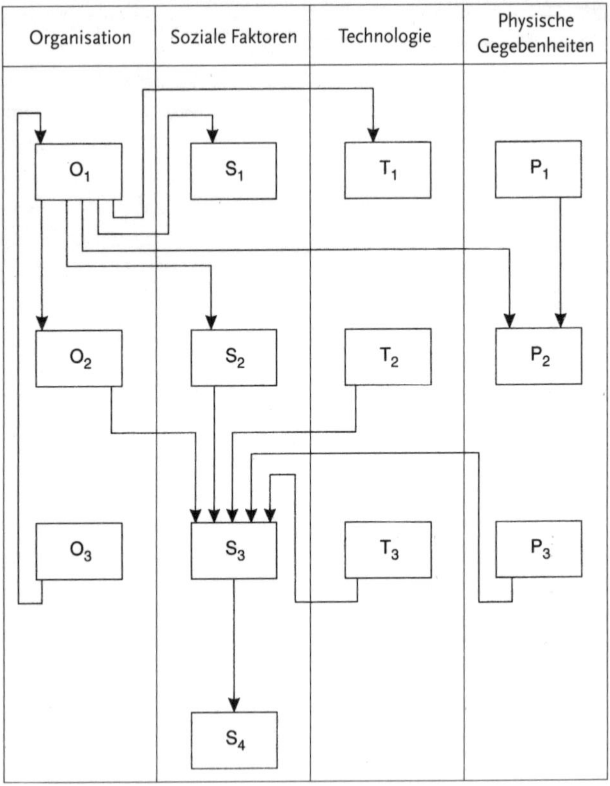

ÜBUNG

Unterteilen Sie ein Stück Papier in vier Spalten. Überschreiben Sie diese mit »Arbeit«, »Materielles«, »Leute«, »Vermischtes«. Notieren Sie Ihre Probleme. Alles, was mit Beruf, Kollegen, Vorgesetzten und so weiter zu tun hat, kommt in die Arbeitsspalte. In die Rubrik Materielles gehört alles, was mit Haus, Wohnung, Eigentum, finanzieller Situation etc. in Zusammenhang steht. Leute meint in der Hauptsache Ihre Familie. Und Vermischtes ist alles vom Selbstbild bis zum Fußpilz. Wenn es an Platz fehlt, nehmen Sie ein weiteres Blatt und fahren fort.

Nachdem Sie alles notiert haben, was Ihnen einfällt, verbinden Sie die Einträge mit Pfeilen, die die Kausalitäten bezeichnen. Alle Probleme haben mindestens einen ankommenden Pfeil (es gibt für alles einen Grund) und einen abgehenden Pfeil (Ihre Probleme machen Sie zumindest unglücklich). Überlegen Sie anschließend, inwiefern Ihre Energieverteilung der Bedeutung dieser Probleme entspricht. Arbeiten Sie an den Kernproblemen (von denen viele Pfeile ausgehen) oder an den Symptomen (zu denen viele Pfeile führen)? Können Sie lösbare Kernprobleme entdecken, die viele andere Probleme auf der Liste zum Verschwinden bringen würden? Wenn ja, nehmen Sie sich ein oder zwei Kernprobleme vor und konzentrieren sich darauf, bis sie gelöst sind. Bearbeiten Sie anschließend die nächsten. Hängen Sie Ihre Liste sichtbar auf und beobachten Sie, wie sie kleiner wird!

Ergiebig und flexibel denken

Ergiebigkeit und Flexibilität des Denkens lassen sich ebenfalls bewusst beeinflussen. Die Erstellung von Listen gehört zu den einfachsten und direktesten Methoden, um die eigene Ideenfindungskapazität zu erhöhen. Häufig dienen Listen als Gedächtnishilfen (Einkaufslisten, To-do-Listen). Als Denkhilfen werden Listen jedoch seltener eingesetzt. Die Listenerstellung ist ein erstaunlich effektives Instrument, denn sie spricht unsere zwanghafte Seite in einer Weise an, die uns zu äußerst produktiven Ideenfindern macht. Sie setzt keine Verhaltensänderungen voraus (diese würden im Gegenteil nur schaden) und gedeiht besonders in einem Klima des Wettbewerbs.

Brainstorming, über das wir in Kapitel 9 sprechen werden, ist eine bekannte Technik, mit der unter Berücksichtigung einfacher Regeln Listen erstellt und Ergiebigkeit und Flexibilität gewährleistet werden.

ÜBUNG (TEIL 1)

Um ein besseres Gefühl für die Listenerstellung zu gewinnen, sollten Sie eine Übung auf der Basis des J. P. Guilford zugeschriebenen »Ziegeltests« veranstalten. Stellen Sie sich vor, Sie seien Berater für eine Ziegelei, die gewöhnliche rote Ziegel herstellt und in finanziellen Schwierigkeiten ist. Der Manager der Ziegelei ist an neuen Verwendungsweisen für sein Produkt interessiert und bittet Sie, ihm einige an die Hand zu geben. Denken Sie (drei oder vier Minuten) über das Problem nach, und notieren Sie anschließend auf einem Blatt Papier eine neue Verwendungsweise für Ziegel.

Haben Sie beobachtet, was sich in Ihrem Kopf abspielte, während Sie über das Problem nachdachten? Vermutlich stellten Sie eine Art spontaner Liste von Alternativen auf. Möglicherweise jedoch litt Ihr Ideenfindungsprozess unter mangelnder Konzentration, vorschnellem Urteil (indem Sie scheinbar unpraktische Ideen verwarfen) und Etikettierung (indem Sie nur stereotype Verwendungsweisen wählten).

ÜBUNG (TEIL 2)

Nehmen Sie ein leeres Blatt Papier und notieren Sie vier Minuten lang *alle* Verwendungsweisen, die Ihnen zum Stichwort Ziegel einfallen. Bemühen Sie sich um Fluss und Flexibilität und vermeiden Sie vorschnelles Urteil und Etikettierung. Machen Sie die Liste so lang wie möglich. Auf die Plätze, fertig, los.

Vielleicht ist Ihnen aufgefallen (insbesondere wenn Sie die Übung gemeinsam mit anderen absolvierten), dass die Menschen in der Regel intensiv bei der Sache sind, wenn es gilt, Ideen aufzulisten, gerade bei einem Zeitlimit. Das ist möglicherweise ein Überbleibsel unseres Erziehungssystems und der wettbewerbsorientierten Ausrichtung unserer Gesellschaft. Wie dem auch sei, der Prozess des Auflistens fokussiert unsere Ideenfindungsenergie und liefert ein schriftliches Protokoll unserer Bemühungen – beides von Vorteil. Wenn der erste Teil der

Übung erfolgreich war, sollte der zweite Anlauf sehr viel mehr Ideen erbracht haben. Waren Sie ergiebig und flexibel? Als Richtwert: Unsere Studenten kommen bei dieser Übung auf durchschnittlich zehn bis 20 Verwendungsweisen. Einige wenige produzieren beim ersten Mal weniger als fünf oder mehr als 30. Die Kurve ist mehr oder weniger glockenförmig. *Ergiebigkeit* ist natürlich nicht das einzige Kriterium in der Ideenfindung.

Wenn Ihre Liste aus Einträgen wie »eine Wand bauen, einen Kamin bauen, einen Terrassenboden bauen, ein Schuhgeschäft bauen, ein Haushaltswarengeschäft bauen, ein Kleidungsgeschäft bauen, ein Lebensmittelgeschäft bauen« besteht, waren Sie vielleicht ergiebig, aber der Ziegeleibesitzer wird mit Ihren Vorschlägen, die ihm wahrscheinlich längst bekannt sind, wenig anfangen können. *Flexibilität* ist ebenso wichtig. Sie sind flexibel, wenn Ihre Liste Verwendungsweisen enthält wie die Speicherung von Wasser, das Vorwärmen von Betten in kalten Nächten, die Bodenplanierung, die Verwendung als Ausgangsmaterial für Bildhauer, als Spielzeug für Kinder und als Objekte für eine neue Leichtathletik-Sportart (Ziegelstoßen). Solche Anwendungen zeugen von der Fähigkeit, von der konventionellen Rolle des Ziegels zu abstrahieren.

Wenn Sie diese Übung gemeinsam mit anderen unternahmen, sollten Sie die Listen herumgehen lassen und lesen. Bei hoher Flexibilität sollten darunter auch Vorschläge sein, die Sie herzlich lachen lassen. Wenn es Ihrer Liste an Flexibilität mangelt, leiden Sie möglicherweise am »Etikettierungsreflex«, über den wir in Kapitel 2 gesprochen haben. Die Verwendung von Ziegeln unterliegt einer starken Stereotypisierung (Baumaterial).

Denkschema aufbrechen

Viele Kreativitätstechniken dienen dazu, unsere mentale Fixierung zu durchbrechen – auf dass wir uns nicht an die erstbeste Antwort klammern, sondern noch andere entwickeln und in Erwägung ziehen.

In Kapitel 2 erörterten wir das Auflisten von Attributen als Methode, um dem nachteiligen Effekt einer vorschnellen Etikettierung zu entgehen. Die Auflistung von Attributen ist sehr wirkungsvoll, um rasch etwas über den möglichen Nutzen eines Objekts zu erfahren, was wiederum für die Ideenfindung von Vorteil ist.

Lassen Sie uns die Attribute des Ziegels auflisten. Dazu gehören zum Beispiel:

Gewicht
Farbe
Rechtwinkligkeit (scharfe Kanten, glatte Flächen)
Porosität
Stabilität
Rauheit
Wärmespeicherung und -leitfähigkeit
geringe elektrische Leitfähigkeit
Härte

Überlegen Sie sich weitere Eigenschaften und fügen Sie sie gegebenenfalls der Liste hinzu. Was ist mit ökonomischen Fragen? Ästhetischen Aspekten? Ich bin sicher, dass Sie jetzt erkennen, wie jedes beliebige Attribut (zum Beispiel Gewicht) als Ausgangspunkt dienen kann, um ohne große Mühe unkonventionelle Verwendungsweisen für Ziegel aufzulisten (Anker, Ballast, Türstopper, Gegengewicht, Fixierung von Planen oder Altpapierstapeln, als Projektile in Kriegen, bei Aufständen, Nachbarschaftsprotesten und so weiter). Häufig hilft es bei der Ideenfindung, Attribute statt häufig verwendeter Etiketten zu betrachten.

In »Der Universalreiseführer« finden wir eine clevere Verwendung von Attributlisten, die die Autoren Koberg und Bagnall als »morphologisch erzwungene Verbindungen« bezeichnen. Sie geben folgende Regeln für ihr »idiotensicheres Erfindungsschema« an, zusammen mit einem Beispiel, anhand dessen sie seine Funktionsweise erläutern:

MORPHOLOGISCH ERZWUNGENE VERBINDUNGEN

1. Listen Sie die Attribute der Situation auf.
2. Setzen Sie unter jedes Attribut so viele Alternativen, wie Ihnen in den Sinn kommen.
3. Durchlaufen Sie die Alternativen anschließend nach dem Zufallsprinzip und wählen Sie aus jeder Spalte eine andere aus, um sie sodann zu völlig neuen Formen Ihres ursprünglichen Themas zu kombinieren.

   Letztlich sind Erfindungen nur neue Kombinationen bestehender Teile und Fragmente.

Beispiel:
Thema: Verbesserung eines Kugelschreibers.

Attribute:
Zylindrisch, aus Plastik, getrennte Kappe, Stahlpatrone und so weiter

Alternativen:

facettiert	Metall	verbundene Kappe	keine Patrone
quadratisch	Glas	keine Kappe	permanent
perlenbesetzt	Holz	einfahrbar	Papierpatrone
figürlich	Papier	Reinigungskappe	Patrone aus Tinte

Erfindung: ein kubischer Stift; eine Ecke schreibt, sechs Flächen bieten Platz für Werbung, Kalender, Fotos und so weiter.

Eine andere Verwendung von Attributlisten geht auf Fritz Zwicky zurück und nennt sich morphologische Analyse. Es handelt sich dabei um eine automatische Methode zur Erzeugung neuer Parameterkombinationen zwecks späterer Begutachtung durch den Problemlöser. In einem Beispiel von John Arnold, das ich dem »Source Book for Creative Thinking« von Parnes und Harding entnahm, geht es darum, neue Konzepte für den Personenverkehr zu entwickeln. Als Erstes werden drei wichtige Parameter ausgewählt (es können auch mehr als drei sein, aber dann lassen sie sich nicht mehr so leicht zu Papier bringen und in dieses Buch einfügen). Alternative Möglichkeiten für die drei gewählten Parameter (Antriebsquelle, Unterbringung der Passagiere und Fortbewegungsmedium) werden anschließend wie in der folgenden Abbildung auf den drei orthogonalen Achsen eingetragen.

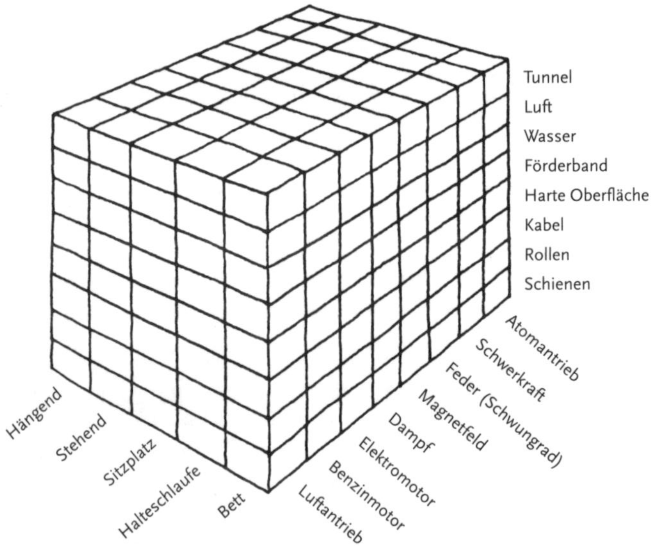

Wenn wir einen beliebigen Kubus der erzeugten Figur betrachten, stellen wir fest, dass er eine bestimmte Kombination unserer drei Parameter repräsentiert. Einer steht beispielsweise für ein dampfgetriebenes System, das auf Schienen läuft und die Passagiere auf Sitzen transportiert. Das ist nicht so interessant, handelt es sich doch um eine Eisenbahn, wie man sie bereits kennt. Ähnliches gilt für das elektrisch angetriebene System, bei dem die Passagiere an einem Seil hängen (Skilift), und das Gefährt mit Benzinantrieb, das die Passagiere auf Sitzen über eine feste Oberfläche befördert. Aber was ist mit dem pneumatischen System, das die Passagiere liegend durch Röhren transportiert, oder dem schwerkraftgetriebenen System, bei dem die Passagiere stehend auf einem Förderband reisen? Wenn man Zugang zu einem Computer hat und deshalb große Mengen von Parametern betrachten kann, stellt diese Technik genügend Kombinationen bereit, damit dem Problemlöser nicht die Einfälle ausgehen, während er nach der zündenden Idee für eine elegante Lösung sucht. Der kreative »Purist« würde diese Methode vielleicht als zu mechanistisch abtun. Dennoch erzeugt die morphologische Analyse in der Tat konzeptionellen Informationsgehalt.

Lassen Sie uns ein anderes Beispiel für die Verwendung von Listen als Denk-(und nicht als Gedächtnis-)hilfe betrachten. Ich werde Sie bitten, eine »Fehlerliste« aufzustellen. Menschen mit einer gesunden Phantasie spielen häufig mit der Idee, etwas zu erfinden, was die Welt benötigt, um sich anschließend mit den Erlösen zur Ruhe zu setzen. Aber nur wenigen gelingt dies. Die erste Schwierigkeit besteht darin, sich etwas auszudenken, was die Welt wirklich braucht. Zweitens sind häufig Jahre der Unsicherheit, der finanziellen Entbehrungen und der familiären Spannungen zu überwinden, bis sich eine Erfindung auszuzahlen beginnt. Der zweite Faktor ist das wichtigere Hindernis auf dem Weg zu einer derartigen Ruhestandssicherung. Aber weil er ohnehin nicht zum Tragen kommt, solange die erste Hürde nicht genommen ist, und weil wir für den zweiten Aspekt an dieser Stelle auch keine Lösung anzubieten haben, wollen wir uns noch ein wenig mit dem ersten beschäftigen.

Um eine erfolgreiche Erfindung zu machen, müssen wir zuerst ein konkretes Bedürfnis orten. Das können wir unter anderem dadurch bewerkstelligen, dass wir Menschen interviewen. Wir könnten beispielsweise zum nächstgelegenen Krankenhaus gehen und anfangen, Patienten und Personal nach ihren Bedürfnissen zu fragen. Eine andere Methode ist, sich in die Rolle einer Konsumentengruppe hineinzuversetzen. Stellen Sie sich vor, Sie seien ein Lastwagenfahrer, und überlegen Sie, ob Ihnen etwas einfällt, was Sie gebrauchen könnten. Eine dritte und möglicherweise einfachere Methode besteht darin, dass Sie sich selbst als Konsumenten betrachten. Sicherlich haben Sie Bedürfnisse, die auch andere Menschen in der Welt teilen, und wenn Sie diese Bedürfnisse identifizieren könnten, könnten Sie etwas erfinden, um sie zu befriedigen.

Ein Problem, mit dem die meisten Menschen an dieser Stelle zu kämpfen haben, ist die Versuchung der Verallgemeinerung. Wenn Ihre Bedürfnisse beispielsweise darin bestehen, die Luftverschmutzung oder die Gewalt aus der Welt zu schaffen, dann haben Sie sich viel vorgenommen. (Realistischer wäre da schon der Wunsch, Hundehaufen aus Ihrem Vorgarten zu verbannen.) Der beste Ausgangspunkt für Ihre Alterssicherung wäre vermutlich eine Liste mit konkreten kleinen Bedürfnissen. Eine Ärgernisliste fällt in diese Kategorie. Sie enthält eine möglichst umfassende und flexible, konkrete und persönliche Aufzählung der Dinge, die Sie ärgern.

ÜBUNG

Greifen Sie zu Papier und Stift und stellen Sie ein solche Liste zusammen. Vergessen Sie nicht den Humor. Wenn Ihnen innerhalb von zehn Minuten die Ideen ausgehen, leiden Sie entweder an einer Wahrnehmungs- oder einer Gefühlsblockade, oder Sie haben Ihr Leben in ungewöhnlicher Weise im Griff. Wenn Ihnen keinerlei Ärgernisse einfallen, würde ich Sie gern kennen lernen.

Auf der nächsten Seite beginnt eine Zusammenstellung von Ärgernissen, wie sie von einigen Stanford-Studenten notiert wurden. Prüfen Sie, nachdem Sie Ihre Liste fertig gestellt haben, ob diese genauso flexibel, konkret und persönlich ist wie die hier zitierte. (Es steht Ihnen frei, aus dieser Liste Schlussfolgerungen über die betreffenden Studenten zu ziehen.)

Wenn Sie ganze Arbeit geleistet haben, sollte Ihre Ärgernisliste in Ihrem Kopf diverse Ideen für Erfindungen auslösen. Die Liste sollte die Garantie dafür bieten, dass diverse Bedürfnisfelder Berücksichtigung finden und Sie mit der nötigen Ergiebigkeit und Flexibilität vorgehen. Auf der Liste sollten sowohl ungewöhnliche als auch verbreitete Ärgernisse stehen. Für viele von Ihnen wird es das erste Mal überhaupt sein, dass Sie sich so konkret mit den kleinen Details des Lebens auseinander setzen, die Ihnen auf die Nerven gehen.

Nachdem unsere Studenten solche Listen angefertigt haben, bitten wir sie häufig, daraus Erfindungen zu entwickeln. Fast immer kommt dabei irgendetwas Interessantes heraus. Der erste Schritt dazu ist, die Liste auf ein paar wenige Ärgernisse zu reduzieren, die ein überdurchschnittliches Potenzial bergen. (Einige Vorüberlegungen zu möglichen Lösungen können an dieser Stelle sinnvoll sein. Bedürfnisse scheinen stets ein größeres Potenzial zu besitzen, wenn eine intelligente Lösung in Sicht ist.) Anschließend bitten wir die Studenten, zu jedem ausgewählten Ärgernis mehrere Lösungsideen zu produzieren, eine davon auszuwählen und in allen Einzelheiten auszuarbeiten (äußerliche Gestaltung und Implementierungsplan inbegriffen). Wenn Sie möchten, können Sie selbst einen Versuch starten. Wenn Sie erfolgreich sind und viel Geld machen, schicken Sie mir etwas davon, und ich verwende es für einen guten Zweck (meinen Hauskredit).

ÄRGERNISLISTE

Fernsehmahlzeiten
Wasserhähne mit Druckknopfbedienung
Instant-Frühstück
Verwandte
einzelne Socken
Nietnägel
Männermoden
nicht rutschende Stühle
Wegwerfdosenabfall
Wechselgeld aus der Hose fischen
Injektionsnadeln für Drogen
Bürokratie
Preisverleihungen im Fernsehen
statische Aufladung – Auto, Decken usw.
hohe Studiengebühren
überdimensionierte Rohrverlegungsgräben
Autoaufkleber, die nicht wieder abgehen
Tagebau
Zigaretten
nicht funktionierende ID-Karten
Landzersiedelung
Wechsel zwischen Seh- und Sonnenbrille
beim Fahren den Straßenplan lesen
blank polierte Schuhe
wacklige Tische und Stühle
ausschwingende Garagentüren
durchgedrehte Gewinde
abgelaufene Absätze
Türen, die bei feuchtem Wetter klemmen
nicht jugendfreie Filme,
die jugendfrei sein sollten
Wohnwagen, die die Sicht versperren
falsch geparkte Fahrräder
Rasenmähen
Verkaufsautomaten,
die kein Wechselgeld geben

Plastikblumen
Autokauf
Kaminanzünder
Knöpfe annähen
fehlendes Toilettenpapier
nicht klebende Briefmarken
kleine kläffende Hunde
verfaulte Apfelsinen
Lockenwickler im Bett
weiches Speiseeis
krumme Billardstöcke
Süßkartoffeln
stinkende Auspuffe
Ofen säubern
Badezimmer ohne Urinale
Briefeschreiben
Badewannen
gerissene Schuhbänder
stumpfe Messer
aufblasbare Bälle
schief hängende Bilder
Chlor in Schwimmbädern
trübe Eiswürfel
Glanzpapier
gebrochene Speichen
dicke Schlüsselbunde
tropfende Hähne
kalter Tee
abfärbende Druckerschwärze
BHs
abbrechende Weinkorken
unhandliche Seifenbehälter
schlechte Bücher
Büchersuche in Büchereien
das Brummen von
Rasierapparaten

stumpfe Bleistifte
Zwergpudel
Eltern, die über die Karriere
ihrer Kinder entscheiden
Tür- und Telefonwerber
Notebook-Batterien
kaputte Stoßdämpfer
kaputte Glühbirnen
Strumpfhosen
Thermodynamik
verdreckte Aquarien
laute Uhren
Rasieren

Eine weitere Art von Liste ist die »Checkliste«. Diese können Sie im Rahmen des Denkprozesses verwenden, um sicherzustellen, dass Sie keiner Denkblockade aufsitzen. John Arnold, Gründer der Stanford Design Division und einer der Pioniere des Design-Unterrichts, verwendete eine erstmals von Alex Osborn in seinem Buch »Applied Imagination« (The Creative Education Foundation, 1963) vorgestellte Checkliste. Hier ist sie:

CHECKLISTE FÜR NEUE IDEEN

Andere Verwendungsweisen?
In der gegenwärtigen Form? In modifizierter Form?

Anpassen?
Was ist so ähnlich? Welche anderen Ideen liegen nahe? Gibt es Parallelen in der Vergangenheit? Was könnte ich kopieren? Wen könnte ich imitieren?

Verändern?
Neue Variante? Bedeutung, Farbe, Bewegung, Klang, Geruch, Form, Gestalt verändern?

Vergrößern?
Was kann ich hinzufügen? Mehr Zeit? Größere Häufigkeit? Stärker? Höher? Länger? Dicker? Extrawert? Weitere Zutat? Duplizieren? Multiplizieren? Übertreiben?

Verkleinern?
Reduzieren? Kleiner? Dichter? Miniaturisieren? Niedriger? Kürzer? Leichter? Weglassen? Verschlanken? Aufteilen? Untertreiben?

Ersetzen?

Wer stattdessen? Was stattdessen? Andere Zutaten? Andere Materialien? Andere Prozesse? Anderer Antrieb? Anderer Ort? Anderer Ansatz? Andere Stimmlage?

Umarrangieren?

Teile austauschen? Anderes Muster? Anderes Layout? Andere Abfolge? Ursache und Wirkung vertauschen? Tempo verändern? Zeitplan verändern?

Umdrehen?

Positiv und negativ vertauschen? Gegenteiliges vertauschen? Horizontal drehen? Auf den Kopf stellen? Rollen vertauschen? Schuhe wechseln? Tische umwerfen? Die andere Wange hinhalten?

Kombinieren?

Was ist mit einer Mischung, einer Legierung, einer Auswahl, einer Kombination? Einheiten kombinieren? Ziele kombinieren? Ausstrahlungen kombinieren? Ideen kombinieren?

Professor Arnold hatte diese Punkte auf einem Stapel Kärtchen notiert, die er auf der Suche nach Denkerweiterungen durchzublättern pflegte.

Koberg und Bagnall schlagen in »Der Universalreiseführer« eine Liste mit so genannten »manipulativen« Verben vor – Osborns ursprüngliche Checkliste ließe sich beispielsweise um folgende Wörter verlängern:

Teilen	Rotieren	Umgehen	Zurückdrängen
Eliminieren	Abflachen	Hinzufügen	Schützen
Unterdrücken	Pressen	Subtrahieren	Isolieren
Invertieren	Ergänzen	Wiederholen	Symbolisieren
Umstellen	Gefrieren	Verdicken	Abstrahieren
Vereinen	Aufweichen	Strecken	Zerlegen
Verzerren	Aufplustern	Ausweiten	usw.

Eine andere Form der Checkliste ist die folgende, die von George Polya von der Stanford University zur Lösung von mathematischen Problemen mit einer eindeutigen Antwort entwickelt wurde. Sie erschien erstmals in seinem Buch »Schule des Denkens« (Bern 1949). Diese Liste trainiert nicht nur Ihr Fragegeschick, sondern auch Ergiebigkeit, Flexibilität und Originalität durch verstärktes Beobachten und Assoziieren.

POLYAS CHECKLISTE

Das Problem verstehen

Welches ist die Unbekannte? Welches sind die Daten? Wie lauten die Bedingungen? Ist es möglich, die Bedingungen zu erfüllen? Sind die Bedingungen ausreichend, um die Unbekannte zu bestimmen? Oder sind sie unzureichend? Oder redundant? Oder widersprüchlich? Machen Sie eine Zeichnung. Führen Sie passende Bezeichnungen ein. Separieren Sie die verschiedenen Einzelbedingungen. Können Sie sie aufschreiben?

Einen Plan erstellen

Sind Sie dem Problem schon einmal begegnet? Vielleicht in einer leicht veränderten Form? Kennen Sie ein verwandtes Problem? Kennen Sie ein Theorem, das weiterhelfen könnte? Betrachten Sie die Unbekannte. Versuchen Sie sich eines Problems zu entsinnen, das dieselbe oder eine ähnliche Unbekannte hatte.

Hier ist ein Problem, das mit dem Ihrigen verwandt ist und bereits gelöst wurde. Könnten Sie seine Ergebnisse verwenden? Oder könnten Sie seine Methoden verwenden? Sollten Sie irgendein Hilfselement einführen, um seine Verwendung zu ermöglichen? Können Sie das Problem mit eigenen Worten wiedergeben? Lässt es sich noch anders formulieren? Orientieren Sie sich an den Definitionen.

Wenn Sie das vorgeschlagene Problem nicht lösen können, könnten Sie versuchen, zuerst ein verwandtes Problem zu lösen. Können Sie sich ein verwandtes Problem vorstellen, das sich leichter lösen lässt? Ein allgemeineres Problem? Ein konkreteres Problem? Lassen Sie einen Teil der Bedingungen weg. Wie weit ist die Unbekannte dann festgelegt, wie weit kann sie variieren?

Können Sie aus den Daten etwas Nützliches ableiten? Fallen Ihnen andere Daten ein, die bei der Bestimmung der Unbekannten helfen würden? Können Sie die Unbekannte oder die Daten (oder, wenn nötig, beides) ändern, sodass die neue Unbekannte und die neuen Daten näher beieinander liegen? Haben Sie alle Daten verwendet? Haben Sie alle Bedingungen verwendet? Haben Sie alle Begriffe, die für das Problem eine Rolle spielen, berücksichtigt?

Den Plan ausführen

Führen Sie Ihren Lösungsplan aus und prüfen Sie jeden Schritt. Können Sie klar erkennen, dass der Schritt korrekt ist? Können Sie beweisen, dass er korrekt ist?

Die erhaltene Lösung prüfen

Können Sie das Ergebnis überprüfen? Können Sie die Argumentation überprüfen? Können Sie das Ergebnis auf anderem Wege herleiten? Können Sie es mit einem Blick erkennen? Können Sie die Lösungsmethode auch auf andere Probleme anwenden?

Listentechniken können von jedermann genutzt werden, um alternative Konzepte zu erzeugen. Sie eignen sich ebenso für den nüchternen wie für den verspielten Denker. Sie garantieren nicht nur eine gute Problemdefinition, sondern ebenso die Beständigkeit der Ideen, insofern als diese schriftlich festgehalten werden. Wie bereits gesagt: Ideen erzeugen weitere Ideen. Wenn wir sie auflisten, liegen sie tagelang herum und spornen den Ideenfinder zu weiteren Überlegungen an.

In gewissem Sinn gehören auch gesammelte Entwürfe, Ideenbücher und Problemprotokolle zu den Listentechniken. Ein chronologisches Protokoll eines Problemlösungsprozesses ist eine Liste aller Gedanken, die während dieses Prozesses aufgetreten sind. Allein durch seine Existenz regt es den Problemlöser zu vermehrten und phantasievolleren Ideen an, insbesondere wenn gelegentlich andere einen Blick hineinwerfen. Wir pflegen unsere Studenten zur Führung eines Notizbuches während ihrer Projektarbeit anzuhalten. Diese Notizbücher stellen vollständige chronologische Protokolle der geleisteten Denkprozesse und der erworbenen Informationen dar. Wir sammeln sie regelmäßig zur Bewertung ein. Wir wissen, dass viele Studenten das Führen von Notizbüchern als lästige Pflichtübung von zweifelhaftem Nutzen betrachten und ihre Einträge häufig erst am Abend vor dem Einsammeln machen. Die Auswirkung dieser verspäteten »Aktualisierung« auf ihr Denken ist unverkennbar. Gruppen, die mit ihrem Problem scheinbar in der Sackgasse steckten, zaubern am Tag der Abgabe ihrer Notizbücher auf einmal ganz neue Lösungsansätze hervor. Das intensive Erstellen von Listen, mit deren Hilfe sie versuchen, unseren Erwartungen an ihre Notizbücher gerecht zu werden, stellt einen wirkungsvollen Stimulus für die Ideenfindung dar.

Neben den Listen gibt es natürlich noch andere Hilfen, um das übliche Denkschema aufzubrechen. George Prince, der Mitbegründer von Synectics, pflegte ein Buch zu öffnen, seinen Finger blind auf ein Wort zu setzen und dann zu versuchen, das zufällig ausgewählte Wort in sein Denken zu integrieren. Roger Von Oech, Autor der Bücher »Denkanstoß« und »Der kreative Kick«, entwickelte ein tarotähnliches Kartenspiel, dem er den Namen Whack Pack gab. Auf jeder Karte steht etwas, das mit Ihrem gegenwärtigen Denkzustand zu tun hat. Viele meiner Freunde befolgen physische Rituale, die von Jogging bis zu Golfspielen reichen, die sie, wie sie versichern, aus ihren eingefahrenen Denkmustern herausholen. Es gibt immer mehr Softwareprogramme, deren Zweck es ist, Ihre Problemlösungsbemühungen in neue Richtungen zu lenken.

»Bewusste« Blockadebrecher lassen sich in fast jedem How-to zur Kreativität finden. Mehrere solcher Bücher sind in den Literaturhinweisen am Ende des Buches aufgeführt. Viele operieren mit der Erstellung von Listen. Die meisten verwenden einen humoristischen Ansatz, der zu spielerischem Denken ermuntert, ohne dass dies ausdrücklich zum Thema gemacht wird. Wegen der unterschiedlichen Denkstile, über die wir in Kapitel 6 gesprochen haben, kommt mancher Leser mit der einen Technik besser zurecht als mit der anderen. Es verlangt eine gewisse Anstrengung, sie auf realistische Problemlösungssituationen zu übertragen. Die meisten Lehrer und Autoren (mich inbegriffen) neigen dazu, den Nutzen einer Technik an einem Beispielproblem vorzuführen, das eigens zu Demonstrationszwecken konstruiert wurde. Meistens handelt es sich um ein einfaches Problem, das sich mit der betreffenden Technik spielend, ohne sie aber nur mit Mühe lösen lässt (zum Beispiel Visualisierung im Fall des Mönchsrätsels). Schwieriger wird es, wenn wir den Bereich der Beispielprobleme verlassen.

Wenn Sie jedoch genügend Erfahrung mit bewussten Blockadebrechern gesammelt haben, lassen sich diese auch auf »reale« Probleme erfolgreich anwenden. Je länger Sie davon Gebrauch machen, desto mehr werden sie gewissermaßen zu Ihrer zweiten Natur. Die konkrete Aufzählung von Ideenfindungsblockaden ist selbst eine bewusste blockadebrechende Methode. Wenn konkrete Beispiele genannt werden, ist es leicht, ein Gefühl für diese Blockaden zu entwickeln. Schwerer ist es jedoch, sie im eigenen Denken auszumachen, erstens weil es eben Blockaden sind, und zweitens weil das eigene Denken häufig komplexer ist, als die Beispiele es sind. Aber wenn Sie sich hinreichend anstrengen, sie zu entdecken, werden Sie darin Übung bekommen. Sie werden lernen, mit welchen Blockaden Sie in den verschiedenen Situationen rechnen müssen, sodass Sie sie offensiv identifizieren und souverän handhaben können.

Die Ideen anderer verwenden

Eine gute Möglichkeit, die eigenen Denkstrukturen aufzubrechen, besteht darin, mit anderen Menschen zu interagieren, besonders wenn sie anders denken als man selbst (was, nebenbei gesagt, immer der Fall ist). Das kann die Kreativität enorm steigern – wir müssen uns nur von der Glorifizierung des kreativen unabhängigen Individuums lösen und dürfen uns nicht scheuen, uns mit unseren Problemen an andere Menschen zu wenden. Wenn ich Geschichtsbücher lese, bin ich stets von neuem fasziniert, wenn neue Richtungen der technologischen Entwicklung einzelnen Menschen (Gutenberg, Watt, McCormick, Edison) zugeschrieben werden. Ich führe das auf das Bedürfnis der Historiker zurück, zu einer einfachen Schlussfolgerung zu kommen und sich nicht auf die technologischen Details einlassen zu müssen. Wenn wir heutige Entwicklungen betrachten (Computer, digitales Fernsehen, Prozac, künstliches Hüftgelenk), fällt es uns schon schwerer, einzelne Urheber auszumachen. Ich bin überzeugt, dass die meisten bedeutsamen menschlichen Entwicklungen das Werk vieler waren und dass wir heute genauso elektrisches Licht hätten, wenn Edison niemals geboren worden wäre. Wenn wir Geschichtsbücher aus nichtwestlichen Kulturen studieren, finden wir darin weniger Hinweise auf die Verdienste von Einzelmenschen. Einer der Gründe für die Meinungsverschiedenheiten zwischen den USA und China über das Urheberrecht ist, dass die Chinesen sich nicht so sicher sind, dass Ideen einzelnen Menschen gehören (sollten). Das hat die Folge, dass in China Probleme wie das »Not invented here«-Syndrom (also Dingen, die man nicht selbst erfunden hat, weniger Wert beizumessen) eine geringere Rolle spielen. Denken Sie an die Stigmatisierung des »Kopierens«. Die US-amerikanische Industrie brauchte lange, bis sie den Nutzen von »Benchmarking« (die Produkte der Wettbewerber als Maßstab zu nehmen) und »Backward Engineering« (aus den Produkten der Konkurrenz eigene Lösungen abzuleiten) anerkannte. Viele Jahre machten wir den Japanern dieses Verhalten zum Vorwurf und mussten gleichzeitig zusehen, wie ihre Produkte immer besser wurden. Um des eigenen Überlebens willen musste unsere Industrie schließlich zugeben, dass solche Strategien zulässig und erstrebenswert sind.

Wie bereits erwähnt, ist kognitive Vielfalt für die Kreativität von Vorteil. Bitten Sie doch einfach mal mehrere Menschen, zu denen nicht nur Ihre Freunde zählen, um Ideen zu einem Problem, mit dem Sie sich gerade beschäftigen. Sie werden staunen, wie unterschiedlich die Antworten ausfallen, die Sie teilweise allein deshalb faszinieren werden, weil sie so weit von allem entfernt sind, was Ihnen selbst eingefallen ist. Eine meiner erfolgreichsten Kreativitätstechniken besteht darin, Ideen aus einer Gruppe von Leuten herauszukitzeln, deren Denkweise sich von der meinen so sehr unterscheidet, dass es sich genauso gut um Außerirdische handeln könnte. (Ich will sie nicht direkt befragen, denn sie helfen mir so viel, und ich will sie nicht verscheuchen.)

Ich will Sie nicht dazu anstiften, die Gesetze zu brechen; nicht, dass Sie noch wegen Patentverletzung, Spionage oder was auch immer im Kittchen landen. Dennoch können Sie mit Sicherheit von den kognitiven Stilen und Besonderheiten der Menschen um Sie herum profitieren. Das ist einer der Gründe für den Erfolg des Brainstorming. Es ist zugleich frei und unterhaltsam, weil Menschen nur zu gern zeigen, wie gut sie Probleme anderer zu lösen verstehen (das Risiko ist dabei viel geringer als bei eigenen Problemen). Manche Menschen, die keine Sekunde zögern, die freien Berater im Unternehmen um Rat zu fragen, tun sich schwer damit, außerhalb der Arbeit um Hilfe zu bitten. Das ist töricht. Das Leben ist zu hart, um nicht alle verfügbaren Ressourcen zur Problemlösung zu nutzen, und es schadet niemandem, wenn wir uns die Erfahrungen anderer Menschen zunutze machen. Es gibt kaum Regeln, die der Verbesserung der eigenen Kreativität Schranken setzen.

Von anderen Disziplinen profitieren

Über Disziplinen sprachen wir bereits im letzten Kapitel im Zusammenhang mit Spezialisierung. Sie verdienen hier jedoch etwas mehr Aufmerksamkeit. Je mehr Wissen und intellektuelle Techniken wir uns aneignen, in desto zahlreichere Disziplinen teilen wir sie auf. Als Erstes begegnen wir ihnen in der Schule, wo wir etwa zwischen Rechtschreibung, Rechnen und Musik und später Muttersprache, Algebra, Fremdsprachen und Gesellschaftskunde unterscheiden. Wenn wir die Universität besuchen, stellen wir fest, dass Anthropologie, Soziologie und Psychologie verschiedene Dinge sind, und wenn wir lang genug dort bleiben, erkennen wir, dass kognitive Psychologie etwas ganz anderes ist als Verhaltenspsychologie. Als Professor halte ich mich in einer Welt auf, in der Thermodynamiker und Dynamiker in verschiedenen Lagern leben, wenngleich Studienanfänger glauben, beides gehöre zum Maschinenwesen, und alle übrigen sowieso keine Meinung dazu haben.

Disziplinen haben ihre eigene Fachsprache, ihre Methodik, ihre Zeitschriften und Vereine. Ihr Nutzen besteht darin, dass sie die Tiefe des Verstehens fördern, die Qualität der in ihrem Namen getätigten Arbeit kontrollieren (manchmal leider nach überkommenen Standards) und ihren Mitgliedern ein wohltuendes Heimatgefühl vermitteln. Aber viel Kreativität findet heute zwischen den Disziplinen statt. Ursprünglich wurde ich Maschinenbauingenieur, weil mir die Kurse in Elektrotechnik nicht zusagten – eine nicht unübliche Art, im College sein Schwerpunktfach zu wählen. Heute stammt viel Kreativität im Maschinenbau aus der Anwendung von Elektrotechnik (integrierte Schaltkreise, Mikrominiatur-Sensoren und -Auslöser, Computer) auf mechanische Geräte. Viele Errungenschaften in der Physik gehen auf die Anwendung von Mathematik zurück, in der Chemie wiederum auf die Anwendung von Physik, in der Medizin auf die Anwendung von Chemie.

Eine Abneigung gegen gewisse Disziplinen oder gegen Leute, die in bestimmten Disziplinen Experten sind, ist eine wichtige Kreativitätsblockade und beruht häufig auf längst obsoleten Erfahrungen – schlechten Lehrern, langweiligen Büchern oder alten Methoden. Mein Rat lautet, es noch einmal zu probieren. Aus der Beobachtung von Studenten gewinne ich den Eindruck, dass unser Interesse an Geschichte mit zunehmendem Alter steigt. Wenn Sie sich in der Schule nicht für Geschichte erwärmen konnten, heißt das noch nicht, dass Sie ihr auch heute noch nichts abgewinnen können. Dasselbe gilt für viele Felder.

Sich von anderen Kulturen und Umgebungen inspirieren lassen

Wie in Kapitel 4 erwähnt, ist Wissen über und Vertrautheit mit unterschiedlichen Kulturen mit vielen Vorteilen verbunden. Kreativität erfordert sowohl Tiefe als auch Breite. Reisen, das Leben im Ausland und der Kontakt mit Menschen aus verschiedenen Teilen der Gesellschaft schaffen Breite. Der Versuch zu verstehen, was Computerexperten sagen, stellt sowohl eine Herausforderung als auch eine lehrreiche Erfahrung dar. Wenn Sie ein älterer wohlhabender männlicher Weißer sind und versuchen, die Welt aus den Augen einer jungen armen Farbigen zu betrachten, kann das Ihre soziale Kreativität enorm fördern. Wenn Sie ein Geschäftsmann oder eine Geschäftsfrau sind und versuchen, Menschen zu verstehen, die dem Treiben der Unternehmen äußerst kritisch gegenüberstehen, können Sie möglicherweise sogar Ihren Umsatz erhöhen.

Eine ebenso kreative Technik ist der Wechsel Ihres Umfelds, sofern mit Bedacht betrieben. Ich habe viele von Unternehmen veranstaltete Offsite-Meetings besucht, und auf den meisten wurde tatsächlich mehr erreicht als bei einer vergleichbaren Veranstaltung in der Firma. Die Unternehmen verfrachten ihre Mitarbeiter jedoch häufig über weite Strecken an idyllische Orte und versammeln sie dann dort in einem mit allem Kommunikationsschnickschnack ausgestatteten Konferenzraum. Da hätten sie genauso gut zu Hause bleiben können. Wenn Sie wollen, dass Menschen eine Verbundenheit zueinander entwickeln, sind gemeinsam erlebte Strapazen und keine Konferenzsäle gefragt. Das US Marine Corps weiß das. Wenn Sie ein Zulieferunternehmen für die Automobilindustrie sind und Ihre Ingenieure erziehen wollen, wie die Ingenieure von Hewlett Packard zu denken, sollten Sie womöglich Hewlett Packard bitten, für Sie ein Meeting auf deren Firmengelände auszurichten und einige ihrer Ingenieure vorbeizuschicken, damit sie etwas über den Automobilmarkt lernen. Wenn Sie kreatives Denken erwarten, dürfen Sie die Treffen nicht bis zur letzten Minute verplanen. Der Wechsel der Umgebung muss so gestaltet sein, wie es dem anvisierten Ziel und dem gewünschten Kreativitätsgrad entspricht.

Unbewusste Blockaden durchbrechen

In Kapitel 3 haben wir über die kritische Rolle gesprochen, die das unbewusste Denken und seine Beschränkung durch Ich und Über-Ich spielen. In Kapitel 7 ging es bislang um Techniken, mit denen sich konzeptionelle Blockaden bewusst überwinden lassen. Mittels diverser Formen von Listen und indem wir bewusst Fragen stellen und uns um Ideenfluss und gedankliche Flexibilität bemühen, gelingt es uns, unsere Ideenfindungskapazität deutlich zu erweitern. Diese Techniken beruhen auf dem Einsatz der intellektuellen Problemlösungsfähigkeiten des bewussten Denkens. Im Rest des Kapitels werden wir uns mit der einschränkenden Wirkung von Ich und Über-Ich auf das unbewusste Denken beschäftigen.

Zu den wichtigsten Techniken zur Verbesserung unserer Konzeptionsfähigkeit gehört der vorläufige Verzicht auf eine Beurteilung, wie in Kapitel 4 dargelegt. Ich und Über-Ich unterdrücken Ideen, indem sie sie auf ihrem Weg zur bewussten Ebene als unbrauchbar qualifizieren. Falls sich dieser Beurteilungsprozess für eine Weile ausschalten lässt, können viele Ideen überleben, bis sie »sichtbar« werden. Auf die Gefahren einer vorschnellen Beurteilung spielt auch das folgende Schiller-Zitat an (das einem persönlichen Brief an einen Freund entstammt und in dem von A. A. Brill herausgegebenen Buch »The Basic Writings of Sigmund Freud« enthalten ist):

> »Der Grund für Deine Klage [über das Nicht-Kreativ-Sein] liegt, wie mir scheint, in den Beschränkungen, die Dein Verstand Deiner Phantasie auferlegt. Ich will hier eine Beobachtung machen und sie mit einer Allegorie illustrieren. Offensichtlich ist es nicht gut – und für die kreative Tätigkeit des Geistes geradezu hinderlich –, wenn der Verstand die Ideen allzu streng überprüft, während sie gewissermaßen gerade erst zu den Toren hereinkommen. Eine Idee mag isoliert betrachtet eher unbedeutend und im Extremfall riskant erscheinen, ihre eigentliche Bedeutung aber durch eine weitere Idee erhalten, die ihr folgt; möglicherweise kann sie im Verein mit gewissen anderen Ideen, die für sich betrachtet ebenso absurd erscheinen mögen, eine sehr nützliche Verbindung eingehen. Der Verstand kann all diese Ideen nicht beurteilen, wenn er sie nicht so lange aufrechterhält, bis er sie in Verbindung mit diesen anderen Ideen beurteilt hat. Im Falle des kreativen Geistes hat, wie mir scheint, der Verstand seine Wachleute von den Toren abgezogen, durch die die Ideen nun wild hereinstürmen, auf dass sie anschließend in ihrer Gesamtheit gesichtet werden. Ihr werte Kritiker, oder wie Ihr Euch nennen mögt, scheut und fürchtet die augenblickliche und vorübergehende Verrücktheit, die sich in allen wahren Schöpfern findet und deren längere oder kürzere Dauer den Denkkünstler vom Träumer unterscheidet. Daher Eure Unfruchtbarkeitsklagen, denn Ihr verwerft zu schnell und urteilt zu streng.«

Die Verschiebung der Beurteilung fällt den meisten Menschen nicht leicht, denn man hat uns beigebracht, alles Unpraktische, Unrealistische, Gedankenlose, Fehlerhafte oder gesellschaftlich schief Angesehene mit strenger Kritik zu belegen. Häufig wollen wir die Existenz solcher Gedanken in unserem Kopf nicht zugeben – nicht einmal uns selbst gegenüber. Und mit Sicherheit wollen wir anderen nicht eingestehen, dass uns jemals die Vorstellung in den Sinn kommen könnte, ein Gebäude mit Federn zu decken, der Luftverschmutzung mit Sänften als Ersatz für Autos zu begegnen oder vielleicht sogar Heroin zu legalisieren, um die Verbrechensrate zu reduzieren. Aber unser Geist sollte in der Lage sein, diese und noch viel wildere Ideen heraufzubeschwören, wenn wir wirklich kreative Denker sein wollen. Wie also können wir die Beurteilung aufschieben? Der erste Schritt besteht in der Verwendung des bewussten Verstands. Häufig können wir dadurch, dass wir unser Ich bewusst ein wenig zum Loslassen bewegen, erreichen, dass der Erfolg der Ideenerzeugung zu einer weiteren Lockerung führt. Wir setzen gewissermaßen einen Prozess in Gang, der sich selbst verstärkt. Am leichtesten können wir dieses Spiel beginnen, indem wir förmlich (in Übereinkunft mit uns selbst oder mit anderen) eine Beurteilungsverschiebungssitzung ausrufen. Ich kann beispielsweise zu mir sagen: »Okay, ich brauche ein paar frische Ideen zu dem Problem, an dem ich gerade arbeite, und ich habe etwas zeitlichen Spielraum. Ich werde also die Beurteilung aussetzen und sehen, was für Ideen mir einfallen. Es macht nichts, wenn meine Gedanken gelegentlich seltsam sind, denn niemand kann sehen, was ich vorhabe.« Dann bin ich frei, Ideen zu produzieren, ohne sie auf ihre Praktikabilität hin zu beurteilen, denn ich gefährde damit nicht mein Ich. Schließlich habe ich mir selbst gegenüber offiziell erklärt, dass ich mich dieser Tätigkeit unterziehen will, und deshalb ist sie nicht typisch für mein gewöhnliches mentales Verhalten.

Die Aussetzung der Beurteilung ist in Gruppen bisweilen sogar noch effektiver, denn in der Gruppe kann eine enthusiastische Stimmung entstehen, und Ideen können weitere Ideen von anderen anstoßen. Eine besonders bekannte Technik zu diesem Zweck ist das Brainstorming, das ich in Kapitel 8 detailliert beschreiben werde. Eine andere interessante Technik, die zur Aussetzung der Beurteilung ermuntert, wurde in den frühen Tagen des Unternehmens Synectics Inc. in Cambridge, Massachusetts, entwickelt. Eine genaue Beschreibung findet sich in »Synectics« (1961) von J. J. Gordon.

Diese Technik verwendet Metaphern. Vier Arten von Mechanismen kommen zum Einsatz: persönliche Analogie, direkte Analogie, symbolische Analogie und Phantasieanalogie. Die *persönliche Analogie* verlangt vom Problemlöser, sich mit einem Teil oder dem ganzen Problem und dessen Lösung zu identifizieren. Die *direkte Analogie* versucht, ein Problem durch direkte Anwendung paralleler Fakten, Kenntnisse, Technologien und so weiter zu lösen. Die *symbolische Analogie* ähnelt der persönlichen Analogie, nur dass das Problem mit unpersönlichen Objekten oder Bildern gleichgesetzt wird. Die *Phantasieanalogie* erlaubt es dem Problemlöser, das Problem durch Einsatz seiner Phantasie zu lösen.

Die beste Illustration der Verwendungsweise dieser Mechanismen erhalten wir durch folgende Passage aus Gordons Buch. Es handelt sich um eine so genannte *Synectics Excursion*, bei der sich fünf Menschen mit dem Problem der Erfindung eines wasserdampfundurchlässigen Verschlusses für Raumanzüge beschäftigen. Der Ausschnitt beginnt, als das Team gerade die Diskussion über die Frage »Wie stellen wir uns in unserer wildesten Phantasie die Funktionsweise des Verschlusses vor?« beendet hat:

G: Okay. Damit sind wir durch. Was wir jetzt brauchen, ist eine verrückte Art, dieses Chaos unter die Lupe zu nehmen. Eine richtig irrwitzige Perspektive ... einen ganz neuen Raum mit Perspektiven!

T: Stellen wir uns vor, wir könnten den Verschluss mit unserem Willen betätigen ... und er würde einfach das machen, was wir wollen ... (Phantasieanalogie)

G: Der Wunsch würde ihn ...

F: Pst, okay. Wunscherfüllung. Kindheitsträume ... du wünschst es dir geschlossen, und unsichtbare Mikroben, die für dich arbeiten, kreuzen über der Öffnung die Hände und *ziehen* sie zusammen ...

B: Der Läufer eines Reißverschlusses ist eine Art Käfer (direkte Analogie). Aber nicht luftdicht ... oder fest genug ...

G: Wie können wir ein psychologisches Modell des ›Mit-dem-Willen-Schließens‹ formulieren?

R: Was meinst du?

B: Er meint, wenn wir uns dieses ›Mit-dem-Willen-Schließen‹ in einem realen Modell vorstellen können, dann könnten wir ...

R: Wir haben noch zwei Tage, um ein funktionierendes Modell zu entwerfen – und ihr redet von Kindheitsträumen! Machen wir lieber eine Liste mit allen Möglichkeiten, etwas zu schließen.

F: Ich hasse Listen. Ging mir schon als Kind so – Einkaufslisten zum Beispiel

R: F, ich kann deine verqueren Ansätze verstehen, wenn wir Zeit haben, aber jetzt, bei der kurzen Frist ... und du spricht immer noch von Wunscherfüllung.

G: Alle Schrottlösungen dieser Welt werden mit Fristen begründet.

T: Trainierte Insekten?

D: Was?

B: Du willst Insekten trainieren, auf Befehl auf- und zuzumachen? 1–2–3 öffnen! Hopp! 1–2–3 schließen!

F: Positioniere zwei Reihen von Insekten, eine auf jeder Seite der Verschlusskante – auf den Befehl zum Schließen hin packen sie sich gegenseitig an den Händen ... oder Fingern ... oder Klauen ... was immer sie haben ... und dann schließt sich die Öffnung ...

G: Ich fühle mich wie eine Art Küstenwache-Insekt (persönliche Analogie).

D: Achtet nicht auf mich. Sprecht weiter ...

G: Du weißt, was kommt ... schlimmster Sturm des Winters – Schiffe auf Felsen ... kriegen die Rettungsboote nicht ins Wasser ... irgendein ungeduldiger Held klemmt sich die Leine zwischen die Zähne und schwimmt hinaus ...

B: Ich ahne, was du meinst. Da ist ein Insekt, das die Öffnung entlangläuft und lauter kleine Laschen bedient ...

G: Und ich suche nach dem Dämon, der das Schließen für mich übernimmt. Wenn ich will, dass es zu ist (Phantasieanalogie), dalli dalli! Und zu!

B: Finde das Insekt – es wird das Schließen für dich übernehmen!

R: Wenn du eine Spinne nimmst ... könnte sie einen Faden spinnen ... und die Öffnung zunähen (direkte Analogie).

T: Spinne macht Faden ... gibt ihn einem Floh ... Kleine Löcher am Öffnungsrand ... Floh läuft durch die Löcher rein und raus und zieht sie dabei zusammen ...

G: Okay. Aber bei diesen Insekten kommt keine große Festigkeit heraus ... Wenn die Armee die Dinger testet, befestigen sie beide Seiten in kräftigen Schraubstöcken, und dann ziehen sie mit 3000 Newton daran ... Diese idiotischen Insekten müssten Stahldrähte hinter sich herziehen, um ... Sie müssten Nähte aus Stahl machen. *Stahl* (symbolische Analogie).

B: Ich sehe eine Möglichkeit, das zu tun. Nehmen wir das Beispiel von dem Insekt, das einen Faden durch die Löcher zieht ... Man könnte es mechanisch machen ... Dasselbe Insekt ... man mache Löcher hinein, so ... und drehe eine Feder ... so ... durch die Löcher die ganze Öffnungskante entlang ... drehe, drehe, drehe ... Oh, Mist! Das würde Stunden dauern! Und deinen Arm abdrehen!

G: Gebt noch nicht auf. Vielleicht gibt es noch eine andere Möglichkeit, mit Stahl zu nähen ...

B: Hört zu ... Ich hab ein Bild von einer anderen Art zu nähen ... Deine Feder da ... nimm zwei davon ... Nimm an, du hättest einen Dämon, der sich da durchzwängt ... so ...

R: Ich sehe, worauf er hinauswill ...

B: Wenn dieser schlanke Dämon ein Draht wäre, könnte ich ihn hochschieben, bis er ... wenn er einen Anfang hätte, könnte er das ganze Ding schließen ... die Federn würden zusammengezogen und die Öffnung geschlossen ... Nur hochschieben ... schieben – und die Gummiränder werden zusammengezogen ... Bette die Federn in Gummi, und dann nähe sie mit Stahl zusammen!

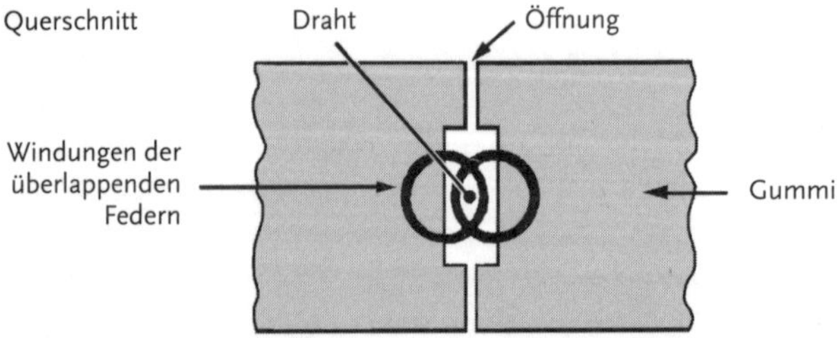

Die Technik von Synectics bewirkt, dass die Gruppe sich der unmittelbaren Wertungen enthält und Ideen weiterverfolgt, die sie sonst vermutlich als impraktikabel verwerfen würde. Sie kann das tun, weil die Regeln von Synectics es erwarten. Sie verwendet im Prinzip eine Technik, die, zumindest vorübergehend, die Aufpasserfunktion von Ich und Über-Ich mindert und dem Unbewussten Freiraum gibt, mit seinen Ideen an die Oberfläche zu kommen. Solche Techniken können individuell ebenso genutzt werden wie in Gruppen, wenngleich der Syntheseeffekt ausschließlich in der Gruppe zum Tragen kommt. Wenn Sie den Gedanken haben, einen Ziegel als Wärmflasche zu verwenden, sollte die Erkenntnis, dass Sie von der Speicherkapazität des Ziegels Gebrauch machen, in Ihrem eigenen Kopf nicht weniger weitere vergleichbare Ideen (Bettwärmer, warme Fußböden, Luau-Ofen) auslösen als in der Gruppe.

Aber wie steht es mit Möglichkeiten, die Steuerung des Unbewussten durch das Ich ohne solche Techniken zu beeinflussen? Ist es möglich, die Kontrollfunktion von Ich und Über-Ich generell abzuschwächen, sodass sich das Unbewusste besser nutzen lässt? Die Antwort ist ja, aber es ist nicht einfach. Lassen Sie mich die Gründe für diese Schwierigkeit erklären, indem ich zuerst noch einmal auf die Psychologie zu sprechen komme.

Wie ich zuvor erwähnte, existieren zwar zahlreiche Theorien zum Ideenfindungsprozess, mit denen sich diverse Einzelmerkmale erklären lassen, ein Gesamtverständnis steht jedoch noch aus. Viele Psychologen haben versucht, die mentalen Prozesse zu erklären, die der gedanklichen Kreativität generell und der Motivation und den Eigenschaften kreativer Menschen zugrunde liegen.

Maslow

Abraham Maslow war eine der bedeutenderen Figuren im Versuch, Kreativität zu verstehen. Er sprach vorzugsweise von »primären« und »sekundären« Prozessen anstatt von unbewusstem und bewusstem Denken. Die primären mentalen Prozesse bezeichnete er nicht als das Unbewusste, sondern als das »tiefere« Selbst, in dem Sinn, dass es unter der Oberfläche verborgen ist. Maslow sprach auch über primäre und sekundäre Kreativität, wie in Kapitel 3 erwähnt. Sekundäre Kreativität ist das, was die meisten Menschen demonstrieren, die in einem System tätig sind, das viel »disziplinierte« Arbeit verlangt. Es verwendet »rechtshändiges« Denken und basiert auf den Errungenschaften (auf der primären Kreativität) anderer.

Für Maslow kommt die primäre Kreativität aus dem tieferen oder primären Selbst. Sie ist bei Kindern gewissermaßen »universell« verbreitet, bei vielen Erwachsenen jedoch in starkem Maß blockiert. In einer Rede unter der Überschrift »Creativity in Self-Actualizing People« (enthalten in »Creativity and Its Cultivation«, herausgegeben von Harold Anderson), beschrieb Maslow eine Studie, die er an Menschen durchgeführt hatte, die besonders kreativ waren und sich, wie er es nannte, »selbst verwirklichten«. Er begann seine Ausführungen mit dem Eingeständnis, er habe seit langem von der Vorstellung Abstand genommen, Gesundheit, Genie, Talent und Produktivität hingen miteinander zusammen. Maslow stellte fest, dass eine große Zahl der untersuchten Menschen hochgradig kreativ waren, was ihre Fähigkeit zur Selbstverwirklichung betraf, gleichzeitig jedoch weder besonders produktiv noch im Besitz großen »Talents« waren oder gar »Genies«. Besonders überraschten ihn diejenigen unter seinen Studienobjekten, die, wenngleich ihnen jedes nennenswerte Talent in Bereichen fehlte, die gemeinhin mit Kreativität assoziiert werden, in ihrem Alltag originell, gewitzt und erfinderisch waren. Daraus habe er, sagt Maslow, gelernt, das Wort »Kreativität« auf viele Aktivitäten, Abläufe und Einstellungen außerhalb jener Kategorien anzuwenden, denen die Eigenschaft für gewöhnlich zugeschrieben wird (wie beispielsweise Literatur, Kunst, Lehre und so weiter). Auf diese Weise entwickelte Maslow seine Unterscheidung zwischen der »talentbezogenen Kreativität« (was üblicherweise mit Kreativität assoziiert wird) und der von ihm so bezeichneten »Selbstverwirklichungskreativität« (primäre Kreativität), die sich in allem manifestieren kann, was wir tun – in unseren gewöhnlichsten, alltäglichsten Verrichtungen. In den Eigenschaften sich selbst verwirklichender Menschen, die in alltäglichen Dingen viel Kreativität erkennen lassen, entdeckte Maslow gewisse Gemeinsamkeiten. Er stellte fest, dass diese Leute spontaner, ausdrucksfreudiger, natürlicher und in ihrem Verhalten weniger kontrolliert und eingeschränkt waren als der Durchschnitt. Ihr Verhalten wirkte weniger blockiert und weniger selbstkritisch: »Diese Fähigkeit, Ideen und Impulse unverklemmt auszudrücken und ohne die Angst, sich vor anderen lächerlich zu machen, erwies sich als wesentlicher Aspekt der sich selbst verwirklichenden Kreativität.« Maslow erkannte einen weiteren Unterschied zum Durchschnittsmenschen, der seiner Ansicht nach die Kreativitätswahrscheinlichkeit erhöhte: »Menschen, die sich selbst verwirklichen, haben vergleichsweise wenig Angst vor dem Unbekannten, Mysteriösen, Rätselhaften und fühlen sich häufig sogar von ihm angezogen; das heißt, sie wählen es bewusst aus, um darüber zu rätseln, zu meditieren und sich davon absorbieren zu lassen.«

Maslow sah eine Verbindung zwischen der *Kreativität in den Handlungen* und der *inneren Integration des Selbst*: »In dem Maße, wie Kreativität aufbaut, verbindet, vereint und integriert, hängt sie von der inneren Integration des betreffenden Menschen ab.« Maslow führt dies zurück auf das bei seinen Testkandidaten diagnostizierte »relative Fehlen von Furcht« sowohl vor anderen (was sie sagen, worüber sie lachen, was sie fordern) als insbesondere auch vor sich selbst (ihrem Inneren, ihren Impulsen, Emotionen, Gedanken). »Diese Akzeptanz ihres inneren Selbst ermöglichte es ihnen, der realen Natur der Welt tapfer ins Angesicht zu sehen und spontaner (weniger kontrolliert, eingeengt, geplant, ›gewollt‹ und gestaltet) zu reagieren. Im Gegensatz dazu wehrten durchschnittliche und neurotische Menschen mit ihrer Furcht vieles von dem ab, was in ihrem Inneren lag. Sie kontrollierten, blockierten, verdrängten und unterdrückten. Sie lehnten ihr inneres Selbst ab und erwarteten dasselbe auch von anderen.« Auf diese Weise, erklärt Maslow, »verliert ein Mensch überdies viel, denn diese Tiefen sind zugleich Quelle all seiner Freuden, seiner Fähigkeit zu spielen, zu lieben, zu lachen und, was uns am meisten interessiert, kreativ zu sein.«

Barron

Frank Barron, ein anderer Psychologe, der ausgiebig über Kreativität forschte, verwendete einen etwas anderen Ansatz. Er war nicht bereit, eine allgemeine psychologische Gesundheit als Kriterium für einen kreativen Menschen zu akzeptieren, weil er es für notwendig erachtete, Kriterien zu formulieren, die auch kreative Talente wie Beethoven, Hooke, Swift, Van Gogh, Rimbaud, Baudelaire, Brontë, Heine, Wagner und andere einschlossen, die ein eher unglückliches Leben führten. In einem Artikel in *Scientific American* erklärte Barron:

> »Ich würde die folgenden Kriterien für kreative Künstler und vielleicht auch für kreative Wissenschaftler vorschlagen:
>
> Kreative Menschen beobachten besonders aufmerksam, und sie legen mehr Wert als andere Menschen auf eine akkurate Beobachtung (sich selbst die Wahrheit erzählen).
>
> Sie bringen häufig Teilwahrheiten zum Ausdruck, aber sie tun dies mit Nachdruck; dabei machen sie oft auf den üblicherweise nicht beachteten Teil aufmerksam; durch Akzentverlagerung und scheinbar unausgewogene Darstellung versuchen sie, das hervorzuheben, was normalerweise übersehen wird.
>
> Sie sehen die Dinge so, aber nicht ausschließlich so, wie die anderen sie sehen.
>
> Auf diese Weise sind sie in ihrem Denken unabhängig; sie ziehen zudem ein klareres Denken vor. Sie nehmen große persönliche Leiden in Kauf, um korrektes Zeugnis abzulegen.
>
> Sie werden zu diesem Wert und zur Ausübung dieses Talents (unabhängige, scharfe Beobachtung) motiviert aus Gründen der Selbstbehauptung sowie im Interesse der menschlichen Kultur und deren Zukunft.

Sie werden mit einer größeren Gehirnkapazität geboren; sie haben die Fähigkeit, viele Ideen gleichzeitig zu verfolgen und mehrere Ideen miteinander zu vergleichen – und auf diese Weise zu einer reicheren Synthese zu kommen.

Neben einer ungewöhnlichen Denkbegabung sind sie konstitutionell kräftiger und verfügen über einen außergewöhnlichen Vorrat an psychischer und physischer Energie.

Ihr Universum ist somit komplexer; sie führen in der Regel ein komplexeres Leben und suchen die Spannung um der Freude wegen, die sie aus deren Entladung gewinnen.

Sie haben einen engeren Kontakt zum Unbewussten, zur Phantasie, zum Träumen und zu der Welt der Vorstellungen als andere Menschen.

Sie haben ein außergewöhnlich breites und flexibles Bewusstsein von sich selbst. Das Selbst ist am stärksten, wenn es sich zurückziehen (primitive Phantasien, naive Ideen, tabuisierte Impulse in Bewusstsein und Verhalten vordringen lassen) kann, um anschließend zu einem hohen Grad an Rationalität und Selbstkritik zurückzukehren. Der kreative Mensch ist gleichzeitig primitiver und kultivierter, destruktiver und konstruktiver, verrückter und normaler als der Durchschnittsmensch.«

Diverse weitere Modelle für den kreativen Menschen wurden vorgeschlagen, vom glücklichen, ausgeglichenen, sonnengebräunten, zuversichtlichen Extrovertierten bis zum schmerzgeplagten, angespannten, launischen Neurotiker. Aber der Topos des unbewachten Unbewussten (Vorbewussten, primären Selbst oder wie auch immer wir es nennen) taucht immer wieder auf. Deshalb wollen wir die Frage stellen: Was können wir tun, um das Unbewusste von seinem übereifrigen Wächter zu befreien?

Die Psychoanalyse liegt möglicherweise nahe, denn sie dient dazu, eine Persönlichkeit besser zu integrieren, indem sie das Unbewusste bewusster macht. Dadurch lässt sich angeblich das kompulsiv-obsessive Verhalten verbessern und das primäre Selbst öffnen. Viele Psychologen, die sich mit Kreativität beschäftigt haben, stimmen darin überein, dass die Ziele der Psychoanalyse, sofern sie erreicht werden, die Kreativität fördern sollten. Die Sorge, dass die Psychoanalyse die kreativen Kräfte eines Menschen irgendwie »ruinieren« könnte, wird von den wenigsten Fachleuten geteilt. Den meisten Menschen jedoch scheint die Psychoanalyse eine etwas starke Medizin für die Verbesserung der Kreativität zu sein. Sie ist teuer, nimmt viel Zeit in Anspruch und bietet keine Erfolgsgarantie. Psychoanalyse wird möglicherweise attraktiv, wenn das eigene Verhalten so beeinträchtigt ist, dass das Leben unerfreulich oder unerträglich wird. Für den »normalen Neurotiker« aber, der lediglich an einer Verbesserung seiner Kreativität interessiert ist, ist sie vielleicht des Guten zu viel.

Andere Wege zur Befreiung des Unbewussten

Gibt es andere Möglichkeiten, das Unbewusste zu befreien? Vermutlich viele. Maslow fand, dass jede Technik, die die Selbsterkenntnis verstärkt, im Prinzip auch der Kreativität zugute kommen sollte. In den Kulturen des Mittleren und Fernen Ostens existieren seit Jahrhunderten »traditionelle esoterische Psychologien«, wie Robert Ornstein sie in seinem Buch »Die Psychologie des Bewusstseins« nennt. In ihnen geht es mehr um individuelle empirische als um kollektive wissenschaftliche Ansätze zur Selbsterkenntnis. Diese Psychologien haben sich häufig innerhalb von Disziplinen wie Buddhismus oder Yoga entwickelt und verwenden Techniken, die, wie beispielsweise die Meditation, ausdrücklich den Zweck verfolgen, vorübergehend das lineare, logische Denken zu minimieren und gewisse mentale Prozesse zu stärken, die dem Bereich des Unbewussten zugeschrieben werden. Die Wissenschaft beginnt gerade erst, »mystische Erfahrungen« und verschiedene »Bewusstseinsebenen« zu verstehen. Ornstein glaubt, dass derartige Erfahrungen Beispiele dafür sein können, dass die analytische linke Seite des Gehirns ihre übliche Kontrolle über das Bewusstsein aussetzt und es der rechten Seite ermöglicht, Stimuli in nichtlinearer, nichtdeduktiver Weise freier zu interpretieren. In seinem Buch wirbt Ornstein eindringlich dafür, derartige Psychologien und Techniken in die uns vertraute »rechtshändige« Psychologie zu integrieren. Daraus würde sicherlich ein höherer Grad an Selbsterkenntnis und ein größerer Respekt für das »linkshändige« Denken erwachsen. Aber so, wie diese Techniken im Mittleren und Fernen Osten praktiziert werden, erfordern sie viel Zeit und Mühe, und wenngleich ihre Popularität in der westlichen Welt in der gegenwärtigen Zeit zunimmt, sind viele von uns nicht in der Lage oder gewillt, von ihnen Gebrauch zu machen, um die eigenen konzeptionellen Fähigkeiten zu verbessern.

Welche Wege bieten sich uns »rechtshändigen« Bewohnern der westlichen Welt, um das Unbewusste zu befreien? Maslow schlug unter anderem Erziehung vor, und ich, der ich eher Erzieher als Psychiater oder Mystiker bin, kann ihm nur von Herzen zustimmen. Maslow vermutet, dass Erziehung, auch wenn sie wenig dazu geeignet ist, die Unterdrückung von »Instinkten« und »verbotenen Impulsen« zu vermindern, sehr wohl einen Beitrag dazu leisten kann, primäre Prozesse und bewusstes Leben zu integrieren. Das Wissen über psychologische Prozesse, über das Lösen von Problemen und insbesondere über das eigene Selbst kann die Kontrolle des Ich lockern. Das Prinzip, das dabei zum Tragen kommt, ist denkbar einfach: Was wir verstehen, wirkt auf uns weniger bedrohlich. Ängste lassen sich reduzieren, indem wir ihre Quellen verstehen, und das Ich der meisten Menschen ist »klug« genug, um ein wenig locker zu lassen, wenn sie überzeugt sind, dass etwas Positives dabei herauskommt.

Wenn wir die Funktionsweise unseres Denkens verstehen, ist das ein bisschen, wie wenn wir einen Golfschwung verstehen. Es gestattet uns, unser gegenwärtiges Handeln auf detaillierte und bewusste Weise zu ändern. Im Fall des kreativen Denkens besteht ein Nebeneffekt darin, dass wir sogar die Denkweise anderer Leute besser verstehen lernen. Viele Ängste bestehen nur aufgrund eines ständigen Vergleichs mit anderen. Die Angst, Fragen zu stellen, erklärt sich häufig daraus, dass wir anderen gegenüber nicht als unwissend erscheinen wollen. Die Angst schwindet in dem Augenblick, in dem wir erkennen, dass andere auch nicht mehr wissen als wir. Ebenso reduziert sich unsere Angst, Emotionen zu zeigen, sobald wir erkennen, dass andere ähnliche Emotionen haben, ob sie sie nun unterdrücken oder nicht. Brainstorming funktioniert deshalb, weil die anderen Teilnehmer ebenfalls verrückte Ideen haben. Wir sind eher bereit, mit einem Problem zu kämpfen, nachdem wir gesehen haben, dass nur wenige Menschen Antworten oder Lösungen mühelos aus der Inspiration des Augenblicks heraus erzeugen.

Deshalb ermuntere ich Sie zu lesen. Der Sport des Nachdenkens über das Denken hat seine Faszination, und es gibt eine umfangreiche Literatur, die Ihnen bei diesem Zeitvertreib helfen kann. Ihre Fähigkeit, vom eigenen Denken Gebrauch zu machen, kann davon nur profitieren – fundierte Kenntnisse in psychologischer Theorie und in Kreativitätsforschung können Ihrer Kreativität nur förderlich sein. Mir scheint, dass wir die Kreativität unserer Studenten allein schon dadurch beeinflussen, dass wir sie zu einem großen Thema machen. Indem wir ihr den Status eines Kursziels geben und sie auf diese Weise aus dem Untergrund holen, veranlassen wir unsere Studenten, ihr dieselbe Bedeutung wie den übrigen akademischen Fächern beizumessen und sich dementsprechend zu bemühen, kreativ zu sein.

Viele Bücher und Artikel handeln von der Stärkung der Selbstachtung und des Selbstvertrauens und von der Befreiung von unnötigen Ängsten und Unsicherheiten. Sofern Sie an einer Vertiefung des Themas interessiert sind, finden Sie in den Literaturhinweisen am Ende des Buches diverse Einstiegspunkte, mit Verweisen auf Kreativitätsforschung, psychologische Theorie und »Selbsttherapie«. Die Bücher zur Kreativitätsforschung vermitteln Ihnen einen Überblick über den gegenwärtigen Kenntnisstand, was kreatives Denken und die Eigenschaften hochgradig kreativer Menschen betrifft. Die Bücher zur psychologischen

Theorie helfen Ihnen, das menschliche Verhalten und die Funktionsweise des Geistes zu verstehen. Die Bücher zur »Selbsttherapie« versuchen aus der psychologischen Theorie Möglichkeiten abzuleiten, wie Sie Ihr eigenes Verhalten beeinflussen können.

Kenntnisse über Kreativität und Ideenfindung lassen sich natürlich nicht nur lesend erwerben. Zusätzlich können Sie Psychologen oder Psychiater konsultieren, zu deren Spezialgebieten es gehört, Menschen einen freieren Zugang zu ihrem Unbewussten zu vermitteln. Sie können die Menschen um sich herum beobachten und versuchen, ihr Handeln und ihre Gedankenprozesse mit der Kreativität ihrer Resultate in Beziehung zu setzen. Möglicherweise beschäftigen Sie sich auch stärker mit Ihrem eigenen Denken (das kann niemals schaden) und versuchen, es kreativer und dadurch effizienter zu machen.

Zu Ihren wichtigsten Aktivitäten sollte der Versuch gehören, Ihrem Unbewussten genügend Freiraum zu verschaffen, um sich am kreativen Denken zu beteiligen. Wenn Sie Brainstorming betreiben, die Synectics-Methode anwenden oder sich auch nur bewusst zwingen, kreativ zu sein (mittels Listen oder anderem), passiert etwas Merkwürdiges. Erstens werden Sie vermutlich feststellen, dass Ihr Erfolg in der Welt zu- und nicht abnimmt (womit sich einige Ihrer Befürchtungen als grundlos erweisen). Zweitens werden Sie merken, dass das kreative Denken einfacher wird. Dafür gibt es psychologische Gründe. Wenn Sie von Ihrer unbewussten Ebene Gebrauch machen, erhält das Bewusstsein die Botschaft, dass solche Aktivitäten okay sind. Diese Nachricht wird noch verstärkt, wenn einige der Beiträge des Unbewussten zu Erfolgen führen, die dem Ich schmeicheln. Je mehr kreatives Denken stattfindet, desto natürlicher und lohnender wird es und desto gelassener gibt sich das Ich.

Blockaden in Gruppen 8

Bislang haben wir den Einfluss anderer Menschen auf das Denken des Einzelnen nur indirekt behandelt. Problemlösungsprozesse spielen sich jedoch häufig in Gruppensituationen ab. Wir suchen nach Ideen im Verein mit Familienmitgliedern, Freunden, mit Mitstreitern in Nachbarschaftsgruppen und Freiwilligenverbänden sowie mit Berufskollegen. In solchen Situationen haben wir direkten Einfluss auf den Ideenfindungsprozess anderer, wie diese auf den unseren.

Es sollte niemanden überraschen, dass der Ideenfindungsprozess leiden kann, wenn viele Menschen beteiligt sind. »Gruppendenken« klingt nicht nach einem Qualitätsprädikat; eher schon nach einem Mangel an Biss und Kreativität. Viele kennen die ehrwürdige Definition eines Kamels als »Pferd, das von einem Komitee entworfen wurde«. Aber wir sehen zugleich, dass Gruppen und Organisationen eine hervorragende Ideenfindung leisten können. Gruppen von Menschen können ein breites Spektrum an Wahrnehmungen und intellektuellen Spezialisierungen in den Problemlösungsprozess einbringen. Sie können ein förderliches emotionales Umfeld sowie die notwendigen Ressourcen bieten, um anfängliche Ideen in vernünftiger Zeit zu detaillierten Projekten auszuarbeiten.

Während der vergangenen 15 Jahre wurde den Teams viel Beachtung geschenkt, nachdem man erkannt hatte, dass Gruppen und nicht Einzelmenschen die wichtigste Innovationsquelle in der Welt der Unternehmen darstellen. Zahlreiche Forschungsanstrengungen und Diskussionen haben dazu geführt, dass wir heute ein viel klareres Verständnis von der Natur der kreativen Gruppe haben, ob im Unternehmensbereich oder anderswo. Zu den wichtigsten gruppenrelevanten Denkblockaden gehören die folgenden:

- unzureichendes Wissen über den kreativen Prozess und die Verwendung gruppenspezifischer Kreativitätstechniken;
- fehlende Einsicht in die Bedeutung von Gruppenidentifikation und Egobedürfnissen;
- mangelnde Führungsqualitäten;
- eine unpassende oder unausgewogene Gruppenzusammensetzung;
- mangelnde Unterstützung.

Der Prozess

Ich habe oft genug die Rolle des Leiters oder Beraters einer kreativen Gruppe innegehabt, um regelmäßig gefragt zu werden: »Wie lässt sich eine Gruppe kreativer machen?« Die Technik, die für mich am besten funktioniert, besteht darin, die Mitglieder des Teams für den kreativen Prozess – die im letzten Kapitel beschriebenen Blockaden und Techniken – zu interessieren. Die Menschen, mit denen ich zusammenarbeite, lassen sich schwer zu mehr Kreativität »manipulieren«, aber ihr Interesse für den Problemlösungsprozess ist schnell geweckt. Sobald sie interessiert sind, haben sie die nötige innere Motivation zu beweisen, dass sie fähig sind, etwaige Denkblockaden zu überwinden. Und das ist vermutlich der Grund, warum dieses Buch seit vielen Jahren Leser findet. Wie bitte, ich? Denkblockaden? Ich werd's euch schon zeigen ...

Ebenso wie es individuelle Kreativitätstechniken gibt, gibt es Gruppentechniken. Lassen Sie uns zwei dieser Techniken kurz untersuchen. Die am besten bekannte ist vermutlich das Brainstorming, eine Problemlösungsmethode, deren Name auf Alex Osborn zurückgeht, den Gründer der Werbeagentur Batten, Barten, Durstine & Osborn. Brainstorming-Teams bestehen in der Regel aus fünf bis zehn Leuten, die sich gemeinsam mit einem bestimmten Problem auseinander setzen. Gemäß Osborn gelten für ihr Verhalten vier Regeln.

Die erste Regel besagt, dass jede Art von Bewertung verboten ist. Osborn begründet dies damit, dass eine beurteilende Haltung dazu führt, dass die Gruppenmitglieder mehr damit beschäftigt sind, Ideen zu verteidigen, als welche zu erzeugen. Seiner zweiten Regel zufolge sollen sich alle Teilnehmer ermuntert fühlen, so wilde Ideen wie möglich zu produzieren. Hier geht er von der Überlegung aus, dass es einfacher ist, Ideen nachträglich zu zähmen, als sie zu akzentuieren, und dass die Ausgefallenheit der Ideen hilft, die interne Bewertung in den Köpfen der einzelnen Teilnehmer zu reduzieren. Mit seiner dritten Regel ermuntert Osborn die Teilnehmer, möglichst viele Ideen zu produzieren, weil Quantität ebenso dazu beiträgt, die innere Bewertung unter Kontrolle zu halten, und weil er überzeugt ist, dass Quantität zu Qualität führt. Die letzte Regel verlangt, dass die Teilnehmer ihre Ideen wechselseitig aufgreifen und modifizieren, weil »Kombinationen und Modifikationen bereits vorgeschlagener Ideen häufig zu neuen Ideen führen, die den ursprünglichen überlegen sind«.

Beim Brainstormingprozess ist es hilfreich, wenn ein Teammitglied Protokoll führt, denn eine fortlaufende Liste der jeweils erzeugten Ideen bietet die Gewähr, dass die Gruppe stets auf ihre Resultate zurückgreifen kann und keine Ideen verloren gehen. Die Protokollierung sollte nach Möglichkeit in ausreichend großem Maßstab stattfinden, damit die Ideen für alle anderen lesbar sind. Brainstorming ist dann am effektivsten, wenn das zu lösende Problem einfach und leicht definierbar ist. Brainstorming ist in allen Phasen des Problemlösungsprozesses sinnvoll, vom ersten Versuch, allgemeine Konzepte zu formulieren, bis zur abschließenden detaillierten Definition.

Es gibt zahlreiche Erklärungen aus der Verhaltenspsychologie für den Erfolg des Brainstorming als Problemlösungstechnik. Eine in den 50er Jahren an der Harvard University erstellte Studie zählte die folgenden auf:

1. Weniger Hemmung und mehr Zuversicht: Das von der Gruppe erzeugte Ideenfeuer vertreibt bei den Mitgliedern rasch das Gefühl, dass das Problem sie überwältige und eine neue und andersartige Lösung nicht in Sicht sei.
2. Die ansteckende Wirkung von Enthusiasmus.
3. Entstehung eines Wettbewerbsgeists; jeder will die Ideen der anderen übertrumpfen.

Die Aussetzung der Beurteilung bleibt aber vermutlich der wichtigste Erfolgsfaktor des Brainstorming.

Das Brainstorming bekam zeitweilig einen schlechten Ruf, weil man ihm nachsagte, Ideen zu produzieren, die sowohl flach als auch von zweifelhaftem Geschmack seien. Man hat es verspottet und manchmal eher mit Absonderlichkeit als mit Nachdenklichkeit assoziiert. Der Brainstormingprozess hat jedoch einige handfeste Vorteile und kann bei geeigneter Anwendung äußerst effektiv sein. Eine Brainstorminggruppe erlaubt es, auf eine große Vielfalt von Hintergründen gleichzeitig zuzugreifen. Die Flachheit mancher Resultate ist eher auf die Unzulänglichkeit der zugänglichen Informationen und eine verfehlte anschließende Bewertung als auf die Technik selbst zurückzuführen. Das Brainstorming schreitet bei der Problemlösung häufig anfangs rasch voran, kann es doch auf eine Vielzahl bekannter Lösungen zurückgreifen. Sobald dieser Vorrat jedoch aufgebraucht ist, wird der Prozess mühsamer, weil die Beteiligten eigene Ideen entwickeln müssen. Gerade in dieser späteren Phase zeigt sich der Wert der Technik am deutlichsten. Wird die Sitzung bereits dann beendet, wenn der erste Enthusiasmus verebbt ist (wegen der zunehmenden Schwierigkeit, neue Ideen zu finden), wird sie ihren Möglichkeiten nicht gerecht. Die beste Möglichkeit, mehr über Brainstorming zu lernen, besteht in seinem praktischen Erleben.

ÜBUNG

Suchen Sie sich eine Gruppe von Leuten und veranstalten Sie eine Brainstormingsitzung zu einem Problem, das sich einfach und präzise formulieren lässt. Versuchen Sie ein Problem auszuwählen, das für alle Beteiligten Bedeutung hat. Andernfalls entscheiden Sie sich für einen der folgenden Vorschläge:

1. Erfinden Sie irgendeine Tätigkeit, die es Ihnen erlaubt, sich mit einigen faszinierenden Menschen anzufreunden, von deren Existenz Sie wissen, die Sie aber nicht persönlich kennen.
2. Erfinden Sie (hinreichend detailliert) eine bessere Möglichkeit, einen großen Raum (sagen wir 200 qm) in kleinere Einheiten aufzuteilen, die von unterschiedlichen Teams genutzt werden können. Das ist beispielsweise in Schulen ein häufiges Problem. Das Unterteilungssystem sollte flexibel (die Raumgrößen leicht veränderbar), billig und ästhetisch befriedigend sein.
3. Erfinden Sie einen überraschenden Eröffnungsevent für eine ungewöhnliche Dinnerparty.
4. Erfinden Sie eine bessere Möglichkeit, im Auto Straßenkarten zu lesen.
5. Erfinden Sie eine Weihnachtskarte, um sie an Ihre Freunde zu verschicken, die diese nachhaltig beeindruckt und Sie zugleich der Notwendigkeit enthebt, jemals wieder Weihnachtskarten verschicken zu müssen.

Synectics

Eine Gruppentechnik zur Problemlösung wurde von dem Unternehmen Synectics Inc. in Boston, Massachusetts* entwickelt. Sie ist komplexer und ausgefeilter als Brainstorming insofern, als sie Kritik und die Berücksichtigung von speziellerem Fachwissen ermöglicht. Ebenso wie Brainstorming bestimmt sie als Teamziel die Lösung des Problems und gibt dadurch den Teilnehmern die

* Das ursprüngliche Synectics-Team hat sich in Synectics Educational Systems, geleitet von J. J. Gordon, und Synectics Inc., geleitet von George M. Prince, aufgespalten. Die hier beschriebene Technik ist eine Entwicklung von Synectics Inc. (Die in Kapitel 7 beschriebene Technik stammt aus der Zeit vor der Trennung.)

Gelegenheit, ihrem Bestätigungsbedürfnis dadurch Genüge zu tun, dass sie das Problem lösen.

Bei der Synectics-Methode arbeitet die Gruppe mit einem Kunden zusammen, der ein Problem hat, wobei dieser reichlich Gelegenheit erhält, die Gruppe mit Ausgangsdaten zu versorgen. Der Kunde formuliert zu Beginn das Problem und trifft unter den ihm präsentierten Ideen eine Wahl. Eine besondere Eigenheit der Synectics-Methode ist, dass der Teamleiter nicht unmittelbar zur Lösung des Problems beiträgt. Er ist lediglich Moderator und Protokollführer und kann keine eigenen Ideen einbringen – womit verhindert werden soll, dass er auf Kosten des Gesamtprozesses eigene Ego-Bedürfnisse befriedigt.

Der Schwerpunkt der Synectics-Methode liegt darin, Unternehmen Hilfestellung beim Innovationsprozess zu bieten. Dazu greift sie auf ein breites Spektrum an Prinzipien und Techniken zurück. Wenn ein neues Konzept erforderlich ist, arbeitet Synectics mit einer Methode, die als *Excursion* (© 2000 by Synectics Inc.) bezeichnet wird:

1. Der Leiter bittet den Kunden, ein Ziel (einen Wunsch) anzugeben, für das er innovative Lösungen entwickeln möchte.
2. Der Leiter wählt daraus ein Schlüsselwort (Handlung, Konzept).
3. Der Leiter bittet das Team (den Kunden inbegriffen), sich für dieses Schlüsselwort (Handlung, Konzept) ein Beispiel aus einer von ihm vorgegebenen Welt auszudenken, die weit weg ist von der Welt des Problems, und notiert die von der Gruppe genannten Beispiele in einer Liste.
4. Der Leiter bittet die Gruppe, Problem und Ziel (Wunsch) zu vergessen, um sich auf eines der aufgelisteten Beispiele zu konzentrieren und sich Gedanken zu den Assoziationen und Bildern zu machen, die es heraufbeschwört. Jedes Gruppenmitglied notiert seine Gedanken auf seinem Notizblock.
5. Der Leiter bittet die Gruppe, unter Verwendung ihres Beispielmaterials eine absurde (möglicherweise unpraktische, unmögliche oder ungesetzliche) Idee im Hinblick auf das ursprüngliche Ziel (Wunsch) zu entwickeln.

6. Der Leiter bittet das Team, aus den absurden Ideen eine zweite Generation von Ideen zu entwickeln (indem es die wichtigsten Prinzipien extrahiert und auf eine realistischere Weise anwendet, ohne die Innovation zu verwässern).
7. Der Leiter bittet den Kunden, aus den Ideen der zweiten Generation eine auszuwählen, die ihm besonders attraktiv erscheint.
8. Der weitere Prozess umfasst einen Rückbezug auf das ursprüngliche Problem und eine detaillierte Reaktion des Kunden.

In Synectics-Sitzungen wird ein Großteil der Energie der Dynamik der Problemlösungsteams gewidmet. Die Illustrationen hier

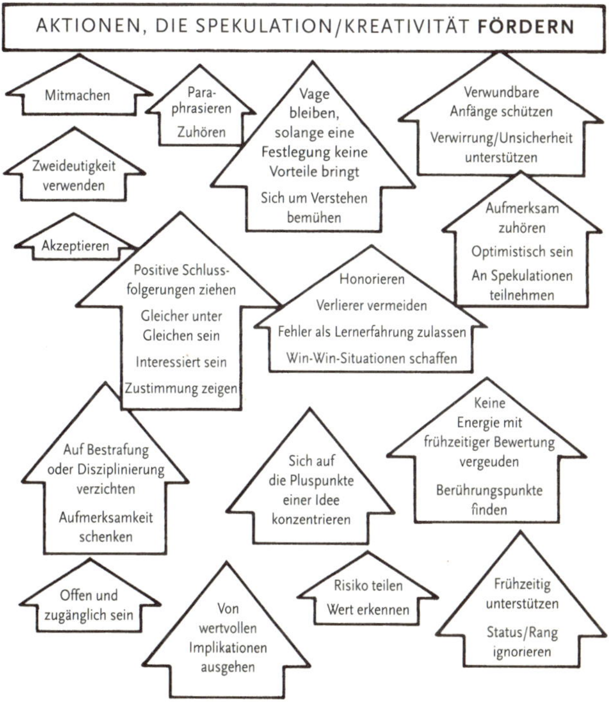

entstammen einem Artikel von George Prince, dem Gründer von Synectics Inc.; sie zeigen die verschiedenen Aktionen innerhalb einer Gruppe, die seiner Einschätzung nach die Kreativität steigern beziehungsweise mindern.

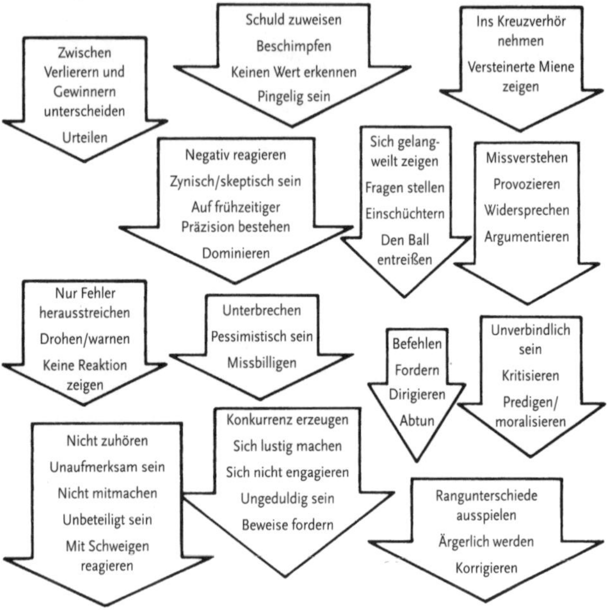

AKTIONEN, DIE SPEKULATION/KREATIVITÄT **MINDERN**

Der Ton einer Synectics-Sitzung unterscheidet sich stark von der einer Brainstormingsitzung. Im Brainstormingprozess fliegen die Ideen, und die Teilnehmer befriedigen ihre Zugehörigkeits- und Egobedürfnisse, indem sie versuchen, möglichst viele Ideen zu produzieren. Bei der Synectics-Methode werden weniger Ideen produziert, und die Zugehörigkeits- und Egobedürfnisse werden dadurch befriedigt, dass dem Kunden geholfen wird, sein Problem zu lösen. Zu den Eigenschaften eines Synectics-Sitzungsleiters gehört die Fähigkeit, freundlich mit Gruppenmitgliedern umzugehen, deren Ideen nicht ausgewählt wurden.

Eine interessante Technik, die Bestandteil der Synectics-Methode ist, besteht in der Vorschrift, dass einer negativen Bemerkung mindestens zwei positive vorausgehen müssen. Die positiven dienen dazu, dem Team fortlaufend Hinweise zu geben, was der Kunde wünscht. Gleichzeitig stärken sie den Urheber der Idee und helfen, eine Stimmung aufrechtzuerhalten, die der Kreativität förderlich ist. (Negative) Kritik wird eher als Vorbehalt denn als generelle Ablehnung formuliert und lässt sich auf diese Weise unmittelbar zum Problem der nächsten Runde machen. So lassen sich selbst massive Einwände unterbringen, ohne dass es die Ideenfindung behindert.

Die Effektivität von Techniken wie Brainstorming und Synectics für die Problemlösung in Gruppen beruht auf ihrer Fähigkeit, Zugehörigkeits- und Egobedürfnisse so zu handhaben, dass Denkblockaden reduziert werden. Ein Team kann dieselben Ziele allerdings auch ohne derartige formale Techniken erreichen, vorausgesetzt, es weiß um die Faktoren, die den Ideenfindungsprozess beeinträchtigen. Solche Kenntnisse sind besonders für den – formellen oder informellen – Leiter der Gruppe von Bedeutung, denn er kann den Ideenfindungsprozess sowohl fördern als auch behindern. Noch freier fließt der Ideenfindungsprozess jedoch, wenn alle Mitglieder im Besitz dieses Wissens sind.

Zugehörigkeits-/Egobedürfnisse

Um seine Rolle auszufüllen, muss ein Team häufig wie ein Einzelmensch agieren. Es muss in der Lage sein, Probleme zu erkennen, mögliche Lösungen zu finden und Entscheidungen zu treffen. Es muss einen vernünftigen Grad an Kreativität aufweisen: Zu viel beeinträchtigt die Stabilität, zu wenig verurteilt zum

Scheitern. Eine Gruppe oder Organisation unterscheidet sich jedoch von einem Individuum insofern, als jede Idee oder Handlung eine Reaktion bei allen ihren Mitgliedern hervorruft. Einige begrüßen sie, andere sind darüber unglücklich, wieder andere kriegen es mit der Angst, und noch andere können diese Reaktionen nicht nachvollziehen. Eine Gruppe oder Organisation ist in Wirklichkeit eine Miniaturgesellschaft, die aufgrund der Notwendigkeit, wie ein einziges Gehirn zu agieren, großen Druck auf ihre Mitglieder ausübt.

Jedes Mitglied der Gruppe oder der Organisation hat als Mensch starke Zugehörigkeits- und Egobedürfnisse. Das Zugehörigkeitsbedürfnis treibt den Einzelnen, sich so zu verhalten, dass er die Zustimmung des Teams erfährt, indem er sich gemocht, geachtet und geschätzt fühlt. Viele psychologische Experimente haben die Macht dieses Bedürfnisses demonstriert. In einem klassischen Experiment wurden Menschen aus verschiedenen Gruppen gebeten, abzuschätzen, welche von drei verschieden langen Linien mit einer vierten Linie gleich lang war. Nur eine Person in jeder Gruppe war eine echte Testperson. Die übrigen waren »Lockvögel«, die instruiert waren, zu falschen Schlussfolgerungen zu kommen. Ungefähr jeder Dritte unter den echten Testpersonen änderte seine anfängliche, korrekte Antwort, um Übereinstimmung mit den Lockvögeln herzustellen, obwohl die Längenunterschiede klar erkennbar waren.

Ein anderes Beispiel für die Macht des Zugehörigkeitsbedürfnisses ist eine Passage in Professor Harold Leavitts Klassiker »Grundlagen der Führungspsychologie«: Sie werden aufgefordert, sich vorzustellen, Sie seien Mitglied eines Komitees, das eine Sitzung abhält, zu deren erstem Tagesordnungspunkt Sie eine klare Position einnehmen. Nach einiger Diskussion stellen Sie fest, dass die übrigen Teilnehmer gemeinsam eine völlig andere Position vertreten. Anfangs zeigen die anderen Interesse an Ihrem Standpunkt und wollen Sie ehrlich verstehen. Sie versuchen auch, Ihnen die Gültigkeit ihrer Einstellung verständlich zu machen, aber Sie sind sich Ihrer Position sicher. Mit der Zeit beginnt die Stimmung der Runde umzuschlagen. Die übrigen Teilnehmer demonstrieren zunehmend Ungeduld, weil es ihnen nicht gelingt, Sie von der Mehrheitsmeinung zu überzeugen. Sie beobachten, wie man versucht, Sie zu attackieren, mit der Folge, dass Ihr Mund trocken wird und sich Ihr Magen zusammenzieht. Man beginnt Ihnen vorzuwerfen, Sie verhielten sich feindselig, beharrten auf Ihrer Position, obwohl Sie keine »neuen« Gründe vorlegen könnten, und verzögerten mit Ihrer Weigerung, einem Konsens beizupflichten, den weiteren Verlauf der Sitzung. Sie jedoch verspüren die ethische Notwendigkeit, Ihrem Standpunkt treu zu bleiben.

Nach anderthalbstündiger Diskussion stehen Sie im Mittelpunkt der Auseinandersetzung. Die anderen reden heftig auf Sie ein und verwenden alles, was ihnen einfällt, um Sie zu überzeugen, denn es handelt sich um ein Komitee mit einer Vorliebe für den Konsens, und Sie halten es davon ab, zu einer Übereinkunft jener Art zu kommen, für die es bekannt ist. Schließlich wendet sich eines der Komiteemitglieder an den Vorsitzenden und schlägt vor, eine Entscheidung auf der Basis der Mehrheitsmeinung zu treffen und zum nächsten Tagesordnungspunkt überzugehen. An diesem Punkt wird Ihnen bewusst, dass Sie drauf und dran sind, aus der Gruppe ausgeschlossen zu werden. Die übrigen Mitglieder drehen sich mit ihren Stühlen zum Vorsitzenden. Während dieser die Gründe für eine Mehrheitsentscheidung aufzählt, äußern Sie bei einigen Punkten, die Ihnen absurd erscheinen, Widerspruch. Aber außer gelegentlichen verständnislosen Blicken erhalten Sie keinerlei Aufmerksamkeit mehr. Sie gehören nicht mehr dazu.

Die meisten Menschen können sich leicht mit der hier beschriebenen Person identifizieren. Es fühlt sich nicht gut an. Viele von uns haben schon einmal erfahren, wie es ist, von einer Gruppe von Leuten, die uns wichtig sind, zurückgewiesen zu werden, weil wir uns einem gemeinsamen Urteil verweigern. Da ist es kein Wunder, wenn Menschen falsche Längenverhältnisse akzeptieren oder Mehrheitsmeinungen, die sie für falsch halten.

Das Zugehörigkeitsbedürfnis liegt vielen der in den vorangegangenen Kapiteln besprochenen Denkblockaden zugrunde. Die Menschen finden Gefallen an Ihnen, wenn Sie genauso denken wie sie. Aber je mehr Sie Ihre Gedanken mit denen der anderen auf eine Linie bringen, desto größer ist die Gefahr, dass Sie zum Opfer von Wahrnehmungs- und Denkblockaden werden. Problemlösungsteams erzeugen häufig einen engen Zusammenhalt und bestehen aus Leuten, die sich gegenseitig sehr respektieren. In einer solchen Situation ist das Zugehörigkeitsbedürfnis besonders stark ausgeprägt, was zu ernsthaften emotionalen Blockaden führen kann. Niemand will vor geachteten Kollegen als Außenseiter oder Versager dastehen. Jede Problemlösungsgruppe erzeugt ihre eigene Subkultur und ihr eigenes Umfeld. Wenn Letztere der Ideenfindung nicht förderlich sind, kommt es zu Denkblockaden. Wenn eine neue Idee vom Gruppenkonsens abweicht, sieht sich ihr Urheber möglicherweise versucht, sie zu verändern oder darauf zu verzichten. Auf diese Weise kann »Gruppendenken« entstehen.

Wenn hingegen das Zugehörigkeitsbedürfnis positiv kanalisiert wird, kann es einen hohen Grad an Motivation (den Wunsch nach einer herausragenden Teamleistung) und Unterstützung erzeugen. Eine Gruppe, die den Ideenfindungsprozess versteht, kann die einzelnen Mitglieder ermuntern, kreativ zu denken, sich gegenseitig darin zu unterstützen und eine Atmosphäre des Vertrauens zu schaffen, die die freie Ideensuche überhaupt erst möglich macht.

Die Bedürfnisse des Ego wirken dem Zugehörigkeitsbedürfnis gelegentlich entgegen. Sie wecken den Wunsch, andere zu beeinflussen, zu führen, bedeutsam und besonders zu sein. Leider besteht eine der einfachsten Möglichkeiten, sich in einer Gruppe wichtig zu machen, darin, eine kritische Haltung zu vertreten, und wie wir bereits gesehen haben, kann Kritik dem Ideenfindungsprozess äußerst abträglich sein.

Gleichermaßen abträglich sind jedoch falsch angebrachte Versuche, besonders seitens des (formellen oder informellen)

Teamleiters, andere zu beeinflussen. Diejenigen Techniken der Einflussnahme, die dem Ego am meisten schmeicheln, sind nicht unbedingt die dem Ideenfindungsprozess förderlichsten. Autorität beispielsweise ist eine klassische westliche Methode zur Beeinflussung anderer, und sie kann demjenigen, der Befehle austeilt, große Selbstbefriedigung verschaffen. Wir alle kennen das Phänomen der Autorität, weil die meisten Eltern davon reichlich Gebrauch machen. Die Methode hat gewisse Vorteile: Sie ist schnell und setzt lediglich ein Minimum an Wissen über diejenigen voraus, die sich in der »schwächeren« Position befinden.

Autoritäre Beeinflussung führt in der Regel dazu, dass die Leute genau gesagt bekommen, was sie zu tun haben. Leider kann darunter die Motivation leiden, irgendetwas anderes zu tun – ein klares Kreativitätshindernis. Autoritäre Führungspersönlichkeiten neigen dazu, ihren Untergebenen Antworten und keine Probleme vorzusetzen; außerdem provozieren sie häufig Widerstand. Ein rebellisches Klima bildet wohl kaum die ideale Voraussetzung, um ein Maximum an Ideen zu finden. Anstatt den »Herrscher« abzusetzen, reagieren die Menschen meistens, indem sie die Ideenproduktion einstellen. Sie schalten mental ab und leisten nicht länger einen produktiven und kreativen Beitrag.

Kooperativer Einfluss hingegen gestaltet sich häufig eher schwerfällig, aber er ermuntert zur Ideenproduktion. Die Kommunikation ist meist informeller; jedes Mitglied darf und soll sich einbringen, und jeder fühlt sich für den Erfolg des Gruppenprojekts verantwortlich und bezieht deshalb die Befriedigung seiner Zugehörigkeits- und Egobedürfnisse aus dem Problemlösungsprozess.

Welcher Ansatz würde Sie am ehesten zu Bestleistung anspornen, Autorität oder Zusammenarbeit? Da Sie ein denkender Mensch sind (andernfalls läsen Sie nicht dieses Buch), würden Sie vermutlich die Kooperation wählen, und Sie hätten Recht damit. Weil aber kooperative Managementtechniken die Egobedürfnisse von Managern nicht immer im selben Ausmaß befriedigen wie autoritäre Techniken, werden sie in unserer egozentrischen Kultur häufig vernachlässigt.

Führung

Einige Bemerkungen über Führungsstile sind hier am Platz. Der klassische autoritätsbasierte, hierarchische Führungsstil vom Typ X ist gegenwärtig bei innovativen Teams nicht populär, dennoch gibt es immer wieder Beispiele für revolutionäre Ergebnisse von Gruppen, die im Stil Attilas des Hunnen geleitet werden. Was geht da vor? Ich unterteile Gruppen gelegentlich in die folgenden drei Kategorien:

1. sichere, kompromissbereite, weise, traditionelle Gruppen;
2. Gruppen mit einem außergewöhnlich kreativen und dominanten Leiter und unterstützenden Mitgliedern;
3. integrierte, syntheseorientierte Zusammenarbeit mit einem teamorientierten Leiter.

Der erste Gruppentyp ist sehr weit verbreitet und essenziell für die Stabilität unseres Lebens. In einem solchen Team werden extreme Sichtweisen unterdrückt, Meinungsverschiedenheiten nur in Maßen toleriert und Entscheidungen überwiegend im Konsens getroffen. Sie sind sicher und weise, weil sie dem Altbewährten und Erprobten den Vorzug vor dem Neuen und Unbewiesenen geben. Sie sind nicht besonders kreativ, liefern jedoch in vielen Problemlösungssituationen gerade das Erforderliche. In diesen Gruppen bezieht der Leiter seine Autorität in der Regel entweder aus seinem Rang oder aus seinem Wissen, das er sich bei der Lösung ähnlicher Probleme erworben hat.

Der zweite Gruppentyp kann hochgradig kreativ sein. Man findet ihn häufig in jungen Unternehmen oder in Situationen, in denen der Erfolg von wenigen, ungewöhnlich kreativen Leuten abhängt. Menschen, die auf ihrem Gebiet Herausragendes leisten, arbeiten häufig nach diesem Muster. Aber dieser Gruppentyp hat auch seine Nachteile. Die Kreativität der Teammitglieder kommt nicht voll zur Geltung. Wer sich als »Eigentümer« eines Problems empfindet, ist eher motiviert, kreativ zu sein, als jemand, der lediglich einem anderen zuarbeitet, der den eventuellen Erfolg und die Lorbeeren für sich allein verbucht. Dominante Führungspersönlichkeiten helfen ihren Gruppenmitgliedern nicht immer dabei, das Beste aus sich zu machen, aus Furcht, diese könnten womöglich ihren Führungsanspruch infrage stellen. Ein Team, das von einer Person abhängt, ist zudem zerbrechlich. Wenn diese Person ausfällt, ist es unter Umständen schwer, einen Nachfolger zu finden.

Der dritte Gruppentyp hat viele Vorteile, wie nach all den wohlklingenden Attributen in seiner Beschreibung zu erwarten war, und besteht aus einem Team, dessen Mitglieder ihre Befriedigung nicht nur aus ihrer individuellen Leistung, sondern ebenso aus den Errungenschaften der Gruppe ziehen. Die persönliche und die berufliche Entwicklung der Mitglieder wird in der Regel stärker gefördert, und die Ergebnisse spiegeln eine größere Vielfalt der Disziplinen und Denkstile wider. Und schließlich sind die Mitglieder solcher Teams nicht nur besser motiviert, ein Problem zu lösen, sondern auch, die Lösung anschließend zu implementieren.

Damit soll nicht gesagt werden, dass solche Gruppen ohne Führung auskommen. In den 70er und 80er Jahren gab es viele Experimente mit so genannten führungslosen Teams, die auf Konsensbasis operierten. Zu den Resultaten dieser Konsensbildung gehörte häufig ein informeller Gruppenleiter, dessen Rolle jedoch eher diffus war, war das Team doch angeblich »führungslos«. Zudem hatte dieser Leiter außerhalb der Gruppe häufig wenig Einfluss, weshalb er dem Team kaum die nötige Unterstützung sichern konnte. Ob geführt oder nicht, diese Gruppen hatten so viele Schwachstellen, dass man sie heute kaum noch antrifft. Gruppen, die sich mit kreativer Problemlösung beschäftigen, benötigen einen starken Richtungssinn und eine gute politische und ökonomische Interaktion mit dem

Umfeld, in dem sie agieren. Zudem kommt es der Gruppe sehr zugute, wenn jemand mit guten Führungsfähigkeiten (der Leiter) die Rollen des Schiedsrichters und des Einpeitschers verkörpert. Das gilt insbesondere, wenn das Team aus unabhängigen Repräsentanten verschiedener Disziplinen und Problemlösungsstile besteht, wie dies in kreativen Gruppen wünschenswert ist.

Die Konsequenzen aus der Existenz oder dem Fehlen einer solchen Führung lassen sich gut an dem Typ von Universität ablesen, von der ich mein Gehalt bezogen habe. Akademische Kreativität findet zumeist in Forschungsteams statt, die typischerweise aus einem dominanten Professor bestehen, dem Studenten höherer Semester und gegebenenfalls einige Hilfskräfte zuarbeiten. Das ist das traditionelle Universitätsmodell, das von der Annahme ausgeht, dass die wichtigste Kreativitätsressource der Einzelmensch sei. Aber die Zeiten ändern sich. Viele potenziell spannende Projekte umfassen mehrere Disziplinen. Die neuen Technologien verändern die Methoden, wie Informationen gespeichert und zugänglich gemacht werden. Die Studenten und die öffentlichen Erwartungen sind nicht mehr dieselben wie früher. Um das traditionelle Modell zu verbessern, ist viel Kreativität gefragt.

Als langjähriger Professor bin ich ein überzeugter Verfechter des Prinzips, dass die Lehrkräfte über die akademische Richtung einer Lehrinstitution entscheiden sollten. Und an meiner Schule geschieht dies so. Normalerweise werden Probleme von Gruppen von Lehrkräften in Angriff genommen, die entweder bestimmte Disziplinen vertreten (Forschungsgruppen, Abteilungen, Institute, Schulen) oder in ein ständiges oder projektspezifisches Komitee delegiert wurden. Diese Lehrkräfte sind jedoch häufig daran interessiert, Geld für ihre eigenen Aktivitäten zu bekommen, haben nur ihr eigenes Fachgebiet im Blick, mögen es nicht, »gemanagt« zu werden, und hätten keinerlei Schwierigkeit, anderswo einen besser bezahlten Job mit mehr Vergünstigungen zu bekommen. Sie sind zudem argwöhnisch, was die Auswirkungen jedweder Veränderung auf ihre eigenen

Aktivitäten betrifft. Bei Entscheidungen wird in der Regel ein Konsens angestrebt, und der offizielle Vorsitzende spielt häufig eine eher unmaßgebliche Rolle. Infolgedessen fällt es vergleichsweise schwer, neue Richtungen unter Einbeziehung interdisziplinären Denkens und alternativer Vorgehensweisen einzuschlagen. Nur mit mehr Führung ließe sich erreichen, dass diese Teams zu mehr Abenteuer bereit wären, aber es fehlt an der nötigen Einsicht und möglicherweise auch an den Ressourcen für einen solchen Schritt. Die daraus resultierende Trägheit wirkt sich bremsend auf so manche vielversprechende neue Initiative aus. In den Universitäten sind die ersten beiden der oben erwähnten Gruppentypen im Übermaß vertreten, während der dritte Typ Seltenheitswert hat.

Zusammensetzung

Der Zusammensetzung kreativer Teams kommt eine besondere Bedeutung zu. Zu den Büchern, die in den 90er Jahren zu diesem Thema erschienen und den Test der Zeit bestanden zu haben scheinen, gehört »Teams« von Katzenbach und Smith. Darin zählen die Autoren sechs grundlegende Elemente für gute Teams auf. Sie lauten:

1. nicht zu viele Teilnehmer;
2. ausreichende Qualität und Streuung der Fähigkeiten;
3. ein aussagekräftiger Zweck;
4. konkrete Arbeitsziele;
5. ein klarer Arbeitsansatz;
6. wechselseitiges Vertrauen.

Eine kreative Gruppe sollte groß genug sein, um die erforderlichen Disziplinen und Fähigkeiten zu repräsentieren, aber klein genug, damit ihre Mitglieder leicht interagieren und sich einbringen können. In meiner Vorstellung sind fünf bis zehn Mitglieder ideal. Wenn sehr viele Interessen und Disziplinen vertreten sein sollen, empfiehlt es sich, Mitglieder zu wählen, deren Kompetenzbereich breit genug ist, dass sie für mehrere Bereiche sprechen können, wobei sie sich nötigenfalls in Einzelbereichen von Spezialisten beraten lassen können. Wie bereits erwähnt, müssen nicht nur die erforderlichen intellektuellen Fähigkeiten repräsentiert sein, sondern kommt es ebenso auf die Vielfalt der Problemlösungsstile und auf die richtigen Charaktere an. Bob Sutton, ein Freund, der sich mit dem Studium von Unternehmen beschäftigt, pflegt zu sagen, ein kreatives Team brauche intellektuelle Vielfalt, aber keinen affektiven Konflikt. Mit anderen Worten: Die Teammitglieder sollen unterschiedliche Ansichten haben, aber nicht gegeneinander kämpfen.

Was die Charaktere betrifft, so bewähren sich in kreativen Gruppen häufig diejenigen, die die Gedanken und die Spezialgebiete der anderen achten und schätzen, eine gute Vorstellung von ihren eigenen Fähigkeiten haben, die Ideen anderer bereichern, eigene Ideen vorbringen und einen Sinn für Humor haben. Eine zuversichtliche Haltung ist ebenfalls wünschenswert, denn sie hilft den Leuten, sich auf neue Ideen einzulassen und andere Gruppenmitglieder zu unterstützen. Höchste Brillanz und Extrovertiertheit sind nicht zwingend erforderlich. Ich habe mit vielen Menschen zusammengearbeitet, die extrem erfolgreich in kreativen Gruppen mitwirkten und dabei ruhig, bescheiden und keineswegs besonders leutselig waren. Aber sie leisten einen enthusiastischen und selbstlosen Beitrag zur gemeinsamen Sache. Viele besonders wertvolle Teammitglieder gehören nicht zu den Spitzenkräften ihrer Disziplin. Aber sie kennen ihren Bereich, ihre eigenen Grenzen und ebenjene Spitzenkräfte. Was kreativen Gruppen weniger gut tut, sind Leute, die mit ihrer negativen Sichtweise, ihren Versuchen, sich ins Rampenlicht zu stellen und die Gruppe zu kontrollieren, und mit ihrer konfrontativen Einstellung die Moral der Gruppe beeinträchtigen.

Die übrigen Faktoren auf der Liste betreffen die Werte und die Erfahrungen der individuellen Gruppenmitglieder. Es ist zu wünschen, dass das Team einem aussagekräftigen Zweck dient; wenn nicht, dann sollte es sich Gedanken über seine Existenzberechtigung machen. Ebenso sollte es natürlich konkrete Arbeitsziele haben. Wenn es um Kreativität geht, sollte die Gruppe darauf achten, dass die Arbeitsziele mit dem gewünschten Grad an Kreativität verträglich sind. Ebenso ist es Aufgabe der Gruppe, einen klaren Arbeitsansatz zu entwickeln und für wechselseitiges Vertrauen zu sorgen. Ein mahnendes Wort des Leiters reicht bei keinem dieser Punkte, um die nötige Kooperationsbereitschaft sicherzustellen.

Es ist sicherlich möglich, die eigene Effektivität in einem kreativen Team zu verbessern, aber wir müssen auch das Feedback der übrigen Mitglieder herausfordern und uns mit den Lehren beschäftigen, die andere aus dem Studium von Gruppen gezogen haben. Wenn man sich mit Disziplinen beschäftigt, in denen Teams eine Rolle spielen, wie beispielsweise Organisationsverhalten, Soziologie, Anthropologie und Psychologie, findet man ungeheuer viel Material zum Interaktionsverhalten in Gruppen. Aufgrund der Komplexität des Themas existiert für die perfekte kreative Gruppe oder das perfekte kreative Gruppenmitglied keine einheitliche Formel. Aber das Wissen über diese Bereiche ist nicht unbeträchtlich und lohnt in jedem Fall eine Beschäftigung.

Angemessene Unterstützung

Teams benötigen ausreichend Zeit, Geld, Zugang zu Leuten und Unterstützung innerhalb der Organisation. In ihrem Buch »Wien wartet auf Dich!« erklären Demarco und Lister, dass sie zwar nicht wüssten, wie man die perfekte Gruppe bilde, dass sie aber wüssten, wie man sie ruinieren könne. Als Möglichkeit, dies zu erreichen, nennen sie unter anderem unrealistische Fristen (die übrigen Möglichkeiten betreffen Manager, die Angst vor Risiken oder einem Team haben, das mehr drauf hat als sie selbst, Bürokratie, räumliche Trennung der Gruppenmitglieder, Zeitzerstückelung und Zielrücknahme). Sie behaupten, erfahrene Problemlöser hätten eine gute Vorstellung von der Zeit, die etwas brauchen wird, und seien nicht bereit, sich voll auf ein Projekt einzulassen, das weniger Zeit vorsieht. In Tracy Kidders Klassiker »Die Seele einer neuen Maschine« ziehen sich die Projektmanager damit aus der Affäre, dass sie junge Uni-Absolventen anheuern, die die Schwierigkeit der Aufgabe nicht einschätzen können. Aber das ist nur in Fällen möglich, wo diese Absolventen die nötigen Fähigkeiten mitbringen, und auch dann vermutlich nur einmal mit jeder Gruppe. Die Menschen und die Gruppen, die ich kenne, funktionieren vermutlich besser unter einem gewissen Zeitdruck. Aber wenn die Zeit nicht genügt, um verschiedene Wege hinreichend detailliert zu erforschen und Vergleiche mit vergangenen Erfahrungen anzustellen, kann Kreativität nicht gedeihen.

Ebenso wichtig ist Geld. Nicht nur lassen sich mit Geld die erforderlichen Leute und Einrichtungen beschaffen, es stellt, ob zu Recht oder nicht, auch ein Maß für die Bedeutung des Projekts dar. Zu Beginn ist diese Unterstützung besonders wichtig. Wie wir alle wissen, wird die Anfangsfinanzierung von Projekten häufig unter dem Deckmantel anderer Aktivitäten sichergestellt. Das ist notwendig, weil die für die Mittelzuweisung zuständigen Leute eine Art Sicherheit bezüglich der Durchführbarkeit eines Projekts haben wollen, bevor sie es finanzieren. Wenn diese »Fremdfinanzierung« schwierig wird, leidet darunter die Kreativität. Ich war an zwei sehr kreativen Unternehmen beteiligt, die einer Untersuchung durch den Kongress unterzogen wurden; das eine, weil es in einem extrem schwierigen und beispiellosen Projekt nicht so schnell Ergebnisse lieferte, wie dies einige in der Regierung erwartet hatten, und das andere, weil es verdächtigt wurde, Regierungsgelder zu vergeuden (nach einer langen und schmerzvollen Prozedur wurden beide von den Vorwürfen freigesprochen). In beiden Fällen hatten die Untersuchungen eine drastische Verstärkung von Buchhaltungs- und Wirtschaftsprüfungsaktivitäten zur Folge. Das wiederum führte zu vermehrten

Schwierigkeiten, Geldmittel für radikal neue Ideen aufzutreiben, und, zumindest aus meiner Sicht, zu einer Kreativitätsminderung. Glücklicherweise heilt die Zeit Wunden, politische Ränkespiele gehen vorüber, und die Kreativität hat in beiden Unternehmen wieder ein hohes Niveau erreicht.

Ein entscheidender Faktor ist der Kontakt zu geeigneten Leuten. Nicht nur benötigen Teams Mitglieder mit den richtigen Fähigkeiten und Erfahrungen, diese wiederum müssen auch in der Lage sein, die erforderlichen Fachkompetenzen und Denkkapazitäten außerhalb der Gruppe zu akquirieren. Häufig wird Kreativität in einer Branche mit der hohen Mobilität ihrer Mitarbeiter in Verbindung gebracht. Das ist einer der Gründe, die für den Erfolg von Silicon Valley angeführt wurden. Der häufige Arbeitsplatzwechsel unter den jungen technischen Arbeitskräften bewirkt eine rasche Verbreitung von Ideen und Fähigkeiten. Einzelnen Unternehmen mag das missfallen, Region und Branche profitieren jedoch davon. Solche Leute sind extrem gut geeignet für die Mitarbeit in kreativen Teams. Häufig bringen sie die richtige Mischung aus Erfahrung und intellektueller Ruhelosigkeit mit, die einen hohen Grad an Kreativität ermöglicht.

Und schließlich bedarf es der Unterstützung aus dem Umfeld des Teams, sei es einer formellen Organisation oder einer eher informellen Ansammlung von Menschen. Dies gehört zu meinen Lieblingsthemen, denn ich scheine eine Schwäche für Gruppen zu haben, deren Schlussfolgerungen auf keinen fruchtbaren Boden fallen. Beispielhaft dafür war ein vom kalifornischen Gouverneur einberufenes Team mit der Bezeichnung *Governor's Commission on Toxic Waste*. Weil Wahlen anstanden und der Gegenkandidat des Amtsinhabers die Umwelt zu einem Wahlkampfthema erkoren hatte, kann kein Zweifel daran bestehen, dass die Gründung dieser Gruppe aus politischen Überlegungen heraus erfolgte. Aber Kalifornien hatte ein echtes Problem mit giftigen Abfällen, und diese Gruppe war mit extrem scharfsichtigen, informierten, entschlossenen und politisch einflussreichen Leuten besetzt. Der Leiter war ebenfalls ein Mann, den ich bewunderte. Das Team erhielt zudem große technische Unterstützung aus dem Umfeld der University of California, und die Affinität der Mitglieder zu den politischen Parteien war vergleichsweise ausgewogen. Wie konnte es scheitern? Der Grund dafür war, dass es, nachdem es die Dringlichkeit des Problems erkannt hatte, eine Reihe von Maßnahmen vorschlug, die auf den Widerstand der damals in Kalifornien regierenden Konservativen trafen. Sie verweigerten der Gruppe nicht nur die aktive Unterstützung, sondern taten alles, um deren Ergebnisse zu unterdrücken.

Auf die Auswirkungen von Organisationen auf Gruppen und Individuen werden wir im nächsten Kapitel ausführlicher eingehen.

9 Blockaden in Unternehmen

Wir sind von Organisationen* abhängig. Viele von uns arbeiten in Organisationen, und diese hängen wiederum von anderen wirtschaftlichen, politischen, juristischen und finanziellen Unternehmen ab. Freiwilligenorganisationen beeinflussen manchmal unser Leben, so wie solche aus dem Medizin- und dem Bildungsbereich. Die Städte, in denen wir leben, sind organisiert, ebenso wie die Geschäfte und die Unterhaltungszentren, die wir besuchen. Jede Unternehmung, an der mehr als 20 Leute beteiligt sind, gelingt besser, wenn sie organisiert ist. Eine informelle Versammlung von 10 000, 1000 oder auch nur 100 Teilnehmern hätte es schwer, ein komplexes Problem schnell und ökonomisch zu lösen. Aber die Eigenschaften von Organisationen, die es einer großen Zahl von Menschen erlauben, gemeinsam bestimmte Ziele zu erreichen, stellen häufig ein potenzielles oder reales Kreativitätshindernis dar. Organisationen leiden genauso wie Individuen und Teams an bestimmten Denkblockaden. Wir wollen uns einige der am weitesten verbreiteten einmal genauer ansehen. Es handelt sich um folgende:

1. zu viel oder zu wenig Kontrolle;
2. Alter und Größe;
3. Tradition und vergangene Erfolge;
4. ungeeignetes Belohnungs- und Unterstützungssystem;
5. eine abträgliche Kultur.

* Da es sich mittlerweile eingebürgert hat, auch staatliche, kirchliche und andere Organisationen als Unternehmen zu bezeichnen, werden diese beiden Begriffe hier häufig als Synonym verwendet – Anm. d. Übers.

Kontrolle kontra Kreativität

Organisationen kontrollieren Geld, Menschen, Einrichtungen, Ausrüstung und andere Ressourcen, die sie benötigen, um ihre Ziele zu erreichen. Eine solche Kontrolle muss sein, damit viele Menschen gleichzeitig in dieselbe Richtung streben. Aber Kontrolle behindert Divergenz, Spontaneität, Experimentierbereitschaft und folglich Kreativität. Ein großes Problem besteht darin, eine Balance zwischen Kreativität und Kontrolle zu finden. Zu viel Kontrolle kann dazu führen, dass die Organisation nicht innovativ genug ist und den Anschluss an die Zeit verpasst. Zu wenig Kontrolle geht mit der Gefahr einher, in Unordnung und Ineffizienz zu versinken. Die Balance zu halten stellt ein entscheidendes Problem dar, dem viele Organisationen zu wenig Aufmerksamkeit schenken.

Es handelt sich um ein komplexes Problem, weil die Kontrolle von vielen Dingen abhängt, wie beispielsweise Tätigkeitsbereich, Organisationsfunktion und -ebene, Größe und Alter. Gegenwärtig wird in der Computerbranche mehr Innovationstätigkeit erwartet als im Klempnerhandwerk. Wenn sich Intel allein auf die Herstellung billigerer Mikroprozessoren statt auf Neuentwicklung und Verbesserung verlegen würde, würde das Unternehmen kaum lange Bestand haben. Ebenso wenig wäre einem Unternehmen eine große Zukunft beschieden, das versuchte, radikal verbesserte Bidets in Iowa zu verkaufen. Auch innerhalb einer Organisation differiert der Grad der Kontrolle. In der Innenrevision wird mehr Kontrolle erwartet als in der Forschungsabteilung. Die Kontrolle schwankt auch mit der Organisationsebene. Vor einiger Zeit führte ich ein inoffizielles Experiment durch, indem ich Mitarbeiter der verschiedenen Hierarchieebenen eines großen Unternehmens anrief und sie fragte, ob sie extrem kreative Uni-Absolventen einstellen würden, die ihre eigenen Ideen verfolgen, auch wenn sie auf der Suche nach Unterstützung gegen interne Regeln verstoßen, und die Ratschläge, ihr Projekt aufzugeben, in den Wind schlagen. Befragte ohne Managementverantwortung bejahten dies eifrig. Sie erklärten mir, eine solche unehrerbietige Haltung sei genau das Erforderliche, um in einem großen Unternehmen etwas zu bewegen. Die Vertreter des unteren Managements waren etwas zögerlich. Die Idee von Mitarbeitern mit Unternehmergeist gefiel ihnen, aber sie waren nicht sicher, ob sie sie managen wollten. Diejenigen aus dem mittleren Management äußerten sich ablehnend. Eine typische Reaktion lautete: »Wir haben hier eh schon zu viele Ideen. Das Letzte, was wir brauchen können, sind Leute, die in noch mehr unterschiedliche Richtungen streben.« Die Vertreter des oberen Managements reagierten wiederum enthusiastisch. Sie ließen keinen Zweifel hinsichtlich der Vorteile von Mitarbeitern, die Unternehmergeist zeigen. Natürlich gingen sie davon aus, dass die Leute unter ihnen die Kontrolle über die Details behielten.

Alter und Größe

Wenden wir uns den Kriterien Alter und Größe zu. Erfolgreiche Organisationen scheinen zu wachsen. Warum? Große Organisationen haben viele Vorteile. Dazu gehört ihre Fähigkeit, Einfluss auf die Welt auszuüben. Große Unternehmen interagieren mit vielen Kunden, machen viel Geld und können einen beträchtlichen Einfluss auf gesellschaftliche Institutionen, Regierungen und Individuen ausüben. Große Universitäten können viele Programme und Projekte anbieten und ausreichend Ressourcen aufbieten, um eine hohe Qualität zu gewährleisten. Große Armeen können kleinere besiegen, und große Denkfabriken und Architekturbüros können eher Aufträge an Land ziehen als kleinere.

Es schafft enorme Befriedigung, an umfangreichen, komplexen Projekten mitzuarbeiten, die mit viel Koordination und Interaktion verbunden sind. Man muss nur einmal Zeit mit jemandem verbringen, der an der Gestaltung und der Konstruktion eines großen Staudamms, eines Schiffes, einer Brücke, eines

Transport- oder eines Raketensystems beteiligt ist, um dies zu entdecken. Ich war in der Anfangsphase am amerikanischen Raumfahrtprojekt beteiligt, und Sie sollten mir dazu keine Fragen stellen, solange Sie nicht reichlich freie Zeit mitbringen. Es war eine große Sache, die mich sehr faszinierte.

Große Organisationen sind zudem stabil. Einer der ersten modernen Organisationstheoretiker, der deutsche Soziologe Max Weber, prägte den Begriff der *Bürokratie*. Für ihn hatte dieses Wort einen äußerst positiven Klang. Eine Bürokratie war eine wunderbare, stabile Struktur. Große, strukturierte Unternehmen, in denen die Tätigkeiten klar definiert sind und die Kontrolle konsequent entlang der hierarchischen Linien ausgeführt wird, sind vergleichsweise unempfindlich gegen den Verlust (oder Zugewinn) von Mitarbeitern. Das ist zugegebenermaßen ein Vorteil, auch wenn er einen inhumanen Beigeschmack hat und wir ihn meist als selbstverständlich hinnehmen.

Sie sind zudem relativ stabil gegenüber Marktveränderungen und ökonomischen Verschiebungen. In der Regel haben sie eine breitere Vielfalt an Produkten und Kunden, wodurch sie gegen Veränderungen in der Nachfrage nach einem einzelnen Produkt oder seitens einer einzelnen Kundengruppe eher gefeit sind. Sie haben Zugang zu großen Kapitalquellen und sind bei Bedarf in der Lage, politischen Druck auszuüben (siehe beispielsweise die berühmten Regierungskredite an Chrysler).

Große Organisationen bieten ihren Beschäftigten gewisse Vorteile. Sie garantieren zuverlässige Gehaltszahlungen und einen höheren Grad an Arbeitsplatzsicherheit. Auch dies scheint vielen Menschen selbstverständlich zu sein. Wer jedoch ein Leben ohne regelmäßige Gehaltsüberweisungen kennen gelernt hat, lässt sich leicht davon beeindrucken. Als ich an einem bestimmten Punkt meines beruflichen Weges dafür zuständig war, Leute einzustellen, war ich überrascht, wie leicht es war, freiberufliche Unternehmensberater fest anzustellen. Der Glanz und die Unabhängigkeit der freiberuflichen Tätigkeit wiegen das Wunder regelmäßiger Gehaltszahlungen häufig nicht auf. Große

Organisationen lassen ihren Beschäftigten zudem den nötigen Freiraum, um sich zu entwickeln und zu verbessern. Es ist möglich, an seiner Karriere zu arbeiten, ohne erworbenes Spezialwissen opfern zu müssen. Gleichzeitig bieten große Unternehmen ein breites Spektrum an Mentoren und Lerngelegenheiten. Und sie verleihen ihren Mitarbeitern Prestige, insbesondere den Managern. (Die Menschen lassen sich stärker vom Chef eines Unternehmens wie General Motors beeindrucken als vom Chef der kleinen Beraterfirma, die aus mir und meiner Frau besteht.)

Und schließlich ist Wachstum selbst ein Vorteil, weil es den Einzelnen mehr Gelegenheit bietet, ihren Zuständigkeitsbereich auszubauen und innerhalb eines Teams oder einer Organisation aufzusteigen. Das ist spannend und verheißend und ruft die Unterstützung unserer wachstumsorientierten Kultur hervor. Waren Sie schon einmal Mitglied einer Organisation, die freiwillig beschlossen hat, nicht zu wachsen? Solche Fälle sind selten, denn die meisten Organisationen können sich selbst davon überzeugen, dass etwas mehr Hilfe bei der Erfüllung ihrer Aufgaben nicht schaden kann. Selbst wenn die Entscheidung zum Wachstumsverzicht getroffen wurde, ist sie doch angesichts negativer Effekte auf die Moral schwer durchzuhalten. Die Universität, für die ich tätig bin, entschied vor einiger Zeit, die Zahl der Studenten nicht weiter zu erhöhen. Das war eine rationale Entscheidung, weil sich in der Nähe ein großer und starker Wettbewerber befindet, der vom Staat Kalifornien großzügig gefördert wird. Wir müssen im Wettbewerb mit jener Universität geschickt vorgehen. Wenn wir lediglich als ihr Duplikat in Erscheinung treten, haben wir keine Chance, weil wir mangels Zuschüssen dasselbe Produkt nur zu einem sehr viel höheren Preis anbieten können. Unser Vorteil ist, dass wir kleiner und flexibler sind und freundlicher zu unseren hohe Gebühren zahlenden Studenten. Aber wenngleich unsere Studentenzahlen jetzt (nahezu) stabil sind und auch die Größe des Lehrkörpers begrenzt ist, wachsen wir doch, was Einrichtungen, drittfinanzierte Aktivitäten, nichtpädagogisches Personal, Zahl der Transaktionen pro Monat,

Rasen- und Parkplatzfläche und ungezählte andere Indikatoren betrifft. Wachstum bringt verbesserte Kapazitäten und mehr Bewegungsfreiraum für den Einzelnen. Es besänftigt zudem den Eroberer, den die meisten von uns in ihrer Brust tragen.

Das Wachstumsmuster

Wenn Wachstum und Größe all diese positiven Attribute besitzen, warum stehen dann gerade die Vorteile der Kleinheit so im Rampenlicht? Schließlich waren die meisten Organisationen irgendwann einmal klein. Sie sind aus triftigen Gründen gewachsen. Dieses Wachstum war jedoch nicht zum Nulltarif zu haben, und die Kosten haben mit unserem Thema Kreativität und Wandel zu tun.

Formelle Strukturen behindern die Kommunikation und lassen abgegrenzte Teilstrukturen entstehen, die nur auf ihren eigenen Vorteil bedacht sind. Freie Kommunikation und die Fähigkeit, Aktivitäten in neuer Weise zu verbinden, sind eine notwendige Voraussetzung für Kreativität. Wahrgenommene Probleme müssen hinterfragt, Wissen muss weitergegeben und neue und zerbrechliche Ideen müssen so lange entwickelt werden, bis sie so praxistauglich sind, dass sie sich der konservativen Organisation verkaufen lassen. Strukturelle Formalität geht in der Regel mit einer verstärkten Autoritätshörigkeit einher. In autoritären Systemen versuchen die einzelnen Mitglieder in erster Linie, ihrer Arbeitsplatzbeschreibung gerecht zu werden. Aber wie viele Arbeitsplatzbeschreibungen enthalten Formulierungen, die zum Risiko ermuntern? Formelle Strukturen hängen auch mit Routine, verminderter Unsicherheit und verstärkter Prognostizierbarkeit zusammen. Diese Eigenschaften mögen für den normalen Unternehmensbetrieb hilfreich sein, für die Kreativität stellen sie jedoch ein Hindernis dar.

Große Organisationen widmen notgedrungen einen größeren Anteil ihrer Energie der Kontrolle, um die Unsicherheiten, die mit der Komplexität einhergehen, in Schach halten zu können. Es fällt nicht allzu schwer, in einem beliebigen großeren Unternehmen Menschen zu finden, deren Aufgabe darin besteht, Fehler zu vermeiden. Zur Fehlervermeidung gehört die Reduzierung von Risiken, was sich wiederum nachteilig auf die Kreativität auswirkt. Aufgrund dieser notwendigen Kontrolle, der Art von Managern, die sie anziehen, sowie der häufig globalen Verantwortung sind große Unternehmen eher konservativ. Einem Unternehmen wie General Motors fällt es sehr viel schwerer als einem kleinen Start-up, sich auf das Wagnis eines neuen Produkts, einer neuen Dienstleistung oder einer neuen Richtung einzulassen. Große Organisationen sind naturgemäß gegen neue Produkte, Dienstleistungen und Richtungen ziemlich resistent.

Sie können auch eine Entpersönlichung bewirken, und das führt uns direkt auf das Motivationsproblem in Sachen Kreativität. Große Menschengruppen funktionieren möglicherweise aufgrund einer äußeren Motivation, und hier spielen Belohnungen eine wichtige Rolle. Individuen und Gruppen müssen für kreative und innovative Ergebnisse belohnt werden. Aber häufig dominieren in großen Unternehmen standardisierte Belohnungssysteme, und der individuelle, viel versprechende Erneuerer fällt durchs Raster. Nicht selten beklagen erfolgreiche Firmengründer einen Verlust an Kreativität, sobald ihr Unternehmen erst eine gewisse Größe erreicht hat. Es könnte für sie lehrreich sein, die finanziellen und die psychologischen Belohnungssysteme, die während der Startphase in Kraft waren, mit denen der reiferen Phase zu vergleichen.

Und schließlich werden große Unternehmen bisweilen zu langsam. Die Verfahrens- und Kontrollebenen sind häufig nicht mit der Unberechenbarkeit der Kreativität vereinbar. Kreative Entwicklungen setzen den Zugriff auf Ressourcen voraus. Das gilt insbesondere für große Unternehmen, in denen die Ideen weit genug entwickelt werden müssen, um sich gegen den endemischen Konservativismus der Entscheidungsfindungsstrukturen behaupten zu können. Die zeitliche und die örtliche Verfügbarkeit dieser Ressourcen muss sich nach dem tatsächlichen Bedarf richten. Ein Mangel an Zeit, Geld, Personal und Einrichtungen, um neue Konzepte zu verwirklichen, kann die Kreativität in jeder großen Organisation lähmen.

Das Diagramm auf der nächsten Seite stammt aus einem Artikel des Experten für Organisationsverhalten Larry Greiner. Es beschreibt einen Prozess, der Ihnen geläufig sein wird, wenn Sie jemals in irgendeiner Art von Organisation tätig waren. Die aufsteigende Kurve impliziert, dass erfolgreiche Organisationen mit der Zeit wachsen.

Das Diagramm beschreibt die Wachstumsphasen in einem Unternehmen und illustriert die Krisen, die nach Ansicht des Autors weit verbreitete Phänomene darstellen. Diese Krisen ereignen sich am Ende stabiler Phasen und können kürzer oder länger sein. Sie können, müssen aber nicht, zu Umbesetzungen im Management und in der allgemeinen Belegschaft führen. Wir werden sie untersuchen und uns überlegen, was sie mit Kreativität und der Fähigkeit, auf Veränderungen zu reagieren, zu tun haben könnten.

Der erste Abschnitt der Kurve repräsentiert das Start-up. In dieser Phase hat das Unternehmen einige wenige bis ein Dutzend Mitarbeiter, vermutlich ein einzigartiges Produkt oder eine ebensolche Dienstleistung, eine sehr hohe Motivation, Mitarbeiter, die ihre Arbeit mit Stolz und Begeisterung verrichten, sowie eine informelle und freie Kommunikation. In diese Kategorie fallen die sagenumwobenen »Garagenfirmen« der Elektronikbranche. Greiner gebraucht den Begriff der kreativen Phase, weil ein solches Unternehmen zu einem hohen Grad alltäglicher Kreativität fähig ist. Es gibt kaum Beschränkungen und keine Vorläufer. Die Mitarbeiter sind stolz darauf, dass sie völlig neue Wege gehen, und sie müssen sich anstrengen, um zu überleben. Wenn ein Problem auftaucht, lösen sie es, weil sie keine andere Wahl haben.

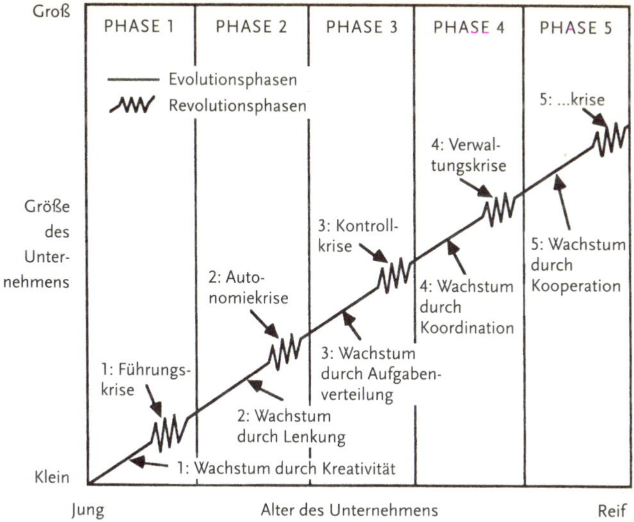

Die fünf Phasen des Unternehmenswachstums

Die erste Führungskrise ereignet sich, wenn das Unternehmen so groß wird (vielleicht in der Größenordnung von 100 Mitarbeitern), dass es allein mit informellen Organisationsmethoden nicht länger effizient arbeiten kann. Es beschäftigt mittlerweile viele Mitarbeiter, die sich nicht mehr als ideelle »Eigentümer« des Unternehmens empfinden; es bindet zu viele Ressourcen in der Lagerhaltung; Arbeitsplatzbefugnisse überschneiden sich und lassen sich neuen Beschäftigten nur schwer beschreiben; und das Unternehmen muss sich mit Steuerbehörden und Gerichten herumschlagen. In dieser Phase reagieren die Unternehmensgründer, selbst wenn sie die Zeichen der Zeit erkennen, in aller Regel nicht schnell genug. Im Extremfall weigern sie sich sogar, diese Signale zur Kenntnis zu nehmen. Nicht selten stellt sich das Management so lange einer stärkeren Formalisierung entgegen, bis höhere Kräfte es eines Besseren belehren oder seine Reihen um Personen erweitern, die eine formellere Organisationsphilosophie vertreten. Wenn das Unternehmen weiterhin erfolgreich sein will, muss es sich anpassen. Es muss sich auf einen höheren Grad an Kontrolle und Formalität einstellen.

Organisationspläne, Arbeitsplatzbeschreibungen, klare Hierarchien, Lagerhaltungs- und Buchhaltungssysteme, Produktionskontrollsysteme und andere Requisiten halten Einzug. Das Management behält möglicherweise seinen verbindlichen und informellen Stil und rettet so viel Motivation wie möglich aus der Anfangsphase herüber, aber gleichzeitig muss es irgendwie der großen Zahl der Beschäftigten das Leben vereinfachen. Einige Unternehmen haben eine solche Abneigung gegen die Attribute traditioneller großer Unternehmen, dass sie versuchen, Kontrolle mit nichttraditionellen Methoden (Überzeugungssysteme, pseudofamiliäre Autoritätsstrukturen) auszuüben. Aber mit zunehmender Größe wächst auch der Kontrollbedarf. Kontroll- und Kommunikationssysteme werden formalisiert, um sicherzustellen, dass Redundanz und widersprüchliche Entscheidungen nicht an den Kräften des Unternehmens zehren. Der mitarbeiterorientierte Chef mag auch weiterhin seine Tür für alle Beschäftigten offen halten. Aber ein immer geringerer Prozentsatz von ihnen nutzt dieses Angebot.

Das Unternehmen gedeiht mit seinen neuen kontrollorientierten Gewohnheiten jetzt gut und setzt sein Wachstum fort. Möglicherweise betrachtet es sich selbst weiterhin als »klein«, während es seine Wettbewerbsposition ausbaut. Aber irgendwann bekommt es erneut Probleme. Es wird immer klobiger, und je größer es wird, desto mehr werden die Vorteile einer strikten linearen Hierarchie aufgehoben durch die Komplexität der Kommunikations- und Kontrollmechanismen. Die Mitarbeiter an der Basis müssen schlicht zu lange auf die Erlaubnis aus der Führungsetage warten, bevor sie handeln können. Der Augenblick ist erreicht, wo Delegation erforderlich wird. Entscheidungen müssen weiter unten im Unternehmen getroffen werden, und es müssen Organisationseinheiten wie *Profit Centers*, Produktabteilungen und geografisch dezentralisierte Betriebseinheiten eingerichtet werden. Und wieder prognostiziert Greiner eine Krise. Manchem Manager gefallen die Veränderungen nicht, und er wird von oben getrieben. Manager, die in der »Führungsphase« eines Unternehmens eine maßgebliche Position haben, träumen von einer Fortsetzung dieses »geordneten« Zustands. Aber wenn das Unternehmen überleben will, muss es sich verändern und in die »Delegationsphase« eintreten.

Die Kurve umfasst weitere Phasen und weitere Krisen. Die nächste tritt ein, wenn die Abteilungen des Unternehmens so stark geworden sind, dass das obere Management befürchtet, sie könnten sich verselbständigen. Das Unternehmen reagiert darauf in der Regel, indem es Möglichkeiten der Synthese sucht. Es konzentriert seine Aufmerksamkeit auf Koordination, Unternehmensprofil, Produktausgewogenheit, zentrale Richtlinienkompetenz, Logos, Produktidentität und so weiter. Zur nächsten Krise kommt es, wenn das Unternehmen so groß geworden ist, dass es in Bürokratie, Zwist, politischer Intrige und allgemeiner Komplexität zu ertrinken droht. Wer an weiteren Details interessiert ist, sollte den Artikel lesen. Für unsere Zwecke hier müssen wir lediglich entscheiden, ob wir dem Artikel eine gewisse Wahrheit zusprechen (ich selbst schwöre gewissermaßen darauf) und, wenn ja, was das Ganze mit Kreativität und Veränderung zu tun hat.

Wie man allgemein weiß, sind Kreativität und Wandlungsbereitschaft in kleinen Unternehmen stärker ausgeprägt als in großen, formell durchstrukturierten. In der Anfangsphase macht sich vermutlich niemand überhaupt Gedanken über Kreativität und Veränderungen. Das Unternehmen handelt einfach danach, ohne sich dessen bewusst zu sein. Seine Problemlösungsgewohnheiten schließen Kreativität und einen hohen Wandlungsgrad ein. Sobald es jedoch wächst, entsteht zunehmend die Notwendigkeit, dass es sich seines eigenen Tuns bewusst wird und ein für Kreativität und Wandel förderliches Klima schafft. Nicht selten dominieren in Start-ups Leute, deren Hauptaugenmerk auf der Entwicklung eines Produkts oder einer Dienstleistung liegt. Wird das Unternehmen größer, verlagert sich der Schwerpunkt notwendigerweise auf die effizientere Herstellung und den Verkauf des Produkts, wenn Wettbewerber in Erscheinung treten, der Absatz schwieriger wird und die Kosten zu einem wichtigen Faktor werden. An diesem Punkt gerät die Entwicklung von Nachfolgeprodukten und -dienstleistungen häufig ins Hintertreffen. Irgendwann wird es erforderlich, diese Aktivitäten bewusst voranzutreiben. Wenn das Unternehmen seine Belohnungen vermehrt denen zukommen lässt, die die Kosten kontrollieren und reduzieren, muss sichergestellt werden, dass auch die Entwicklung neuer Produkte und Dienstleistungen weiterhin belohnt wird. Wenn die Ressourcen von der Produktentwicklung auf Marketing und Herstellung umgeschichtet werden, muss gewährleistet sein, dass die Produktentwicklung nicht leer ausgeht. In der anschließenden Delegationsphase gilt es darauf zu achten, dass in ausreichendem Maß Zeit, Kräfte und Belohnungen zur Verfügung stehen, um in einem mittlerweile komplexeren Unternehmen an den richtigen Stellen Kreativität und Wandel zu fördern. Es muss auch sichergestellt sein, dass die richtigen Leute beteiligt werden und dass die Einheiten klein und flexibel genug sind. Das macht es häufig erforderlich, innerhalb einer großen Unternehmensbürokratie kleine »Garagenfirmen« zu schaffen.

Beispiele dafür lassen sich in vielen kreativen Unternehmen beobachten. Die Lockheed Skunk Works und Bell Laboratories erlangten einst Berühmtheit für ihre kreativen Resultate und Beiträge für ihre Unternehmen. Gegenwärtig sind die HP Labs und Xerox PARC Beispiele solcher Aktivitäten. Diese Einheiten benötigen für ihre Arbeit ein förderliches Umfeld (Unterstützung seitens der Unternehmensführung, angemessenes Budget, geeignete Örtlichkeiten), eine geeignete personelle Ausstattung und eine sinnvolle Leitungsstruktur. Sie müssen zudem in der richtigen Weise in das Hauptunternehmen eingebunden sein. Viele unternehmenseigene Forschungs- und Entwicklungszentren waren vergleichsweise ineffektiv, weil sie losgelöst von den Realitäten des Unternehmens agierten. Der über ihre technischen Fähigkeiten hinausweisende Erfolg der Lockheed Skunk Works beruhte nicht zuletzt darauf, dass ihr langjähriger Leiter Kelly Johnson zuvor Vice President des Unternehmens gewesen war, Kultur und Politik des Unternehmens kannte und mit den übrigen Topmanagern befreundet war.

Tradition und vergangene Erfolge

Zu den wichtigsten Hindernissen für eine anhaltende Kreativität in großen Unternehmen gehören vergangene Erfolge. Viele US-Amerikaner erinnern sich noch an den Schock der 60er und 70er Jahre, als das Land durch die japanische Konkurrenz aus der Gemütlichkeit der Nachkriegsjahre gerissen wurde. Die USA waren aus dem Zweiten Weltkrieg als die wichtigste Industriemacht der Welt hervorgegangen. Viele Wettbewerber (Deutschland und Japan) waren praktisch zerstört worden, während sich das Bruttosozialprodukt in den USA verdreifacht hatte. Die USA waren sich ihrer natürlichen industriellen Überlegenheit so sicher, dass sie es kaum glauben konnten, als die wichtigsten Branchen wie der Schiffbau und die Rohstahlproduktion, gefolgt von den optischen Geräten, der Verbrauchselektronik und sogar Teilen der Automobil- und Werkzeugsparte ihre Konkurrenzfähigkeit verloren. Jahrelang wurde nach Sündenböcken gesucht (Lohnkosten, unfaire Handelsmethoden), bevor die Einsicht reifte, dass es der amerikanischen Industrie an Innovativität mangelte. Die USA waren so erfolgreich geworden, dass sie begannen, sich für unschlagbar zu halten. Das Problem der US-Industrie beruhte teilweise darauf, dass ihre Stärke im Produktdesign zu einer Vernachlässigung der Kreativität in der Produktion geführt hatte. US-Unternehmen waren häufig die ersten, die ein Produkt entwickelten (Tonbandgeräte, Computer), aber sie unterlagen in der Herstellung.

Ein anderes Beispiel für die Selbstzufriedenheit in den 70er und 80er Jahren war die Vernachlässigung der Kreativität im Marketing in vielen technologisch ausgerichteten Unternehmen. Sie waren so erfolgreich in der Entwicklung fabelhafter Produkte, dass sie die Notwendigkeit übersahen, die Menschen dafür zu interessieren. Diese Einsicht wuchs erst, als es einigen Unternehmen gelang, durch ein gründlicheres Studium ihrer Kunden und die Anwendung ausgefeilter Vermarktungsstrategien große Erfolge zu erringen. Heute beispielsweise beobachten wir die kreativen, erfolgreichen und offensichtlich teuren Werbeprogramme von Intel, einem Unternehmen, das anfangs seine nur für Eingeweihte bestimmten Produkte ausschließlich unter Verweis auf ein günstiges Kosten-Leistungs-Verhältnis an Computerhersteller verkauft hatte. Ein anderes Beispiel ist die vermehrte Betonung der Produktinnovativität in den Werbeanzeigen von Hewlett Packard, einem Unternehmen, das stets äußerst innovativ gewesen war, dem breiten Publikum aber erlaubt hatte, diese Tatsache inmitten des Start-up-Booms zu vergessen.

Ein letztes Beispiel bieten die vielen Unternehmen, die es nicht geschafft haben, mit der Technologieentwicklung Schritt zu halten. In seinem Buch »Innovation« erörtert Richard Foster dieses Phänomen. Die Abbildung rechts, die seinem Buch entnommen ist, gibt für vier Arten von Reifenfäden die Leistung als Funktion der erforderlichen Investitionen wieder. Die Kurve für Baumwolle, das erste zu diesem Zweck verwendete Material, verläuft flach, weil ihr Leistungsniveau in dem Diagramm willkürlich mit 1 gleichgesetzt wurde. Die anderen Kurven sind charakteristischer für technologische Produkte. Um das Produkt zu entwickeln, ist eine Anfangsinvestition erforderlich. Weitere Investitionen verbessern die Leistung. Irgendwann jedoch ist ein Punkt erreicht, an dem die Kurve abflacht, weil das Technologiepotenzial ausgereizt ist. Kunstseide trat an die Stelle der Baumwolle, weil sie kräftiger war und nicht verrottete; während ihrer Verwendungszeit wurden rund 100 Millionen Dollar investiert, um ihre Leistung zu verbessern. Die Erträge dieser Investition nahmen jedoch, wie die Kurve zeigt, ab. Du Pont und ein Unternehmen namens American Viscose waren die wichtigsten Hersteller dieser Kunstseidefäden. Du Pont verlagerte seinen Schwerpunkt auf das hauseigene Nylon. Wie die Kurve zeigt, übertraf dessen Leistung trotz höherer Anfangsinvestitionen am Ende die Leistung der Kunstseide. American Viscose hatte ebenso das Nachsehen wie die ursprünglichen Hersteller des Baumwollfadens. Anschließend wiederholte sich das Spiel mit Polyester. Die Anfangsinvestitionen lagen höher, aber auch das Leistungspotenzial war größer. An dieser Entwicklung waren Du Pont sowie Celanese und andere Hersteller beteiligt. Am Ende jedoch wurde Celanese zum größten Produzenten von Polyesterfäden. Foster vermutet den Grund dafür in Du Ponts Interesse an der Nylonproduktion. Jedenfalls verlor das Unternehmen seine Vormachtstellung ebenso wie die Baumwollfadenproduzenten und American Viscose aufgrund seines Festhaltens an einer veralteten Technologie.

Von Baumwolle über Kunstseide zu Nylon und Polyester

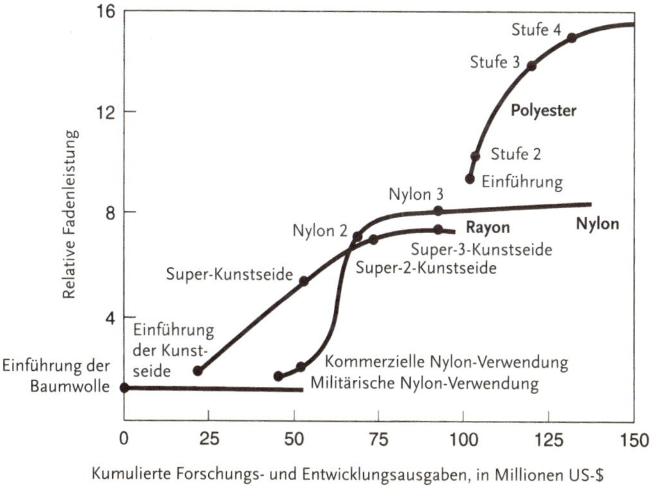

Belohnungssysteme und Unterstützung

Wir alle, ganz gleich wie erfahren und unabhängig, sind für Belohnungsanreize empfänglich, und so ist es kein Wunder, dass Belohnungssysteme für die Kreativität in Organisationsstrukturen eine große Rolle spielen. Meine Tätigkeit als Berater brachte mich mit zahlreichen Spitzenmanagern zusammen, die Interesse an einer verstärkten Innovativität zeigten. Aus meinen Gesprächen mit Leuten weiter unten in der Unternehmenshierarchie gewann ich dann häufig den Eindruck, dass man in dem Unternehmen besser fuhr, solange man lediglich Anordnungen ausführte und sich der Eigeninitiative enthielt. Bob Sutton, Professor für Organisationsverhalten an der Stanford University, pflegt zu erklären, dass das Charakteristikum nichtinnovativer Unternehmen darin besteht, dass sie Erfolg belohnen, Misserfolg bestrafen und Untätigkeit akzeptieren. Innovative Unternehmen belohnen Erfolg ebenso wie Misserfolg (vorausgesetzt, es ging ihm ein mutiger Versuch voraus) und bestrafen Untätigkeit.

Psychologen unterscheiden häufig zwischen intrinsischer (innerer) und extrinsischer (äußerer) Belohnung. Beide sind für die Kreativität von Bedeutung. Die Bedeutung innerer Belohnungen wird erkennbar, wenn man bedenkt, wie viele Menschen gegen alle Widerstände Veränderungen durchgesetzt haben. Denken Sie an Gandhi, Martin Luther King, Nelson Mandela und Jesus. Denken Sie an Künstler, die erst nach ihrem Tod »entdeckt« werden. Teresa Amabile, eine Psychologin, die heute an der Harvard Business School unterrichtet, zeigt in ihren Arbeiten, dass die intrinsische Belohnung in den meisten Fällen primärer Natur ist. In ihrem hervorragenden (wenn auch recht technischen) Buch »The Social Psychology of Creativity« (New York 1983) subsummiert sie Experimente, die sie mit Kindern und Erwachsenen durchgeführt hat und in denen es um kreative Tätigkeiten wie Collagieren, Geschichtenerzählen, Dichten und das Verfassen von Comictexten ging. Sie fand heraus, dass ihre

Versuchspersonen dann am kreativsten waren, wenn ihre Motivation von innen kam. Äußere Motivationsfaktoren (Bewertung, Beobachtung durch Gruppenmitglieder und Belohnungen, die auf der Qualität der Ergebnisse beruhten) verminderten die Kreativität. In ihrem Buch untermauert sie ihre experimentellen Resultate mit unzähligen Belegen.

In einem typischen Experiment erstellten 95 Studenten, die an einem einführenden Psychologiegrundkurs der Stanford University teilnahmen, Collagen. Sie waren keine Künstler und brachten keine nennenswerten Erfahrungen im Collagieren mit. Die Collage sollte das Gefühl der »Albernheit« vermitteln. Die Ergebnisse wurden von 15 Künstlern ausgewertet, die sich in ihren Beurteilungen erstaunlich einig waren.

Die Versuchspersonen wurden nach dem Zufallsprinzip in acht Gruppen aufgeteilt. Den Teilnehmern dreier Gruppen wurde erzählt, dass es nur auf die zum Ausdruck gebrachte Stimmung ankomme und dass der Entwurf selbst keine Rolle spiele (keine Erwartung einer Bewertung, keine externe Motivation). Den Teilnehmern der ersten dieser drei Gruppen wurde nichts weiter aufgetragen, diejenigen der zweiten sollten sich auf »technische Güte« konzentrieren und diejenigen der dritten auf Kreativität.

Den Teilnehmern der übrigen fünf Gruppen wurde erzählt, dass die Entwürfe von einer Künstlerjury bewertet würden und die Qualität ihrer Collagen in die experimentellen Daten eingehen werde (Bewertungserwartung und externe Motivation). Auch in diesem Fall erhielten die Teilnehmer der ersten Gruppe keine weiteren Hinweise, während denjenigen der zweiten erzählt wurde, die Juroren würden sich bei ihrer Bewertung in erster Linie an der »technischen Güte« orientieren. Die Teilnehmer der dritten Gruppe erhielten dieselbe Auskunft, ergänzt um eine Liste mit sechs technischen Aspekten, auf die es besonders ankam. Den Teilnehmern der vierten Gruppe wurde gesagt, die Bewertung durch die Juroren richte sich in erster Linie nach der Kreativität der Entwürfe, und diejenigen der fünften Gruppe bekamen zusätzlich noch sieben konkrete Kriterien genannt, auf die sie besonders achten sollten.

Das folgende Diagramm veranschaulicht die durchschnittliche Kreativität der von den jeweiligen Gruppen präsentierten Collagen. Ein großer Unterschied ließ sich zwischen den beiden Gruppen erkennen, denen keine weiteren Hinweise gegeben wurden. Die Testpersonen, die keine Bewertung erwarteten (innere Motivation), erreichten einen sehr viel höheren Kreativitätsdurchschnitt. Dasselbe gilt für die drei Gruppen mit dem technischen Schwerpunkt. Die Erwartung einer Bewertung reduzierte zudem die Kreativität der Versuchspersonen, denen lediglich aufgetragen worden war, auf Kreativität zu achten. Interessant ist jedoch, dass die Ergebnisse derjenigen Gruppe, der

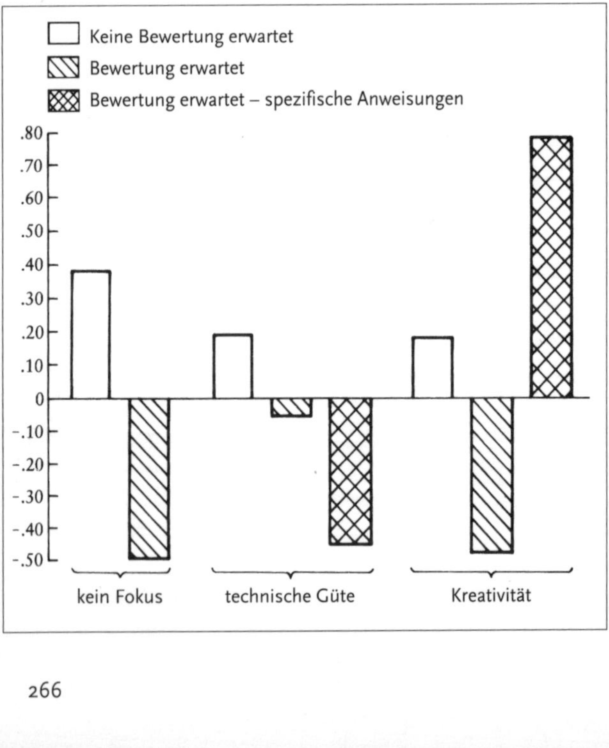

zusätzlich konkrete Kreativitätskriterien an die Hand gegeben worden waren, die hochsten Kreativitätsnoten erhielten.

Wie ich zuvor schon sagte, bin ich überzeugt vom Nutzen eines weit verbreiteten Wissens über den Problemlösungsprozess in Gruppen und Organisationen. Für mich ist die letzte Spalte des Diagramms der Beweis.

Teresa Amabile erklärt zur ungewöhnlichen Kreativität der Resultate dieser Gruppe (die konkrete »Kreativitätsinstruktionen« erhalten hatte) folgendes:

> »Aus zwei Gründen muss die hohe Kreativität dieser Gruppe mit Vorsicht interpretiert werden. Auf der praktischen Ebene ist es unwahrscheinlich, dass sich die Kreativität in Alltagssituationen dadurch erhöhen lässt, dass man den Leuten jedes Mal genau erzählt, worin kreative Leistung besteht. Der Grund, warum wir die kreative Tätigkeit so hoch bewerten, liegt eben darin, dass wir im Vorhinein nicht wissen können, wie eine neuartige und zielgerichtete Antwort aussehen könnte. Auf der theoretischen Ebene verbietet es die konzeptionelle Definition von Kreativität, die Arbeiten, die infolge konkreter Instruktionen zustande gekommen sind, als im eigentlichen Sinne ›kreativ‹ zu bezeichnen. Nach dieser Definition muss die Tätigkeit heuristisch (keine ›richtige‹ Antwort oder bekannte Lösungsstrategie) sein, damit das Produkt dieser Tätigkeit als kreativ gelten kann. In dieser Studie machten die konkreten Instruktionen, wie eine Collage zu erstellen sei, damit sie als ›kreativ‹ bewertet würde, die Aufgabe zu einer algorithmischen. Nach der konzeptionellen Definition ist es folglich unzulässig, die Leistung der genannten Gruppe mit dem Attribut ›kreativ‹ zu versehen.«

Ich stimme ihrer Interpretation zu, soweit es sich um hochgradig originelle Konzepte in individuellen Arbeiten handelt. Aber wie steht es mit pragmatischen Situationen, wo viele Menschen beteiligt sind und die Resultate der Welt verkauft werden müssen, wie dies bei Teams oder Unternehmen typischerweise der Fall ist? In solchen Situationen scheint es mir vernünftig zu sein, wenn Leute mit einem konkreten Verständnis von Kreativität und deren Charakteristika Ergebnisse produzieren, die als kreativ bezeichnet werden. Die meisten von uns sind keine Leonardos, Mozarts oder Einsteins und zeigen bessere Leistungen in einem Spiel, dessen Regeln sie kennen.

Untersuchungen wie diese unterstreichen den entscheidenden Einfluss von Bewertung und Beurteilung auf die Kreativität. Ich verbrachte einige Zeit als Kunststudent, habe viele Kurse in Gestaltung gegeben und hege eine Hochachtung vor Lehrern, die gut mit der Bewertungssituation umgehen können. Die Schwierigkeit besteht darin, den Studenten ausreichend Freiheit und Ermunterung zu geben, damit sie sich selbst auf die Suche begeben, und gleichzeitig ausreichend Bewertung und Feedback, damit sie etwas lernen. Auch hier geht es um die richtige Balance zwischen Kreativität und Kontrolle.

Da Kreativität auf innere Belohnungen und auf Situationen zu reagieren scheint, in denen wir unsere Motivation aus unserem Interesse und unserer Begeisterung für die gestellte Aufgabe beziehen, sollten Unternehmen, die auf mehr Innovation aus sind, besondere Anstrengungen unternehmen, um ihren Mitarbeitern Tätigkeiten zuzuweisen, in denen sie ihre Motivation aus ihrem Interesse und der persönlichen Befriedigung ziehen. Das spricht für mehr Mobilität in den Unternehmen, damit Mitarbeiter, wenn sie mehr über bestimmte Tätigkeiten erfahren, ihren veränderten Vorlieben folgen können. Innovative Unternehmen unterstützen solche Veränderungen als langfristige Stärkung. Manager, die solche Veränderungen aus egoistischen Gründen blockieren, verhindern einen Zuwachs an Kreativität.

Können wir uns ausschließlich auf innere Belohnungen verlassen, um die Kreativität in Unternehmen zu gewährleisten? Es gibt verschiedene Gründe, warum dies nicht so ist. Ein Problem ist, dass ein solcher Ansatz gewissen traditionellen Unternehmenswerten zuwiderläuft. Wir haben üblicherweise die Vorstellung, dass Mitarbeiter mit Aufgaben betraut werden sollten, die getan werden müssen, und nicht mit denjenigen, die am besten ihren Interessen entsprechen. Die protestantische Ethik suggeriert uns, dass Arbeit möglicherweise von einer Art sein sollte, die eine äußere Belohnung erforderlich macht. Wie mein Vater zu sagen pflegte: »Wenn Arbeit Spaß machen würde, dann gäbe es jemanden, der sie umsonst täte.« Ein anderes Problem ist, dass die meisten von uns bei aller inneren Motivation, die sie einer Tätigkeit entgegenbringen mögen, dennoch nicht frei sind von der Notwendigkeit, ihren Lebensunterhalt zu bestreiten. Die Menschen, die ich kenne, haben, ob zu ihrem Vorteil oder ihrem Nachteil, ein klares Verhältnis zu externen Motivationen. Ich selbst bin ein gutes Beispiel. Im Allgemeinen betrachte ich es als glücklichen Umstand, dass ich mich mit Dingen beschäftige, die mir große Befriedigung verschaffen. Die Tätigkeiten, die mir Spaß machen, sind jedoch sehr viel komplexer, als Collagen zu erstellen. Ich habe noch keinen Weg gefunden, wie ich der kurzfristigen Plackerei und Schufterei entkommen kann, die mit der langfristigen Befriedigung einhergeht. Ich kämpfe deshalb ständig gegen meinen Terminkalender und gegen die Uhr an, um Arbeiten hinter mich zu bringen, die mir nicht so viel Spaß bereiten wie diverse andere Dinge, die mir in den Sinn kommen (meine Hobbys, billige Romane lesen, tagträumen). Ich bin mir meines Gehalts und der Meinungen anderer oft bewusst. Ich lasse mich von Belohnungen beeinflussen und werde häufig danach bewertet. Bin ich schwach? Sollte ich der Welt entsagen, mir einen reichen Gönner suchen und mich ausschließlich den Dingen widmen, die mir kurzfristig die liebsten sind? Ich fürchte, dass ich langfristig dabei verlieren würde. Ich fürchte, dass ich normal bin. Die Dinge, die mir langfristig Befriedigung verschaffen, bedeuten kurzfristig Quälerei. Meine Werte scheinen gegen den reichen Gönner zu sprechen. Ich lebe in einer Welt starker äußerer Motivation. In einer solchen Welt haben Belohnungen eine Wirkung, und Bewertung, unzureichende Ressourcen und die Meinung der anderen sind fester Bestandteil des Lebens.

Die Gestaltung eines effektiven äußeren Belohnungsprogramms zwecks Stärkung der Kreativität in einem Unternehmen erfordert erhebliche Sensibilität. So sollte der Prozess ebenso Anerkennung finden wie das Produkt. Hochgradig kreative Entwicklungen scheitern häufig aus Gründen, die nichts mit der Qualität der Arbeit zu tun haben, die in das Projekt investiert wurde. Apples erster Laptop war ein Flop trotz der Tatsache, dass er mit einer sorgfältigen Marktanalyse in Einklang stand und technisch erfolgreich war. Alle Indikatoren aus den Marktuntersuchungen hatten ergeben, dass die Kunden den kleinstmöglichen Computer wollten, der alle Charakteristika eines Desktop-Gerätes aufwies – viele Stunden Batteriebetriebszeit, vollständige Tastatur, diverse Laufwerke und anderes Zubehör. Das Endprodukt hatte keinen Erfolg, weil die Verwendung der damaligen Technologie zu einem großen und schweren Gerät führte. Zu dieser Zeit realisierte niemand, dass die Kunden sich auch mit einer minimalen Batteriekapazität, einer kleineren Tastatur und anderen Nachteilen abgefunden hätten, um ein sehr kleines Gesamtpaket zu erhalten. Das erkannte Apple erst anlässlich seines ersten Powerbooks. Trotz dieses Scheiterns war das Laptop-Konstruktionsteam sehr kreativ, und das Unternehmen lernte viel aus diesem Versuch. Es ist zu hoffen, dass die Mitglieder des Laptop-Teams für ihre Kreativität belohnt wurden, aber in vielen Unternehmen ist eine solche Anerkennung unwahrscheinlich.

Die Belohnungen müssen zudem auf den Einzelnen abgestimmt werden. Eine Belohnung von 250 Euro ist möglicherweise wunderbar für einen kreativen Landarbeiter, aber eine Beleidigung für einen kreativen Vice President. Eine Veröffentlichung in einer technischen Firmenzeitschrift bedeutet wohl mehr für jemanden, dem eine akademische Karriere vorschwebt, als für jemanden, der solchen Publikationen wenig »realen« Wert beimisst. Es gibt zahlreiche Belohnungsarten, die alle ihre Vor- und Nachteile haben. Geld gehört traditionell dazu, ist jedoch umstritten. Manch einer ist überzeugt, dass es von der inneren Motivation ablenkt. In einem klassischen psychologischen Experiment sollten Versuchspersonen gegen unterschiedlich hohe Belohnungen eine eintönige, wiederholungsreiche Tätigkeit verrichten. Diejenigen, die mehr Geld erhielten, beurteilten die Tätigkeit als langweiliger, mit der Begründung, dass man ihnen weniger zahlen würde, wenn die Arbeit angenehmer wäre. Finanzielle Belohnungen kosten Geld, weshalb es für ein Unternehmen billiger ist, kreative Mitarbeiter nicht mit verschwenderischen Zahlungen zu überschütten. Werden sie zu häufig gewährt (als Leistungsbonus), werden sie schnell als Teil des normalen Gehalts betrachtet, womit sie ihre Wirkung verlieren. Finanzielle Belohnungen können zudem den Managern das Leben erschweren. Ich hielt einst einen Vortrag vor Vertretern eines Unternehmens, das seine Kreativität erhöhen wollte. Später erfuhr ich von einem der Manager, dass daraufhin ein Versuch unternommen wurde.

Ein achtköpfiges Softwareentwicklungsteam begann seine Arbeit an einem Projekt, für das die Manager ein Jahr veranschlagten. Das Team wurde gebeten, den frühesten Termin abzuschätzen, zu dem das Projekt abgeschlossen sein könnte, falls alles gut ginge und die Mitarbeiter so hart arbeiteten, wie sie konnten. Die Antwort lautete acht Monate. Es handelte sich um ein Projekt, das bei frühzeitigen Ergebnissen einen großen Gewinn versprach, weshalb das Unternehmen dem Team eine Belohnung von 80 000 US-Dollar (10 000 pro Person) versprach, falls es ihm gelänge, das Projekt tatsächlich in acht Monaten abzuschließen. So weit, so gut, oder? Das Team verspätete sich um eine Woche! Was hätten Sie als Manager des Teams getan? Das ist eine jener Situationen, in der keine Antwort gut ist. Das Unternehmen gab jedem Teammitglied 100 US-Dollar. Ich kann mir vorstellen, dass Sie das nicht zufrieden stimmt. Aber für dieses Problem gibt es keine zufrieden stellende Lösung.

All diese Argumente stimmen. Das Gegenargument ist, dass finanzielle Belohnungen die mit Kreativität und Veränderung verbundenen Risiken kompensieren. Gegenwärtig finden hierzu zahlreiche Untersuchungen statt. So lässt sich beispielsweise eine Renaissance der Verkäuferprovision beobachten. In der Vergangenheit hatte es einen Schwenk hin zu festen Gehältern gegeben, nicht nur, weil das »professioneller« zu sein schien, sondern auch, weil die Verkäufer auf diese Weise leichter Unternehmensziele akzeptieren, die den Verkauf schwer absetzbarer Produkte beinhalten. In letzter Zeit jedoch hat man die motivierenden Eigenschaften der Provision wiederentdeckt. Wenn Sie im vergangenen Jahr 100 Exemplare von etwas verkauften und 50 000 Euro verdienten und in diesem Jahr 25 000 Euro plus 250 für jedes verkaufte Stück erhalten, wie viel werden Sie verkaufen? Die Antwort lautet vermutlich, dass Sie mehr als 100 verkaufen werden. Dies erreichen Sie beispielsweise, indem Sie kreativer werden und Ihre Verkaufsmethoden verändern.

Nicht selten erhalten Lohnarbeiter finanzielle Belohnungen für kreative Vorschläge. Diese Belohnungen werden häufig sogar in direktem Bezug zu den aufgrund der Vorschläge erzielten Gewinnen oder Einsparungen (beispielsweise zehn Prozent der Nettoeinsparungen im Folgejahr) gewährt. In der Vergangenheit waren solche Belohnungen für Angestellte eher eine Seltenheit, aber mittlerweile werden auch diesem Mitarbeiterkreis häufiger Extrazahlungen für kreative Leistungen gewährt, die man sowieso von ihnen erwarten würde.

Indirekte Varianten der finanziellen Belohnung können ebenfalls einen Anreiz zu mehr Kreativität und Wandel bieten. So werden neue Aufgaben häufig mit einem raschen Aufstieg in der traditionellen Unternehmenshierarchie entgolten, was unter anderem finanzielle Vorteile mit sich bringt. In einem großen Unternehmen beispielsweise können einzelne Mitarbeiter oder Teams einem Bewertungsgremium ein Produktkonzept vorlegen. Wenn das Gremium der Ansicht ist, dass das Produkt ein gutes Marktpotenzial hat und mit der Unternehmensstrategie vereinbar ist, finanziert es die Entwicklung der Idee. Wenn der Mitarbeiter oder der Gruppenleiter die erforderliche Befähigung besitzt, kann er auch das Projekt managen, aus dem im Erfolgsfall eine Unternehmenseinheit werden kann. Der Projektmanager wird in diesem Fall mit einem raschen Aufstieg im Unternehmen belohnt. Man entschied sich für diese Politik, nachdem das Unternehmen schon seit langem die Philosophie verfolgte, wonach 25 Prozent des Unternehmensumsatzes jeweils aus Produkten stammen sollten, die nicht älter als fünf Jahre sind. Diese Politik funktionierte hervorragend. Heute macht dem Unternehmen eher die große Zahl an Abteilungen Sorgen, die die Komplexität der Organisationsstruktur erhöht. Ein derartiges Belohnungssystem bietet dem Gewinner natürlich weit mehr als Geld. Die »psychologische« (nichtmonetäre) Belohnung in Form einer Beförderung und gestiegenen Ansehens stellt ebenfalls einen starken Anreiz dar.

Psychologische Belohnungen

Finanzielle Belohnungen haben offensichtlich einen hohen psychologischen Gehalt. Die psychologische Komponente kann sogar überwiegen. Erfolgreiche Unternehmensgründer genießen ihren Reichtum. Ich bin jedoch überzeugt, dass sie ihn ebenso als Symbol ihrer kreativen Fähigkeiten wie als materiellen Wert begreifen. Belohnungen können auch hauptsächlich psychologischer Natur sein, sodass die problematischen Aspekte finanzieller Belohnungen in den Hintergrund treten. Manche Menschen stehen jeder Art von Belohnung kritisch gegenüber (sie sollten nicht erforderlich sein, sie zerstören den Teamzusammenhalt und so weiter), aber ich habe selten erlebt, dass wohldurchdachte psychologische Belohnungen irgendeinen Schaden angerichtet hätten. Es stimmt, dass gelegentlich der eine oder andere Kollege der Ansicht ist, er hätte die Belohnung eher verdient. Wir alle haben aber wohl genug Pragmatismus/Zynismus, um diesem Sturm zu trotzen, zumal wir positiv verbuchen, dass man sich überhaupt für unsere Arbeit interessiert (nur dass die Belohnung den Falschen erreichte). So nehmen es die Menschen in den meisten gesunden Situationen positiv auf, wenn auch nur einem oder wenigen von ihnen etwas

Nettes widerfährt. Und schließlich habe ich selten Situationen erlebt, in denen Belohnungen (und insbesondere psychologische) überschätzt wurden. Dies ist zwar theoretisch möglich, aber die meisten von uns neigen eher dem Gegenteil zu, sodass hier keine wirkliche Gefahr droht.

Zu den Vorteilen psychologischer Belohnungen gehört, dass aus äußeren Belohnungen innere werden können. Wer regelmäßig für eine gute Jagd belohnt wird, unabhängig davon, ob er etwas erlegt, wird sich irgendwann als besseren Jäger betrachten und mehr Befriedigung erleben, ob er nun Beute macht oder nicht. Von einem Beschäftigten, der eine Situation, in der es um Kreativität und Veränderung geht, als Gewinn bringend erlebt, darf eher erwartet werden, dass er in Zukunft ähnliche Situationen sucht und mit ihnen vertraut wird. Menschen, die für kreative Initiativen belohnt werden, können sich zu selbst erkorenen, vom Streben nach Originalität besessenen »Ideenträgern« entwickeln.

Psychologische Belohnungen für kreative Erfolge sollten mit so viel Fanfaren wie möglich direkt an diejenigen überreicht werden, die Besonderes geleistet haben. Schließlich geht es nicht zuletzt darum, den Wert zu unterstreichen, den das Unternehmen der Kreativität beimisst. Individuelle Anerkennung spornt die Menschen an, sich in einer kreativen Situation produktiver zu verhalten, als sie es als anonyme Teammitglieder täten. Unter Sozial- und Humanpsychologen herrscht Einigkeit darüber, dass sich Kreativität und Veränderung durch Situationen fördern lassen, in denen der Einzelne einerseits die Anerkennung durch ein Team genießt und andererseits individuell für die erwünschten Aktivitäten belohnt wird.

Psychologische Belohnungen können viele Formen annehmen. Zu den offensichtlichen gehören Präsentationen auf Banketts mit Pokal und Urkunde. Auch wenn die Menschen, insbesondere wenn sie eine gute Erziehung genossen haben, deren Bedeutung leugnen und während der Präsentation Verlegenheit an den Tag legen, scheinen sie die Auszeichnung dennoch zu genießen. Mir wurden diverse Dinge dieser Art verliehen, und ich trage sie nach Hause und verstecke sie, wann immer mich Freunde besuchen, aber ich weiß sie zu schätzen! Öffentlichkeit ist ebenfalls ein effektives Mittel – Firmenberichte, Zeitungen, Zeitschriften, Fernsehspots und Ausstellungen, die die Beiträge der Mitarbeiter beim Namen nennen. Komplimente seitens des Managements sind vielleicht die kostengünstigste Variante des psychologischen Feedbacks für gute Arbeit, und noch dazu eine effektive. Leider sind sie in gewissen Sektoren eher selten. Viele Manager und Vorgesetzte haben einfach Schwierigkeiten damit, Komplimente auszuteilen. Das ist zum einen so, weil in den meisten Unternehmen intellektuelle Interaktion Vorrang vor Emotionen hat, zum anderen, weil dem entweder Scheu oder persönliche Werte im Weg stehen. Ich pflege mit Vorliebe Gruppen von Managern zu fragen, wer von ihnen schon einmal seine Effektivität dadurch reduzierte, dass er zu viel Lob an Untergebene austeilte. Selten hebt sich eine Hand.

Humor ist eine wichtige Zutat, wenn es darum geht, Kreativität zu belohnen. Bob McKim hatte einst, als er an der Stanford University unterrichtete, in einem seiner Kreativitätskurse für Fortgeschrittene ein Problem damit, seine Studenten zu mehr Risikobereitschaft zu überreden. Er setzte daraufhin einen Preis auf den spektakulärsten Misserfolg aus. Obwohl er keinen finanziellen Wert hatte, besaß er alsbald dieselbe Attraktivität wie eine gute Benotung. Selbst mit wenig Geld kann eine große psychologische Wirkung erzielt werden, wenn es intelligent eingesetzt wird. Einst hatte ich einen Kollegen, dessen Beiträge zu unserer Arbeit weit über dem Pflichtsoll lagen. Wir hatten bemerkt, dass er ein Liebhaber von Single Malt Scotch war. Wenn er eine Party ausrichtete, pflegte er von Zeit zu Zeit in der Küche zu verschwinden, um sich einen Schluck aus »seiner« Flasche einzuschenken, statt von den Allerweltssorten zu trinken, die er in seiner Bar stehen hatte. Wie sich herausstellte, galt seine Vorliebe einer besonders luxuriösen Marke. Irgendwann hatten wir eine kleine Feier, versicherten ihn unserer Dankbarkeit und überreichten ihm eine ganze Kiste seines bevorzugten Single Malt. Seine Freude war überschwänglich. Ich denke, die meisten von uns haben irgendeine geheime Begierde nach etwas, das wir uns vermutlich leisten könnten, aber uns nicht gönnen. Wenn uns diese Gelüste als Belohnung für gute Arbeit erfüllt werden, erleben wir das als doppelte Befriedigung.

»Berufliche Sichtbarkeit« stellt eine wichtige Belohnung dar. Ein kluges Unternehmen beweist seine Anerkennung gegenüber einem Mitarbeiter, der Außergewöhnliches leistet, nicht nur innerhalb seiner eigenen Grenzen, sondern darüber hinaus auch im beruflichen Umfeld des betreffenden Mitarbeiters. Das geht vermeintlich mit dem Risiko einher, dass die Konkurrenz den Mitarbeiter abwerben könnte. Dieses Risiko wird jedoch durch den Belohnungswert für den Mitarbeiter mehr als aufgewogen.

Eine solche Sichtbarkeit gehört zum Standardrepertoire von Universitäten, da sie die Grundlage für intellektuellen Austausch und die Selbstdarstellung der Universitäten bildet. Dazu gehört die Präsentation von Artikeln und Publikationen und die Einbeziehung der Medien. Diese Maßnahmen kosten nicht viel und zahlen sich reichlich aus. Insbesondere kreative Forschungs- und Entwicklungsteams verstehen sich meisterhaft auf diese Form der Belohnung, die nur in seltenen Fällen Probleme verursacht.

Einst arbeitete ich für ein Unternehmen, das Mitglieder seiner technischen Belegschaft zu jedem technischen Meeting entsandte, das die eingereichten Unterlagen akzeptiert hatte. Ein Mitarbeiter meiner Abteilung schickte einen Beitrag an eine Konferenz in Europa, der auch akzeptiert wurde. Erst dann gestand er seine pathologische Flugangst. Weil aber die diesbezügliche Unternehmenspolitik so wunderbar offen war, konnte er per Zug und Schiff zu seiner Konferenz reisen. Er hatte eine schöne Zeit, war jedoch viel länger abwesend, als dem Unternehmen lieb war – weshalb solche Reisen nun von Einschränkungen flankiert sind.

Unterstützung

Wir sollten einige Worte darüber verlieren, wie Unternehmen Kreativität unterstützen, denn ungenügende Unterstützung stellt eine wichtige Denkblockade dar. Wie wir bereits erwähnten, erfordert Kreativität Ressourcen in Form von Mitarbeitern, Zeit und Geld. Ohne Ressourcen ist keine lohnende Tätigkeit möglich, auch nicht im Normalbetrieb. Wenn wir jedoch über Veränderung und Kreativität sprechen, sprechen wir über die Zuweisung von Ressourcen in einer Atmosphäre erhöhten Risikos und verminderter Effizienz. Wie ich bereits in der Einführung sagte, lässt sich aus der Zutat Kreativität allein noch keine Mahlzeit zaubern, wie sich auch keine größere Veränderung ohne Kosten bewerkstelligen lässt. Je mehr Kreativität und Wandel gewünscht sind, desto mehr Ressourcen sollten investiert werden. Das ist manchmal ein kritischer Punkt, weil das Wort Kreativität häufig von Leuten in den Mund genommen wird, die mehr für weniger bekommen wollen.

Betrachten wir das Beispiel des kleinen Unternehmens, das erfolgreich genug ist, um einen großen Konkurrenten auf den Plan zu rufen. Während das große Unternehmen versucht, die Daumenschrauben anzuziehen, ist das kleine anfangs noch überzeugt, dass der Konkurrent allzu traditionell und träge ist, um eine Gefahr darzustellen, weshalb es unbeirrt an seinem Erfolgskurs festhält. Ab einem gewissen Punkt wird die Verschlechterung unübersehbar, die Gewinne schrumpfen, und das Unternehmen versucht hektisch, die Kreativität zu erhöhen. Bis dahin jedoch sind die Ressourcen mehr als rar geworden. In der Regel endet die Geschichte mit dem Untergang des Unternehmens. Dies lässt sich häufig in der Computerbranche beobachten, wo kleine, intelligente Gruppen dachten, die Hewlett Packards dieser Welt wären nicht beweglich genug.

In der Finanzplanung kann es zu einem Konflikt zwischen der langfristigen Natur von Kreativität und Veränderung und den kurzfristigen Ereignissen wie Quartalsbilanzen und fälligen

Monatsrechnungen kommen. Selbst wenn sich unser Problem mit Kreativität lösen lässt, ist diese Lösung nicht immer sofort zu haben. Möglicherweise müssen wir kurzfristig echte Ressourcen investieren, um unsere zukünftige Situation zu verbessern. Wenn wir uns eine Verbesserung der Investitionsrendite wünschen, müssen wir zunächst mehr investieren, um letztlich unser Ziel zu erreichen. Kurzfristig gilt häufig: Forschung und Entwicklung reduzieren die Gewinne (in der Regel die Gewinne des laufenden Quartals).

Wenn beispielsweise ein neues Computersystem angeschafft wird, geschieht dies natürlich in der Hoffnung, dass die Effizienz unmittelbar steigt und die Kosten sinken. Weit gefehlt! Die Mitarbeiter, die mit dem System nicht vertraut sind, beginnen notgedrungen zu experimentieren und zu improvisieren. Sie müssen viel Zeit und Mühe investieren, um sich an das System zu gewöhnen. Sie sollen ja nicht nur irgendwie damit umgehen können, sondern darin so gut sein, dass ihre Leistung die bisherige übertrifft.

Die Ressourcen müssen der experimentellen Natur der kreativen Anstrengung gerecht werden – den zu erwartenden Fehlversuchen und den unerwarteten Komplikationen. Etwas Neues, das erfolgreich gegen Altes konkurrieren soll, muss zuvor einen hohen Vollendungsgrad erreichen, denn die Welt und vermutlich auch die einflussreichen Leute im Unternehmen sind auf reibungslosen Betrieb programmiert. Ein Konzept auf dem Papier kann schwerlich mit einem etablierten erfolgreichen Produkt konkurrieren. Es ist schwierig, dem Militär angesichts der Erfolge des letzten Krieges eine neue Idee zu verkaufen. Damit Ideen gekauft werden, müssen sie in die Nähe der Realität gebracht werden. Dazu sind kostenintensive, zeitaufwändige und ungewisse Prototypentwicklungen erforderlich.

Um gegen Eventualitäten gewappnet zu sein, reicht es nicht, die Ressourcen für einen neu einzuschlagenden Weg nach den prognostizierbaren Problemen zu bemessen, denn mit unvorhergesehenen Schwierigkeiten muss stets gerechnet werden. Die einzig vernünftige Methode, den entsprechenden Finanzbedarf einigermaßen realistisch abzuschätzen, besteht in der Orientierung an vergangenen Erfahrungen. Aber selbst dann sind die Unsicherheitsfaktoren immer noch so groß, dass sich die veranschlagten finanziellen und zeitlichen Ressourcen schnell als unzureichend erweisen können.

Dieses Problem lässt sich besonders häufig im Bereich der Wehrbeschaffung beobachten. Wegen der Vorteile einer technologischen Überlegenheit und der Komplexität der modernen Kriegsführung besteht beim Militär eine besonders große Nachfrage nach neuartigen Produkten. Auftragsvergabepraxis, technischer Optimismus und vergangene Erfolge führen dazu, dass sich die Unternehmen mit äußerst knapp kalkulierten Angeboten gegenseitig zu unterbieten versuchen. Zeit- und Kostenrahmen lassen sich anschließend nicht einhalten, was stets von neuem für mediale Aufregung sorgt. In dieser Sparte spielen Kreativität und Veränderung eine große Rolle. Dementsprechend schwer fällt es, den Ressourcen- und Zeitbedarf realistisch vorauszuberechnen.

Liegt es an Inkompetenz oder an Unehrlichkeit, wenn Budgets so häufig überzogen und Zeitpläne nicht eingehalten werden, oder zum Teil einfach an einer unzureichenden Berücksichtigung unbekannter Größen? Der CEO eines größeren Lieferanten hoch entwickelter Waffensysteme für das US-amerikanische Verteidigungsministerium hielt, kurz nachdem sein Unternehmen für die Überschreitung des Budgets und der Fristen Prügel bezogen hatte, eine Rede. Er kritisierte, dass niemals in der Geschichte eine Behörde so gut darin war, das Unmögliche zu verlangen, wie das Verteidigungsministerium und dass niemals in der Geschichte so viele Anbieter bereit waren, sich untertänigst gegenseitig zu unterbieten, um dieses Unmögliche liefern zu dürfen.

NORMEN FÜR INNOVATION

Südafrikanisches Rohstoffunternehmen	*Europäisches Pharmaunternehmen*	*US-amerikanischer Finanzdienstleister*	*Internationale F&E-Manager*	*Japanische Brauerei*
Fehlertoleranz	Belohnungen	Scheitern akzeptiert	Scheitern erlaubt	Kooperation
Anerkennung	Scheitern akzeptiert	Experimentieren erlaubt	Risikobereitschaft	Fehlertoleranz
Belohnungen	• sorgfältig	• Zeit	• schnell	Offenheit
Gegenseitiger Respekt	• lernen	• Unterstützung	• vorsichtig	Flexibilität
Offene Kommunikation	• kalkuliert	• Ressourcen	• billig	Klare Richtung
Experimentieren erlaubt	Klare Ziele	Klare Ziele	Belohnungen	Ideen erwünscht
Veränderung erwartet	Offene Informationspolitik	Erfolge werden gefeiert	Engagement	Innovation wird belohnt
Status quo wird hinterfragt	Teamarbeit	Veränderungsbarrieren werden beseitigt	Widerspruch wird toleriert	
Gleiche Partner	Engagement der Unternehmensspitze	Vorbildfunktion	Zuhören	
	Weit reichende Zuständigkeiten	Ressourcen	Positive Rollenmodelle	
			Ressourcen	

Kultur

In ihrem Buch »Innovation ist machbar« unterstreichen Tushman und O'Reilly die Bedeutung einer geeigneten Unternehmenskultur für die Innovation. Zur Veranschaulichung beschreiben sie die Kulturen fünf ungewöhnlich kreativer und sehr unterschiedlicher Unternehmen. Die Tabelle auf der linken Seite enthält eine Zusammenfassung, die für denjenigen, der mit dem Thema Kreativität vertraut ist, nichts Überraschendes enthält; Unternehmen mit derartigen Kulturen sollten sich nicht nur glücklich schätzen, sondern alles daransetzen, sie zu erhalten. Aber viele Unternehmen, die kreativer sein möchten, sind von diesen Modellen weit entfernt. Wie können sie ihre Kulturen ändern, um der Erfüllung ihres Wunsches näher zu kommen? Tushman und O'Reilly beschreiben mehrere Instrumente, mit denen sich die Kultur eines Unternehmens formen lässt. Eines besteht in einer rigorosen Personalpolitik. Änderungswillige Unternehmen sollten dafür Sorge tragen, dass sich ihr Einstellungsprozess ändert. Ich habe so manche Erfahrung mit Unternehmensvertretern gesammelt, die College-Absolventen anwarben, und festgestellt, dass sich ihre Auswahlkriterien nicht immer mit den Wünschen der Unternehmensspitze deckten. Während das Unternehmensmanagement ehrlich bestrebt ist, neue Richtungen einzuschlagen und die Innovation zu fördern, sucht die Personalabteilung möglicherweise nur nach braven Befehlsempfängern. Diese Gefahr besteht insbesondere in großen Unternehmen, wo die mittleren Ränge nicht sonderlich auf Veränderungen erpicht sind. »Ich weiß, dass Kutschen aus der Mode kommen, aber ich kann neue Verwendungsweisen für Peitschen auftun, wenn ich nur hinreichend viele Peitschenexperten einstelle, die mir dabei helfen.« Um eine Kultur zu ändern, ist es erforderlich, Mitarbeiter in das Unternehmen zu holen, die mit der neuen Richtung kompatibel und stark genug sind, um dem Einfluss der alten zu widerstehen.

Als weiteres Instrument erwähnen Tushman und O'Reilly die Sozialisierung – Maßnahmen, mit denen sichergestellt wird, dass die neuen ebenso wie die bestehenden Mitarbeiter mit den Kernwerten und der erwünschten Kultur vertraut gemacht werden. Ein gutes Beispiel für eine sehr erfolgreiche Sozialisierung bietet das Basistraining des US-Marinekorps. Dort ist man zudem bemüht, die Unternehmenskultur mittels Partizipation und Engagement zu formen. Wenn wir aktiv an etwas beteiligt sind, entwickeln wir ein Gefühl für dessen Wichtigkeit. Zu meinen bevorzugten psychologischen Theorien gehört diejenige von der kognitiven Dissonanz. Sie besagt, dass wir eine Abneigung gegen Dissonanzen in unserem Denken haben; folglich sind wir bemüht, Konflikte zu lösen, und zwar so, dass der Eindruck entsteht, als wären wir im Besitz der richtigen Antwort. Es ist interessant zu beobachten, wie viele Sorgen sich Highschool-Absolventen bezüglich der Wahl des richtigen College machen. Nach zwei Wochen auf dem Campus, für den sie sich schließlich entschieden haben, können sie sich gar nicht mehr vorstellen, jemals ein anderes College in Betracht gezogen zu haben. Ebenso interessant ist es, dass Literatur über neue Autos häufig besonders intensiv nach dem Kauf des Autos gelesen wird – zur Bestätigung, dass die getroffene Entscheidung die einzig richtige war. Wenn wir ganz in einer kreativen Arbeit aufgehen, können wir uns nur schwer vorstellen, dass wir möglicherweise nur unsere Zeit verschwenden. Viel besser lebt es sich da mit der Vorstellung, es handle sich um die denkbar wichtigste Aufgabe.

Belohnung und Anerkennung sind weitere Instrumente. Über beides haben wir im letzten Kapitel gesprochen. Meine Universität legt viel Wert auf die Forschung und vertritt die Überzeugung, dass Forschung dazu beiträgt, die Unterrichtsmaterialien aktuell zu halten und interessant zu gestalten. Aber um in der Forschung stark zu sein, ist es erforderlich, Lehrkräfte einzustellen, die gern forschen und Examenskandidaten betreuen, und die es verstehen, große Mengen Geld aufzutreiben. Während der vergangenen Jahre hat unsere Universitätskultur eine starke

Betonung in dieser Richtung erhalten, und wir sind gegenwärtig bemüht, die Grundausbildung zu verbessern. Die Universität setzt mit Erfolg die Instrumente Belohnung und Anerkennung ein, jedoch nicht zu Lasten des Forschungsprogramms – das würde Letzterem nur schaden. Es ist immer einfacher, eine Kultur zu erweitern, als sie zu reduzieren.

Und schließlich empfehlen Tushman und O'Reilly symbolische Akte des Managements. Diese stellen ein besonders wirksames Instrument dar, um die Unternehmenskultur zu beeinflussen. Hewlett Packard setzte sich einst, als es um Qualitätsverbesserungen ging, ein außergewöhnlich ehrgeiziges Ziel. Dass es auch wirklich erreicht wurde, geht nicht zuletzt darauf zurück, dass John Young, der damalige CEO, es zu seiner obersten Priorität machte und dafür sorgte, dass jeder darüber informiert war. Don Peterson tat dasselbe, als er President der Ford Motor Company war. Bob Galvin, einstiger President von Motorola, war persönlich äußerst interessiert an Kreativität. Sein Interesse war weit genug bekannt und wurde von ihm häufig genug unterstrichen, um das ohnehin hohe Kreativitätsniveau seines Unternehmens weiter zu heben. Im Idealfall finden solche symbolischen Akte auf allen Managementebenen statt. Ich unterstand einmal einem starken Manager, der sich mit den notwendigen Veränderungen, denen die Unternehmenskultur unterzogen wurde, nicht einverstanden erklärte. Für mich und einige meiner Freunde, die ebenfalls für ihn arbeiteten, eine etwas ungemütliche Position.

Die Veränderung einer Unternehmenskultur ist ein kreativer Akt, der es erforderlich macht, sich gewissen Denkblockaden zu stellen. Wie wir gesehen haben, behindern diese Blockaden die Kreativität, gleichzeitig vereinfachen sie jedoch das Leben. Ihre Überwindung stellt einen spannenden Prozess dar, der aber wie jede Veränderung Mühe kostet und möglicherweise für Unsicherheit sorgt. Wenn ich Manager bin und kompetente Mitarbeiter habe, die aufgrund ihrer Befähigungen jederzeit eine andere Stelle bekommen könnten, dann werden sie sich nicht allein deshalb ändern, weil ich sie darum bitte. Die Veränderung einer Kultur erfordert Sensibilität gegenüber den Individuen und Gruppen in dieser Kultur sowie die Fähigkeit, sie davon zu überzeugen, dass die Veränderungen ihr Leben besser machen werden. Ich war an vielen Versuchen, Unternehmenskulturen zu verändern, beteiligt, und ich weiß, wie schwierig es ist. Mein Wissen um die in diesem Buch beschriebenen speziellen und allgemeinen Denkblockaden ist mir dabei jedoch eine Hilfe. Falls Sie sich in einer ähnlichen Lage befinden, so hoffe ich, dass Sie aus diesem Buch Nutzen ziehen werden.

Anhang

Literaturhinweise*

In der 1974 erschienenen Erstausgabe dieses Buches beschrieb ich eine Reihe von Büchern zum Thema Kreativität, die mir interessant und hilfreich erschienen. Ich beschränkte mich auf Bücher, weil sie in der Regel leichter auffindbar sind als Zeitschriftenartikel. Die meisten dieser Bücher enthielten wiederum Bibliografien mit Büchern, Aufsätzen und anderen Materialien, die es dem interessierten Leser erlaubten, meine wenigen Anregungen zu einer umfangreichen Liste zu erweitern, sofern er dazu das Bedürfnis verspürte. Damals waren mir die meisten Bücher bekannt, und eine Auswahl fiel mir nicht schwer. Auch diesmal werde ich Ihnen einige empfehlen, aber ich muss Sie warnen, dass die Zeiten sich geändert haben. Die Buchläden haben heute weit mehr Bücher vorrätig, und in den Bibliotheken findet sich Material ohne Ende. In dem Augenblick, in dem ich dies schreibe, bietet Amazon.com auf seiner Website zum Stichwort Kreativität beinahe 1800 Bücher an (bei Barnes and Noble sind es 1388, viele davon vergriffen). Die Zahlen zu Innovation und Imagination sind noch beeindruckender. Eine Suchmaschine präsentiert zum Suchwort Kreativität nicht weniger als 1 350 000 Links. Bitte verdenken Sie es mir nicht, wenn ich nicht alles davon gelesen habe.

Diese Explosion des schriftlichen Materials zu Kreativität hat sich in den vergangenen 25 Jahren ereignet. Und das, obwohl es keine vollständige und wissenschaftliche Erklärung für das krea-

* Bücher, die ins Deutsche übersetzt wurden, werden in der deutschen Ausgabe zitiert – Anm. d. Übers.

tive Denken gibt. Dennoch finden sich in diesem Berg von Literatur zahlreiche Hypothesen, simplifizierende ebenso wie elegante, die Licht auf den kreativen Akt werfen. Zahlreiche Techniken stehen zur Verfügung, um die Kreativität von Individuen, Gruppen und Unternehmen zu steigern, für jeden Geschmack etwas. Und schließlich gibt es durchdachte (und weniger durchdachte) Abhandlungen darüber, was Kreativität für uns alle bedeutet.

Dieses Material enthält diverse Spekulationen und zahlreiche Werturteile, die der Leser abwägen und entweder akzeptieren oder verwerfen möge, je nachdem, ob er überzeugt ist (beziehungsweise sich in seinen eigenen Überzeugungen und Werten bestätigt sieht) oder nicht. Ich schlage jedoch vor, dass Sie sich an den Stapel wagen. Wie Computer geholfen haben, ihn zu vergrößern, so helfen sie auch, ihn zu sichten. Seien Sie skeptisch bezüglich Theorien, die behaupten, die ganze Lösung zu bieten. Halten Sie sich an solche »Kreativitätstechniken«, die zu Ihnen »passen«, und seien Sie vorsichtig, wenn man Ihnen geniale Lösungen oder unbegrenzten Reichtum ohne eigenes Zutun verspricht.

Ich werde Ihnen einige Bücher nennen, die ich besonders schätze, aber seien Sie gewarnt, dass meine Meinung keineswegs das »letzte Wort« darstellt. Schon häufig habe ich mich in die Nesseln gesetzt, indem ich meinen Studenten eine Lektüre empfahl und ihnen gleichzeitig nahe legte, bestimmte Passagen ihres geringen Wertes wegen zu überblättern. Noch jedes Mal passierte es, dass der eine oder andere Student die inkriminierten Textstellen dennoch las (vermutlich, um zu sehen, warum sie weniger lesenswert sein sollten) und mir anschließend versicherte, sie seien das Wichtigste am ganzen Buch. Ich habe auch den Fehler begangen, bestimmte Bücher nicht zu empfehlen, die Leuten, die ich kannte, am Herzen lagen (oder aus ihrer Feder stammten). Lesen Sie meine Kommentare also mit einer Prise Misstrauen und konzentrieren Sie Ihre Lektüre auf das, was Ihnen am interessantesten erscheint.

»Creativity and Beyond« ist ein ambitioniertes Buch über Kreativität von Robert Paul Weiner (State University of New York Press, New York 2000). Der Autor hat einen breiten Hintergrund in den Humanwissenschaften und behandelt das Thema aus diversen geschichtlichen und gegenwärtigen Perspektiven. Das Buch wird besonders diejenigen interessieren, die sich ernsthaft mit dem Thema Kreativität befassen möchten. Etwas älter ist der viel zitierte Klassiker »Der göttliche Funke« von Arthur Koestler (Bern 1966). George F. Kneller, der zu der Zeit, als das Buch entstand, Untersuchungen zur Kreativität anstellte, nannte es den »ehrgeizigsten Versuch, der jemals unternommen wurde, um die Ergebnisse einer Reihe von Disziplinen in einer einzigen Kreativitätstheorie zusammenzufassen. In diesem ideenreichen und gut dokumentierten Buch versucht Koestler, seine eigene Theorie von der Natur der Kreativität, die sich in Humor, Kunst und Wissenschaft manifestiert, mit den jüngsten Erkenntnissen aus Psychologie, Physiologie, Neurologie, Genetik und etlichen weiteren Wissenschaften zu kombinieren.« Klingt nicht schlecht, oder?

Eine stattliche Anzahl von Veröffentlichungen zur Kreativität gab es in den 60er Jahren, vielleicht nicht zuletzt ausgelöst durch die Unzufriedenheit mit der Konventionalität der 50er. Wenn Sie einen Blick auf die Denkweise jener Zeit werfen möchten, sollten Sie versuchen, das von Sidney J. Parnes und Harold F. Harding herausgegebene und heute vergriffene Buch »A Source Book for Creative Thinking« aufzutreiben. Es erschien ursprünglich 1962 bei Scribners and Sons. Es enthält eine Sammlung von 29 Artikeln und 75 Forschungszusammenfassungen von Leuten wie Abraham Maslow, Carl Rogers, Alex Osborne, John Arnold, Frank Barron und anderen Größen der damaligen Kreativitätsforschung sowie eine bibliografische Erörterung des damals verfügbaren Materials.

Diverse Bücher behandeln Kreativität, indem sie sich auf Individuen konzentrieren, die als ungewöhnlich kreativ gelten/

galten. Dazu gehören »The Creative Process« (herausgegeben von Brewster Ghiselin, University of California Press, Berkeley 1996) und »The Mathematician's Mind« von Jacques Hadamard (Princeton University Press, Princeton, NJ, 1996). Das Erste enthält eine Reihe von Aufsätzen berühmter Schriftsteller, bildender Künstler und Wissenschaftler (Mozart, Einstein, Poincaré und so weiter), die über den kreativen Prozess aus der Sicht der Autoren erzählen. Sie decken viele Phänomene ab, wie beispielsweise Mozarts angebliche Fähigkeit, Musik zu hören und anschließend einfach niederzuschreiben, die unter denen, die über Kreativität schreiben, zum Allgemeingut gehören. Das Zweite untersucht Kreativität unter herausragenden Mathematikern und Naturwissenschaftlern. Es ist der Versuch des Autors, selbst ein bekannter Mathematiker, mathematische und naturwissenschaftliche Erfindungen zu erklären.

Viele weitere von und über hochgradig kreative Menschen geschriebene Bücher gestatten es dem Leser, sich über den kreativen Prozess Gedanken zu machen. Einer meiner Langzeitfavoriten ist »Die Doppelhelix« von James Watson (Reinbek, überarb. und erw. Neuausgabe 1997). Hierin beschreibt der Autor die Entdeckung der DNA-Struktur, die ihm und seinen Kollegen Francis Crick und Maurice Wilkins schließlich den Nobelpreis einbrachte. Die Geschichte widerspricht dermaßen allen stereotypen Vorstellungen von Wissenschaft, dass ein bekannter akademischer Verlag sich weigerte, sie zu veröffentlichen. Die blutigen Details dieser Kontroverse finden sich in einer von Gunther Stent herausgegebenen Ausgabe des Buches (»The Double Helix«, New York 1981). Drei andere gute Geschichten sind »The Life and Science of Richard Feynman« von James Gleik (Pantheon, New York 1992), »The Starship and the Canoe« von Kenneth Brower (HarperCollins, New York 1983) und »Die Seele einer neuen Maschine« von Tracy Kidder (Reinbek 1989). Der Physiker Richard Feynman hat nicht nur seiner fachlichen Brillanz, sondern auch seines schillernden Charakters wegen viel Aufmerksamkeit auf sich gezogen. »The Starship and the Canoe« ist eine unterhaltsame Doppelbiografie von Freeman Dyson, ebenfalls ein berühmter Physiker, und seinem Sohn George. Freeman war einst Teil des Projekts Orion, eines Teams, das versuchte, atomar betriebene Raumschiffe zu entwickeln, mit denen sich andere Sternensysteme erreichen ließen. Georges ganz andere Werte veranlassten ihn, sein Leben in einem Baumhaus in British Columbia zu verbringen und nach dem perfekten Kajak zu suchen. Ich habe dieses Buch häufig in meinen Kursen verwendet und die Studenten gebeten, Vater und Sohn zu vergleichen. Beide sind äußerst kreativ, in vielen Bereichen ähneln sie sich, in anderen sind sie sehr verschieden. »Die Seele einer neuen Maschine« ist trotz seines Alters die beste mir bekannte Geschichte über ein hochtechnologisches Entwicklungsprojekt in einem Unternehmen. Es bietet dem Leser viel Stoff zum Nachdenken, was die Kreativität in Unternehmen betrifft.

Wenn Sie an einer guten Abhandlung über das Wesen des Genies interessiert sind, empfehle ich Ihnen »Origins of Genius« von Dean Keith Simonton (Oxford, New York 1999). Das Buch umfasst zahlreiche Forschungsergebnisse über hochgradig kreative Menschen sowie die Ansichten des Autors zu den Wurzeln des Genies und dem Wesen der Kreativität. Es ist schön geschrieben und regt stark zum Denken an. Das ist ein Thema, das mich besonders interessiert, weil ich etliche Menschen kenne, die vermutlich das Attribut »Genie« verdienen, mir aber gleichzeitig irritierend normal vorkommen. Ich habe noch niemanden getroffen, der auch nur annähernd dem Bild Mozarts im Film *»Amadeus«* entspräche.

Denken

Viele Bücher über das allgemeine Thema Denken handeln entweder direkt oder indirekt von Kreativität. Zu meinen Lieblingen gehört »Aktives Denken« von Ellen J. Langer (Reinbek 1991). Es behandelt die gewöhnliche Natur des Denkens und ist angefüllt mit unterhaltsamen Beispielen und Übungen. Im Lauf der Jahre gab es viele Bücher und Personen, die den simplifizierenden Maßstab des IQ-Tests infrage stellten und andere Intelligenzindikatoren vorschlugen. Sie regen einen an, über das Denken nachzudenken. Zu den Pionieren auf diesem Gebiet gehörte J. P. Guilford. Zwei seiner Bücher, »Intelligence, Creativity, and their Educational Implications« und »Creative Talents, their Nature, Uses, and Development« vermitteln einen guten Eindruck von seinem Denken. Ein viel gelesenes Buch über so genannte multiple Intelligenzen ist »Abschied vom IQ« von Howard Gardner (Stuttgart 1991). Dieses Buch und Gardners Arbeit hatten erheblichen Einfluss auf Pädagogen und Erzieher, da sie den Verlust an Möglichkeiten betonen, der mit einer zu starken Gewichtung der Intelligenz einhergeht.

Wie Sie aus der Lektüre dieses Buches erkennen können, finde ich das Thema des kognitiven Stils höchst interessant. Das wohl verbreitetste Instrument zu dessen Bestimmung ist der auf der Theorie von C. G. Jung basierende Myers-Briggs-Test. Er ist bei der Consulting Psychologists Press, Palo Alto, Kalifornien, erhältlich, allerdings nur für qualifizierte Fachleute. Eine zeitgemäße Herangehensweise zu dieser Art von Charakterisierung beschreibt David Kiersey in »Please Understand Me II« (Prometheus Nemesis, Del Mar 1998). Eine andere hervorragende Abhandlung über die Anwendung der jungschen Theorie auf die Kreativität ist »Breakthrough Creativity« von Lynne Levesque (Davies-Black, Palo Alto 2001).

Und weil das Gedächtnis eine so wichtige Rolle für den Problemlösungsprozess spielt, will ich schließlich noch einige Bücher zu diesem Thema erwähnen. Möglicherweise interessieren Sie »Nichts mehr vergessen« von Danielle C. Lapp (Reinbek 1996) und »Gedächtnis« von Larry R. Squire und Eric R. Kandel (Heidelberg 1999). Das eine enthält eine allgemeine Erörterung des Themas Gedächtnis sowie Übungen zur Verbesserung des eigenen Gedächtnisses. Das andere diskutiert die Mechanik des Gedächtnisses, wie sie von den Vertretern der Neurowissenschaften gesehen wird. Das erste liest sich sehr viel leichter als das zweite; Leser mit einer wissenschaftlichen Ader jedoch erhalten in »Gedächtnis« einen guten Überblick über den aktuellen Stand der Neurowissenschaft.

Psychologische Theorie

Da sich die Kreativitätstheorie zu einem großen Teil direkt aus der Psychologie ableitet, interessiert uns auch die psychologische Literatur. Wenn Sie niemals an einem Einführungskurs in Psychologie teilgenommen haben, sollten Sie eine gute allgemeine Einführung lesen, um sich mit Begriffen, Konzepten, Namen und elementaren Theorien vertraut zu machen. Dies leisten beispielsweise »Hilgards Einführung in die Psychologie« von Rita L. Atkinson u. a. (Heidelberg 2001) und »Basic Psychology« von Henry Gleitman (W. W. Norton, New York 1999).

Zwei lesenswerte Bücher von heutigen Psychologen sind »Creativity in Context« von Teresa M. Amabile (Westview Press, Boulder 1996) und »Kreativität« von Mihaly Csikszentmihalyi (Stuttgart 1997). Ich persönlich halte Amabile für eine der besten Forscherinnen auf dem Gebiet der Kreativität, insbesondere wenn es um Belohnungen geht. Ihr Buch unterstreicht die Bedeutung innerer Belohnungen. Csikszentmihalyis Buch enthält Interviews mit einer großen Zahl kreativer Menschen und stellt den Flow als zentrales Charakteristikum der Kreativität vor.

Wenn Sie sich mit den Theorien von Freud und Jung beschäftigen möchten, empfehle ich »On Creativity and the Unconscious« von Sigmund Freud (Harper, New York 1958) und »Der Mensch und seine Symbole«, herausgegeben von C. G. Jung (Olten, 12. Aufl. der Sonderausgabe 1991). Ersteres ist eine Sammlung von Aufsätzen Freuds, die sich mit kulturellen und humanistischen Fragen beschäftigen. Viele dieser Schriften betreffen die speziellen Probleme kreativer Menschen und die Psychoanalyse und haben deshalb nur am Rand mit der Ideenfindung zu tun. Ein Teil des Buches beschäftigt sich jedoch ausdrücklich mit Letzterer; darüber hinaus bietet das Buch einige interessante Einblicke in die weniger bekannten Interessen Freuds. »Der Mensch und seine Symbole« ist eine Übersetzung der jungschen Psychologie in eine dem Laien verständliche Sprache. Es wurde von Jung und mehreren Mitarbeitern während seiner letzten Lebensjahre zusammengetragen.

Geist/Gehirn und die Sinne

Vor einigen Jahren war in den Medien häufiger von der »kognitiven« Revolution zu hören. Dies bezog sich auf das rasch zunehmende Wissen über Gehirn und Nervensystem dank der Neugier der Informationsbranche, interessanten Metaphern aus der Computerwissenschaft, fortgeschrittenen Instrumenten und einer verbesserten Kenntnis biochemischer Zusammenhänge. Parallel dazu erschien eine Flut von Büchern zu diesem Thema. Wenngleich ein verbessertes Wissen über das Gehirn (die Maschine) und den Geist (die Maschine in Aktion) möglicherweise keinen unmittelbaren Einfluss auf unsere Kreativität hat, ist es doch hilfreich, den Prozess und seine Grenzen zu verstehen. Als gute Einführung empfehle ich »Das Gehirn« von Richard F. Thompson (Heidelberg, 3. Aufl. 2001). Das inhaltsreiche Buch ist für den Gebrauch in Psychologie-Grundkursen gedacht, weshalb es auch für Leser ohne neurowissenschaftlichen Hintergrund verständlich ist.

Älter, aber dennoch interessant ist »Modelle des Menschen« von Charles Hampden-Turner (Weinheim, 3. Aufl. 1993). Es beschreibt, erklärt und kommentiert eine große Zahl von Denkmodellen, die den Test der Zeit bestanden haben. Und schließlich will ich noch eines meiner Lieblingsbücher erwähnen: »Die schöne Welt der Sinne« von Diane Ackerman (Hamburg 2002). Es beschreibt die Sinne in einer wunderbaren, metaphernreichen Sprache. Ich verwende es häufig in meinen Kursen, weil es dem Leser nicht nur ein besseres Verständnis vermittelt, sondern ihn zumindest vorübergehend die Sinnesinformationen bewusster wahrnehmen lässt.

Kreativität in der Wirtschaft

Die Aufmerksamkeit, die während der letzten 20 Jahre der Kreativität zuteil wurde, beruhte zu einem großen Teil auf dem Interesse der Wirtschaft für Fragen der Innovation. Dieses Interesse brachte eine Vielzahl an Büchern hervor, da Geschäftsleute einen großen Durst nach Wissen haben, das sie erfolgreicher machen kann (und natürlich bezahlen häufig ihre Arbeitgeber die Bücher). Dieses Wissen allein garantiert natürlich noch keinen Geschäftserfolg. Der am Thema Kreativität in der Wirtschaft interessierte Leser mag seine Lektüre mit dem Buch »Wie aus Wissen Taten werden« von Jeffrey Pfeffer und Robert I. Sutton (Frankfurt/Main 2001) beginnen, das zu erklären versucht, warum so viele Unternehmensmanager ihr Wissen nicht anwenden. Drei andere Bücher für Leser, die sich für Innovation in Unternehmen interessieren, sind »Innovation ist machbar« von Michael Tushman und Charles A. O'Reilly III (Landsberg/Lech 1998), »The Innovator's Dilemma« von Clayton M. Christensen (Harvard Business School Press, Boston 1997) und »Stellen Sie Leute ein, die Sie eigentlich nicht brauchen« von Robert I. Sutton (München 2002). Das erste ist ein allgemeines Buch über Innovationsmanagement in Unternehmen, im zweiten geht es um große erfolgreiche Unternehmen, die Schwierigkeiten haben, mit der technologischen Entwicklung mitzuhalten. Das dritte beschäftigt sich ebenfalls allgemein mit dem Thema Innovation, ist aber besonders interessant, weil es eine Reihe von Konzepten vorstellt, die den traditionellen Geschäftspraktiken diametral zuwiderlaufen. Alle drei Bücher enthalten umfangreiche Bibliografien.

Das Buch »Stream Analysis« von Jerry Porras (Addison-Wesley, Reading 1987) haben wir bereits im Text vorgestellt. Es befasst sich mit Problemdefinition – wie man »Kernprobleme« isoliert, statt sich nur mit Symptomen abzugeben. Die in den 80er Jahren so reichlich erschienenen Bücher über die japanische Praxis lohnen immer noch die Lektüre, waren und sind die Japaner doch im Bereich Prozesskreativität äußerst erfolgreich. Wenngleich wir einiges hinzugelernt haben, konzentrieren wir uns immer noch zu häufig auf die Erfindung und vernachlässigen die für die Umsetzung erforderliche Kreativität. Ein gutes Beispiel eines solchen Buches ist »Made in Japan« von Akio Morita, dem Gründer von Sony (Bayreuth 1986).

Ein weiteres interessantes Buch über Kreativität in Unternehmen ist »Jamming« von John Kao (HarperCollins, New York 1996). In diesem Buch verwendet Kao eine Metapher aus dem Jazz, Jamming, um einige Probleme im Zusammenhang mit der Innovation in Unternehmen sowie Techniken zu ihrer Überwindung zu beschreiben. Was das kreative Team betrifft, so empfehle ich »Teams« von Jon R. Katzenbach und Douglas K. Smith (Wien 1993). Das Buch beschreibt die wesentlichen Eigenschaften hochgradig kreativer Teams sowie Möglichkeiten, diese zu erzeugen. Wenngleich das Buch nicht unmittelbar von Kreativität handelt, so herrscht doch heute die Ansicht vor, dass Kreativität häufig das Resultat des Zusammenwirkens vieler ist.

Ich habe über die Beeinträchtigung von Kreativität infolge des Verhaltens allzu dominanter Einzelner gesprochen. Einfluss und Macht jedoch sind nun einmal Bestandteil des Lebens, und kreative Menschen müssen in der Lage sein, den nötigen Einfluss auszuüben, damit aus ihren Ideen Wirklichkeit wird. Ein besseres Verständnis für Einfluss und Macht hilft zudem, sich zu behaupten, wenn diese Mittel eingesetzt werden, um unsere Bemühungen zu blockieren. Diesbezüglich empfehle ich zwei exzellente Bücher. Das erste ist »Einfluss« von Robert Cialdini (Landsberg/Lech 1984), ein wunderbares Buch, das einige gebräuchliche und höchst effektive Methoden zur Beeinflussung anderer vorstellt. Es ist nicht nur lehrreich und unterhaltsam, sondern bringt Ihnen zu Bewusstsein, wie Sie ständig von geschickten Leuten manipuliert werden. Das andere ist »Power-Management« von Jeffrey Pfeffer (Wien 1992). Darin spricht Pfeffer über alle Aspekte von Macht im Unternehmen – was das ist, wie man sie gewinnt und wie man sie verliert.

Es gibt eine große Nachfrage nach Büchern mit Techniken und Instrumenten zur Kreativitätssteigerung, und die Resultate können überwältigend sein. Als ich mich erstmals für Kreativität interessierte, war das Angebot noch weit geringer, und in meiner ersten Begeisterung ging ich daran, so viele dieser Instrumente und Techniken wie möglich zu erlernen. Leider entdeckte ich, dass unser Denken über kein Pulldown-Menü verfügt, das es ihm gestatten würde, periodisch die optimale Technik aus der eigenen Palette auszuwählen. Mir scheint, dass ich am besten mit einer kleinen Auswahl zurechtkomme, die die tastende Suche des Geistes am besten unterstützt. Das ist der Grund, warum ich versucht habe, sie in diesem Buch zu kategorisieren. Ich rate Ihnen, Ihre Wahl nach eigenen Kriterien zu treffen. Viele dieser Techniken sind attraktiv, weil sie unterhaltsam, interessant und anspruchsvoll sind; aber achten Sie darauf, dass sie Ihnen wirklich nützen, es sei denn, Sie suchen lediglich nach einer amüsanten Lektüre.

Zwei für das Genre typische Bücher sind »Thinkertoys« von Michael Michalko (Ten Speed Press, Berkeley 1991) und »101 Creative Problem Solving Techniques« von James M. Higgins (The New Management Publishing Company, Winter Park, FL, 1994). Obwohl beide wirtschaftsorientiert sind, enthalten sie zahlreiche Tricks und Rezepte, die auf viele Situationen anwendbar sind. Andere Beispiele sind »Der Universalreiseführer« von Don Koberg und Jim Bagnall (Berlin 1976), »Wake Up Your Creative Genius« von Kurt Hanks und Jay A. Parry (William Kaufmann, Los Altos, CA, 1983) und »Laterales Denken« von Edward De Bono (Düsseldorf 1989), einem sehr produktiven Autor zum Thema Kreativität.

Einige dieser Bücher propagieren Verfahrensweisen, die den eigenen Problemlösungsstil verändern. »Das Mind-map-Buch« von Tony und Barry Buzan (Landsberg/Lech, 5., aktual. Aufl. 2002) schlägt vor, den Denkprozess grafisch zu porträtieren, um zu kreativen Lösungen zu gelangen. »Denkanstoß« von Roger Von Oech (München 1992) schlägt diverse Methoden vor, um den Denkprozess gewissermaßen aufzumischen. Zu den am häufigsten eingesetzten Kreativitätstechniken gehört das Brainstorming, das erstmals von Alex Osborn in seinem Buch »Applied Imagination« (Scribner, New York 1957) beschrieben wurde. Wenngleich das Wort Brainstorming heute Bestandteil der Alltagssprache ist, interessiert es vielleicht den einen oder anderen von Ihnen, was Osborn, dem die Urheberschaft zugesprochen wird, dazu zu sagen hatte.

Unzählige »How to«-Bücher finden sich in jeder größeren Bibliothek, in vielen Buchläden und im World Wide Web.

Vermischtes

Emotionale Denkblockaden stellen wie gesagt ein wichtiges Kreativitätshindernis dar. Ein viel gelesenes Buch zu diesem Thema ist »Emotionale Intelligenz« von Daniel Goleman (München 1996). Im ersten Teil berichtet der Autor über Forschungen zum Thema Emotionen, im zweiten schlägt er Methoden vor, wie wir erreichen können, dass unsere Emotionen besser mit unseren Zielen harmonieren. Douglas Hofstadter hat drei anspruchsvolle Bücher geschrieben: »Gödel, Escher, Bach« (Stuttgart, 14. Aufl. 1995), »Einsicht ins Ich« (Stuttgart, 4. Aufl. 1991) und »Metamagicum« (Stuttgart 1991). Das erste ist eine leicht esoterische Untersuchung der Ähnlichkeiten zwischen den Arbeiten von Gödel, Escher und Bach. Das zweite ist eine Untersuchung des Selbst, eine lohnende Lektüre für alle, die sich Gedanken über das Denken machen. Bei diesem Zeitvertreib stolpert man über kurz oder lang über Probleme bei der Definition des »Ich«-Begriffs. Das dritte Buch basiert auf einer Kolumne, die Hofstadter für den *Scientific American* schrieb. Es ist voller Quizfragen, Denkaufgaben und Rätsel.

Apropos Rätsel: Wenn Sie solche Dinge mögen, können Sie in der mathematischen Abteilung Ihrer Bibliothek nachsehen.

Mathematiker haben eine Schwäche für Zeitvertreibe. Es gibt sogar ein *Journal of Recreational Mathematics*, herausgegeben von der Baywood Publishing Company. Die meisten Rätsel- und Spielebücher zielen auf diverse mathematische Kunstfertigkeiten. Viele wurden beispielsweise von Martin Gardner geschrieben und gesammelt, der während langer Jahre die Rätselecke des *Scientific American Magazine* betreute. Sie finden sich in Büchern wie »Aha! Oder das wahre Verständnis der Mathematik« (München 1987), »Gotcha« (München 1985), »My Best Mathematical and Logic Puzzles« (Dover, New York 1994), »Rätsel und Denkspiele« (Frankfurt/Main 1981) und »Hexaflexagons and other Mathematical Diversions« (University of Chicago Press, Chicago 1988). Selbst wenn Sie keine besondere Vorliebe für Mathematik haben, finden Sie vermutlich in dergleichen Büchern genug Stoff, um sich eine Weile damit zu beschäftigen.

Abbildungsnachweis

Abb. S. 14: Arnold Palmer, »*Sportler des Jahrzehnts*«, © UFS. Mit freundlicher Genehmigung.

Abb. S. 24: Rube Goldberg, »*Be Your Own Dentist*«, © 1930 by Rube Goldberg Inc.

Abb. S. 25; Abb. S. 47; Abb. S. 87; Abb. S. 145; Abb. S. 146; Abb. S. 195 und Abb. S. 196: Jim McGuinness.

Abb. S. 33: Paradoxe Figuren aus »*Eye and Brain*« von R. L. Gregory, © 1966 by R. L. Gregory. Mit freundlicher Genehmigung des Autors. »Dreibeinige Hose« von Levi Strauss & Co., San Francisco.

Abb. S. 35: »Schwarm von As« von Carol Leudesdorf.

Abb. S. 40 und Abb. S. 42: Zeichnungen aus dem »*Creative Behavior Workbook*« von Sidney J. Parnes, © 1967 by Charles Scribner's Sons.

Abb. S. 41: Die Zeichnung von Karl Nicholason stammt aus »*Involvement in Developmental Psychology Today*«, © 1971 CRM. Abdruck mit freundlicher Genehmigung von Random House, Inc.

Abb. S. 155: Zeichnung von Walter Thomason, San Francisco. Mit freundlicher Genehmigung.

Abb. S. 180: Myers-Briggs-Illustration. Nachdruck aus James L. Adams, »*Flying Buttresses, Entropy and O-Rings*«, mit freundlicher Genehmigung von Harvard University Press, Cambridge, MA, © 1991 by The President and Fellows of Harvard College.

Abb. S. 190: Aus *»Stream Analysis« von* Jerry I. Porras, 1987, S. 16. Nachdruck mit freundlicher Genehmigung von Pearson Education, New Jersey.

Abb. S. 233 und Abb. S. 234: Diagramme nach George M. Prince, *»Synectics: Twenty-Five Years Into Creativity and Group Process«*, © 1983 by The American Society for Training and Development.

Abb. S. 257: Modifizierter Abdruck aus Larry E. Greiner, *»Evolution and Revolution as Organizations Grow«*, Mai/Juni 1998. Mit freundlicher Genehmigung der *Harvard Business Review*, Harvard Business School Publishing Corporation; alle Rechte vorbehalten.

Abb. S. 263: Aus Richard N. Foster, *»The Attacker's Advantage«*. Mit freundlicher Genehmigung von Simon & Schuster, © 1986 by McKinsey & Co.

Abb. S. 266: Diagramm nach Teresa M. Amabile, *»The Social Psychology of Creativity«*, © 1983 by Springer-Verlag New York, Inc.

Abb. S. 280: Aus Michael L. Tushman und Charles A. O'Reilly III., *»Winning Through Innovation«*, Abdruck mit freundlicher Genehmigung der Harvard University Press, © 1997 by Harvard University Press.

Es konnten nicht alle Rechteinhaber ausfindig gemacht und/oder kontaktiert werden. Der Verlag wird aber im Fall begründeter Forderungen dafür gerade stehen.